목회자가 쉽게 풀어주는
구약성서 이야기

목회자가 쉽게 풀어주는

구약성서
이야기

권오선 지음

머리말

　구약학을 공부하면서 해석학적인 혁명이라고 할 만큼 구약성서에 대한 해석이 새롭게 발전되고 진보하는 것을 보았습니다. 해석학적인 혁명은 당연히 성서고고학의 발달로 인한 수많은 토판이나 문서들의 발굴에서부터 출발합니다. 이것은 기존에 알고 있었던 성서 본문에 대한 이해를 한층 더 끌어 올려 원문의 뜻을 보다 더 정확하게 해석하고 이해하도록 만들었습니다.

　그런데 구약성서 해석에 대한 한국 교회의 상황을 보면, 아쉬운 점이 많습니다. 한국의 개신교 선교역사가 벌써 130년을 훌쩍 지났습니다. 강산이 13번도 더 바뀌는 세월이 흐른 것입니다. 그런데 구약성서 해석은 19세기 후반에 미국의 선교사들이 전하여 준 해석을 지금도 그대로 붙잡고 있을 정도입니다.

　이러한 해석학적인 상황에서 구약성서와 연관된 많은 고고학적인 자료들을 바탕으로 새롭게 해석되고 있는 성서 본문의 이야기들을 단편적이지만 소개하고 싶은 마음이 생겼습니다. 그래서 2000년에 지금의 예안교회를 개척 설립하면서 개설한 교회 홈페이지에 조심스럽게 한 주에 한 편씩 구약성서에 관한 새로운 이론이나 해석의 글을 올리기 시작하였습니다.

그렇게 올리던 글들이 "오경-역사서-예언서-지혜서"로 모아졌습니다. 그중에 오경 부분만 2008년도에 「오경(五經)의 세계로」라는 제목으로 먼저 출판하였습니다. 부족하고 미숙한 글이라 망설였지만, 용기를 내어 출판한 것입니다. 그러던 중에 금년 2020년에 예안교회가 창립 20주년을 맞이하게 되었습니다.

이번에는 오경을 포함해서 역사서와 예언서 그리고 지혜서까지 묶어서 「구약성서 이야기」라는 제목으로 출판하게 되었습니다. 이미 출판하였던 오경은 수정과 보완의 작업을 거쳤고, 지혜서 부분에서는 구약 외경도 첨가함으로 구약성서에 대한 이해의 폭을 넓혀 보려고 하였습니다.

원래 이 글은 평신도들에게 구약성서를 좀 더 쉽고 폭넓게 이해하고 해석하도록 하기 위한 목적이었기 때문에 많은 책을 참고하면서도 일일이 각주를 달지 못하고, 참고문헌으로 대신하였음을 이해해 주시면 감사하겠습니다.

부족한 사람이 책을 출판하는 데 있어서 많은 분의 격려와 도움이 있었습니다. 무엇보다 친구이자 지도교수로 학문의 길로 이끌어 주었던 한남대학교 천사무엘 교수님과 친구로 늘 격려해 주었던 호남신학대학교 최흥진 총장님께 감사드립니다. 또한, 이 책을 출판하도록 배려해 주신 예안교회 당회원과 모든 성도님께 감사드리며, 이 책의 출판을 위해서 수고해 주신 따스한 이야기의 김현태 대표님께도 감사드립니다.

   그리고 목회의 길을 기도와 사랑으로 지켜봐 주시는 부모님과 사랑하는 아내 정선옥과 하나님께서 선물로 주신 성혁, 성은에게도 감사의 마음을 전합니다. 끝으로 부족한 저와 함께 하나님의 뜻을 이 땅에서도 이루는 교회를 만들기 위해서 눈물로 기도하고 사랑으로 땀 흘리며 수고하는 사랑하고 존경하는 모든 예안 가족들께 이 책을 바칩니다.

2020년 3월 권오선 목사

머리말 • 005

Chapter. 01 오경(五經) 이야기

001   오경의 배열 • 017
002   창조신학과 구속신학 • 020
003   무로부터의 창조일까? 유로부터의 창조일까? • 023
004   두 개의 창조 이야기 • 026
005   "아파르"(흙)로 만들어진 인간 • 029
006   창조 이야기에 나타난 신학적 메시지 • 032
007   가인과 아벨 • 035
008   동해 복수법 • 038
009   바벨론과 성서의 홍수 이야기 • 041
010   노아 홍수 전후, 무엇이 달라졌을까? • 044
011   아프리카 흑인, 그들은 저주받은 백성일까? • 047
012   반역의 문화 건설자 니므롯 • 050
013   이스라엘의 역사 기원 • 053
014   유린당하는 선민의 땅 • 056
015   아브라함의 고향은 우르일까? 하란일까? • 059
016   히브리인은 하비루였다(?) • 062
017   비옥한 초승달 지역 • 065
018   구약성서의 계약 체결식 • 068
019   아브라함을 맞이하는 사람들 • 071
020   비정의 아버지일까? • 074
021   "야다"라는 말 • 077

022	제물이 된 아이들 •	*080*
023	왜 모리아 산인가? •	*082*
024	사라는 불로초를 먹었을까? •	*086*
025	누지문서 •	*089*
026	속이고 속는 야곱의 인생살이 •	*092*
027	족장의 아내들 •	*095*
028	이집트를 정복한 힉소스 족 •	*098*
029	신앙의 자유를 찾아서 •	*101*
030	요셉을 알지 못하는 새 왕 •	*104*
031	모세와 사르곤의 탄생 이야기 •	*107*
032	하나님과 이집트 신들의 결투 •	*110*
033	이시스와 마리아 •	*113*
034	이집트의 저승 세계와 성서 •	*116*
035	메소포타미아의 저승 세계와 성서 •	*119*
036	출애굽은 언제였을까? •	*122*
037	아말렉을 도말하라 •	*125*
038	하나님께서 하산하셨습니다 •	*128*
039	성서 독자들이여 피하지 말라 •	*131*
040	줄을 잘 서야 합니다 •	*134*
041	심증은 있으나 물증이 없다면 •	*137*
042	모세의 가나안 입성 좌절 •	*140*
043	왕의 대로(King's highway) •	*143*
044	코가 긴 하나님 •	*146*
045	족장 종교와 모세 종교 •	*149*

Chapter. 02 역사 이야기

046　두 개의 역사관 • *158*
047　반항문학으로서의 룻기 • *161*
048　여리고 성을 재건하지 말라 • *164*
049　축복의 땅인가? 저주의 땅인가? • *167*
050　세겜에서 세겜까지 • *170*
051　쿠데타에는 성공이 없다 • *173*
052　사울을 재평가합시다 • *176*
053　다윗은 몇 번째 아들일까? • *179*
054　약속의 땅을 빼앗은 블레셋 • *182*
055　다윗을 배신한 십 사람들 • *185*
056　블레셋 무대에 펼쳐진 다윗의 연기력 • *188*
057　예루살렘의 등장 • *191*
058　다윗은 겁쟁이였다(?) • *194*
059　다윗은 바빠서 성전건축을 못 했다(?) • *197*
060　솔로몬의 숙청작업 • *200*
061　산헤립의 『실록』 • *203*
062　출애굽의 신으로 둔갑한 금송아지 • *206*
063　축복의 자리에서 저주의 자리로 • *209*
064　북이스라엘의 오므리 • *212*
065　북이스라엘의 멸망사 • *215*
066　개혁만이 살길이다 • *218*
067　이집트와 유다, 메소포타미아와 북이스라엘 • *221*

068 　다윗 왕조, 역사에서 사라지다 • *224*
069 　느헤미야의 개혁 • *227*
070 　가나안의 종교 • *230*

Chapter. 03 예언 이야기

071 　이사야서 이해 • *237*
072 　소명을 사양한 예언자들 • *240*
073 　예언자들의 상징적 행동 • *243*
074 　국가의 패망을 초래한 "임마누엘" • *246*
075 　바알 종교의 예배 의식 • *249*
076 　풍요 속의 빈곤 • *252*
077 　예레미야와 하나냐, 그 숙명의 대결 • *255*
078 　참 예언자와 거짓 예언자 • *258*
079 　혜성 같이 등장한 제2 이사야 • *261*
080 　북이스라엘의 난민들 • *264*
081 　왜 옷을 찢고 통곡했을까? • *267*
082 　구약시대의 종교 개혁자들 • *270*
083 　고레스(Cyrus)의 리더쉽 • *273*
084 　다니엘서는 언제 기록되었을까? • *276*
085 　요나서 이해 • *279*

086   이스라엘과 에돔 • *282*
087   바벨론 포로시대의 유대인 공동체 • *285*
088   예언자들의 역사관 • *288*
089   예언자들의 처방책 • *291*
090   이스라엘의 남북 왕국 • *294*

Chapter. 04 지혜문학 이야기

091   지혜자와 예언자 • *301*
092   지혜문학과 요셉 이야기 • *304*
093   성서의 욥과 바벨론의 욥 • *307*
094   꿈의 땅, 이집트 • *310*
095   정경성을 의심받았던 세 권의 책 • *313*
096   사랑하는 사람은 빨리 데리고 가신다 • *316*
097   안식일 준수의 변천사 • *319*
098   구약외경에도 관심을 • *322*
099   유대교의 종파들 • *325*
100   세 개의 성전 • *328*

참고문헌 • *331*

목회자가 쉽게 풀어주는
구약성서 이야기

Chapter. **01**

오경(五經) 이야기

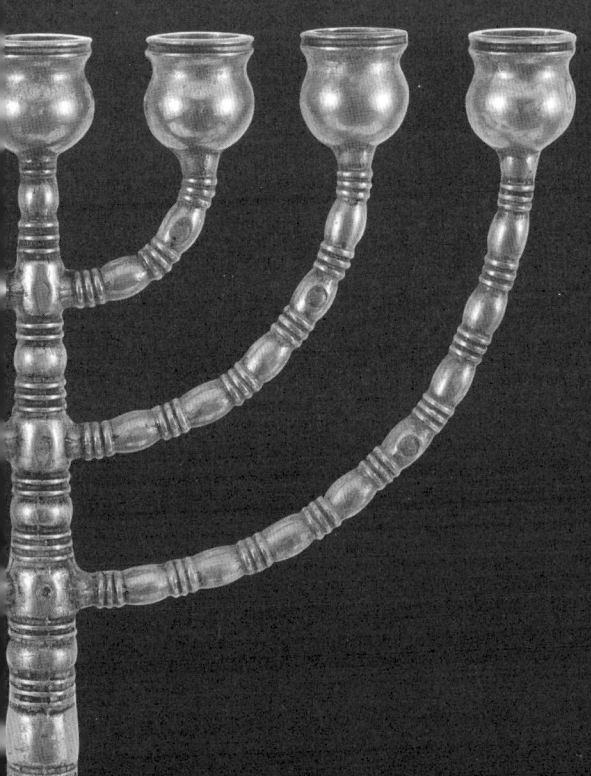

오경(五經) 이야기

오경은 구약성서의 처음 다섯 권인 창세기, 출애굽기, 레위기, 민수기, 신명기를 가리키는 말이다. 오경이라는 말은 알렉산드리아 학파의 오리겐(Origen)이 처음으로 그의 제4 복음서 주석에서 사용했고, 후에 터툴리안이 "Pentateuch"라는 고유명사를 사용하였다. 20세기 중반에는 마르틴 노트(M. Noth)의 "사경설"(Tetrateuch)과 폰 라트(Gerhard von Rad)의 "육경설"(Hexateuch), 그리고 휠셔(G. Holscher)의 "구경설"도 제기되었다.

사경설은 출애굽 1세대들에게 주어진 율법을 제1의 법(창세기, 출애굽기, 레위기, 민수기)으로, 출애굽 2세대들에게 주어진 율법을 제2의 법(신명기)으로 규정한다. 이렇게 보면 신명기는 제2의 법이자, 바로 뒤에 이어지는 신명기 역사서의 서론 구실을 한다. 따라서 제2의 법인 신명기를 제외하고 사경설을 주장한다.

육경설은 "짧은 역사신조"(신 26:5-9)에 근거를 두고 있다. 폰 라트에 의하면, 이스라엘 백성들은 절기와 예배 때마다 짧은 역사신조로 신앙을 고백했는데, 그 고백 속에는 족장들의 선택으로부터 출애굽을 거쳐 가나안 정착까지의 과정을 담고 있다. 즉 창세기부터 여호수아까지의 내용을 요약하고 있는 것이 "짧은 역사신조"라는 것이다. 또한, 창세기에서 약속된 땅의 축복이 여호수아서에서 성취되었기 때문에, 여호수아서를 포함해서 육경설을 주장하는 근거가 되었다.

구경설의 근거도 땅에 있다. 이스라엘이 가나안을 완전히 정복한 것은 다윗시대이다. 다윗이 전 이스라엘의 추대를 받은 다음, 그때까지 여부스족이 차지하고 있던 예루살렘을 정복하고 수도를 옮겼다. 창세기의 땅의 약속이 사무엘하서에 와서 성취된 것이다. 그래서 창세기부터 사무엘하서까지를 묶은 것이 구경설이 나오게 된 배경이다.

사경설과 육경설, 그리고 구경설이 나름대로 성서적 근거가 있으나 여전히 오경설이 많은 학자들의 공감을 얻고 있다. 제2의 법인 신명기는, 신명기 역사서의 서론 역할도 하지만 제1의 법인 창세기, 출애굽기, 레위기, 민수기의 결론 역할도 하고 있다는 것이 오경설의 주요 근거다. 오경은 기독교뿐만 아니라 유대교와 사마리아인들도 그들 신앙 공동체의 정경으로 수용하고 있다.

한편 오경의 저자는 전통적으로 모세라고 믿어져 왔다. 특히 유대인 역사가 요세푸스(Josephus)가 모세 저작설을 강력히 주장하였다. 그러나 18세기에 모세의 단일 저작설은 도전에 직면하였고, 19세기 들어서 벨하우젠(J. Wellhausen)이 오경은 네 개의 문서로 형성되었다는 "오경 문서설"로 인해 기존의 모세 저작설에 변화의 바람이 불기 시작하였다.

네 문서설의 근거는 내용의 중복과 불일치, 신명(神名)의 차이(야웨,

하나님) 등에 근거하고 있다. 따라서 벨하우젠은 모세의 단일 저작설을 거부하고 다양한 문서들이 오랜 세월 전승의 과정을 거쳐 편집되었다고 결론을 내렸다.

오경을 구성하고 있는 네 개의 문서는, J문서(기원전 10세기: 神名이 "야웨")-E문서(기원전 8세기: 神名이 "엘로힘")-D문서(기원전 7세기: 신명기)-P문서(기원전 6세기: 제사문서)이다. 이것이 그 유명한 "JEDP"라는 문서가설이다.

한편 오경은 바벨론 포로 시대에 제사장 계열에 의해서 하나의 책으로 형성되었다. 이때는 국가의 패망으로 영원하리라던 예루살렘 성전과 다윗 왕조도 무너지고 바벨론의 포로가 되었던 시기이다. 포로민들에게는 신학적인 회의감이 들었던 신앙의 위기상황이었다.

이러한 신앙의 위기상황을 타개하기 위하여 제사장 계열의 신학자들이 오경을 기록하고 편집하였다. 오경은 포로기 후인 기원전 400년경에 이스라엘 신앙공동체에 의해서 가장 먼저 정경으로 공인되었다.

001

오경의 배열

오경의 배열에는 분명한 주제와 신학적인 메시지를 담고 있다. 즉 편집자의 의도가 명확하게 드러나고 있다는 것이다. 구약 신학자 폰 라트는 오경의 편집자가 야위스트(Yahwist)라고 하였다. 오경의 편집자가 누가 되었던 우리는 그의 배열에 감탄할 수밖에 없다. 우리의 신앙생활 과정을 잘 요약해 주고 있기 때문이다.

오경의 첫 번째 책은 창세기이다. 창세기는 하나님의 창조와 뒤이어 인간의 타락 이야기를 다루고 있다. 최초의 인간인 아담과 하와가 하나님의 명령을 거역하고 선악과를 따 먹음으로 죄를 범하였다. 그 결과 에덴동산에서 추방당하는 불행을 경험하게 되었던 것이다.

하나님께 버림받은 인간에게 가장 필요한 것이 무엇일까? 그것은 구원이다. 그래서 두 번째 책인 출애굽기에는 이스라엘을 구원하시는 하나님의 행동을 보여주고 있다. 이스라엘 백성은 이집트에서 430년간 종살이하는 고통의 현장에서 하나님께 구원을 호소하였고, 하나님은 그들의 고통의 부르짖음을 들으시고 지도자 모세를 세워 구원하셨다.

하나님의 은혜로 구원받은 인간이 가장 먼저 해야 할 일이 무엇일까? 그것은 하나님께 감사의 제사를 지내는 것이다. 그래서 세 번째 책인 레위기에는 제사, 예배에 대하여 말씀하고 있다. 즉 하나님께서 기쁘게 받으시는 예배의 성격과 방법에 대해서 자세하게 기록하고 있는 것이다. 예배를 드린다고 신앙이 완성되는 것은 아니다. 그 신앙이 흔들리지 않는 견고한 신앙으로 성장해야 한다. 그러기 위해서는 신앙의 연단과 훈련의 과정이 필요하다.

그래서 네 번째 책인 민수기에는 이스라엘의 광야 40년의 훈련과 연단을 보도하고 있다. 하나님은 이스라엘 백성을 광야 40년간의 훈련을 통해서 강한 신앙인으로 만드셨다. 신앙의 훈련과 연단을 통해서 강한 신앙인이 되면 어떤 일이 있을까? 하나님의 축복이 기다리고 있다. 그래서 다섯 번째 책인 신명기에는 "들어가도 복을 받고 나가도 복을 받는다"라는 약속의 말씀을 기록하고 있다.

오경의 배열은 신앙의 과정을 잘 묘사해 주고 있다. 우리는 태어나면서부터 원죄를 안고 있을 뿐만 아니라, 살면서도 수많은 죄를 범하고 있다. 그런데 하나님은 예수 그리스도의 십자가 보혈로 우리를 구원하셨다. 구원받은 우리는 가장 먼저 감사함으로 예배를 잘 드려야 한다. 하나님은 "예배자를 찾으시기 때문"(요 4:23)이다.

예배를 잘 드린다고 신앙이 완성되는 것은 아니다. 약한 신앙인이 되면 환란과 유혹에 넘어가기 쉽다. 그래서 훈련과 연단으로 흔들리지 않고 넘어지지 않는 강한 신앙인이 되어야 한다. 그래서 하나님은 우리를 때때로 연단하는 것이다. 이 연단이 끝나면 "나가도 들어가도 복을 받는다"라는 신명기의 말씀이 우리의 삶에서 성취되는 것이다.

많은 신앙인이 민수기에서, 즉 연단과 훈련의 과정에서 넘어지고 떨어져 나가는 것을 볼 수 있다. 그러므로 우리는 민수기의 삶을 잘 살아야 신명기의 복을 받는다. 신명기까지 나아갈 때, 복 받은 신앙인이 되는 것이다.

002

창조신학과 구속신학

창조와 구속은 기독교 신학의 두 중심축이다. 태초에 하나님이 천지를 창조하셨다는 것과 인류를 죄악으로부터 구원하셨다는 성서의 선포는 기독교를 지탱해 주는 두 개의 중심축이다. 그러나 지금까지의 신학은 창조신학을 소외시킨 채, 구속신학 일변도로 전개되어 왔음을 부인할 수 없다. 특히 독일의 신학자 폰 라트(von Rad)에 의해서 이런 현상은 더욱 두드러졌다.

폰 라트는 구약성서를 역사서라고 주장하며 이스라엘 백성에 대한 구원행위도 단순히 역사적으로만 취급하였다. 따라서 역사성을 부여할 수 없는 성서 본문들은 성서로서의 완전한 가치를 인정받지 못하는 결과를 초래하였다.

구약 신학자들은 대표적으로 창세기 1-11장까지의 본문을 "원역사"로 규정하면서, 그 역사성에 이의를 제기하고 있다. 폰 라트는 이 부분을 "신앙고백의 역사"라고 정의하였다. 역사라고 인정할 수는 없지만, 성서에 기록된 말씀이기에 신앙고백적으로 받아들이는 역사라는 것이다.

폰 라트가 정의한 "신앙고백의 역사" 속에는 기독교 신학의 한 축인 "창조 이야기"가 있다. 즉 창조 이야기가 비역사적인 문서라는 평가를 받게 되었다. 그 결과 창조신학이 신학자들의 관심권에서 벗어나 변방으로 밀려나게 된 것이다.

이러한 창조신학의 소외현상을 신학적으로 반성하며 그 중요성을 부각시킨 인물이 구약 신학자 베스터만(Claus Westermann)이다. 베스터만은 창세기를 주석하면서 그동안 소외됐던 창조 사상을 구약 신학의 중심으로 끌어 올릴 것을 주장하였다. 소외되고 변방으로 밀려난 창조신학을 다시 제 자리로 복귀시킬 때, 하나님의 창조 세계는 질서와 아름다움을 유지할 수 있다는 것이다.

베스터만의 주장은 구속 일변도로 진행되는 기독교 신학에 경종을 울렸다고 할 수 있다. 그의 주장대로 창조신학이 구속신학과 함께 기독교 신학의 두 중심축으로 자리할 때, 건강한 신학을 기대할 수 있고 하나님의 창조세계도 인류에게 행복을 가져다줄 수 있을 것이다.

사실 과거에는 환경이 인류에게 축복을 가져다주는 것으로 인식하였다. 물론 지금도 환경 보전이 잘 된 나라에서는 분명 축복이다. 그러나 환경 보전에 실패한 나라들에서는 멀지 않은 장래에 그것은 재앙으로 바뀔 것이라는 경고가 나오고 있다. 왜 "하나님이 보시기에 심히 좋았던 창조 세계"가 이렇게 파괴와 오염으로 재앙을 염려

해야 하는가? 하나님의 창조를 믿는 우리 기독교인들은 이 부분에 대해 심각하게 고민하고 반성해야 한다.

구약성서에서 하나님이 이스라엘을 구원하셨다는 것은 엄연한 역사적 사실이고 중요한 사건이다. 비록 독일의 알트(Alt) 학파가 이스라엘의 출애굽을 신화로 보기도 하지만, 우리는 그들의 주장을 수용할 수 없다. 즉 출애굽은 분명한 역사라고 우리는 믿는다.

신약성서에서 예수 그리스도께서 십자가에 죽으심으로 온 인류에게 구원의 길을 열었다는 것 역시 만고불변의 진리이다. 그러나 구속신학만 강조하고 또 하나의 중심인 창조신학을 소외시킨 결과는, 우리가 보는 대로 생태계가 파괴되고 훼손되고 있다는 사실이다. 따라서 인류는 미래에 닥칠 환경재앙을 두려움으로 지켜볼 수밖에 없는 딱한 처지가 된 것이다.

그러므로 창조신학을 소외시킨 것에 대해서 우리 모두 신학적인 반성을 해야 하고, 지금부터라도 구속신학 못지않게 창조신학도 중요한 신학적인 과제로 다루어야 한다. 그럴 때 균형 잡힌 신앙생활이 되고, 인류의 미래도 하나님의 창조로 행복할 것이다.

003

무(無)로부터의 창조일까?
유(有)로부터의 창조일까?

하나님의 창조를 보도하고 있는 창세기 1장 1~2절의 말씀은 성서 독자들을 조금 고민스럽게 한다. 하나님의 창조 이전의 상태를 소개하는 본문은 무의 상태가 아니라 이미 무엇인가 존재한다는 것을 암시해 주고 있기 때문이다. 그래서 일부 학자들은 "재창조설"을 주장하기도 했다.

창세기 1장 1절은 "태초에 하나님이 천지를 창조하셨다"라고 선언하는데, 2절에서는 "땅이 혼돈하고 공허한 상태"로 묘사되어 있다. 재창조설에 의하면, 이것은 1절의 창조 세계가 심판을 받아 2절의 혼돈과 공허한 세계가 되었다는 것이다. 이후 3절부터 시작되는 새로운 창조 세계가 지금 우리가 살고 있는 세계라는 것이다. 물론 이것은 우리가 수용하기 힘든 일부 학자들의 학설에 불과하다.

그러나 정작 우리가 안고 있는 신학적인 숙제는 과연 하나님의 창조가 "무로부터의 창조인가?" 아니면 "유로부터의 창조인가?"라는 것이다. 거의 모든 기독교인이 하나님의 창조는 무로부터의 창조라고 믿고 있다. 그러나 아쉽게도 성서 어디에서도 "무로부터의 창조"라고 명확하게 보도하는 본문이 없다.

하나님의 창조 이전의 상황을 알려주는 것이 창세기 1장 1~2절 말씀이다. 그런데 이때의 상황은 무의 상태가 아니라는 것이 많은 구약성서 학자들의 견해이다. 2절을 보면, 하나님의 창조 전에 이미 혼돈하고 공허한 땅이 있었고, 흑암과 물도 있었다. 사실 이 말씀만 놓고 본다면 하나님의 창조는 무로부터의 창조가 아니라 유로부터의 창조라고 할 수 있다.

그렇다면 모든 기독교인이 믿고 있는 무로부터의 창조는 잘못된 이해인가? 결론부터 말하자면 그런 것은 아니다. 무로부터의 창조를 증명할 수 있는 요인은 크게 세 가지가 있다.

첫째, "창조하다"라는 의미를 지닌 동사의 사용에서 찾을 수 있다. 구약성서에서 "창조하다"라는 의미로 쓰인 동사는 대표적으로 바라(ברא)와 아사(עשה), 그리고 야차르(יצר)이다. "바라"는 재료가 없이 만들 때 사용되며, 하나님이 언제나 주어로 나타난다. 이것은 하나님이 어떤 재료도 없이 무에서 창조하셨다는 것을 의미한다.

그러나 "아사와 야차르"는 어떤 재료를 가지고 만들 때 사용하는 동사이다. 그런데 "태초에 하나님이 천지를 창조하셨다"(창 1:1)에 사용된 동사는 "바라"이다. 그러므로 히브리어 동사 "바라"는 하나님의 창조가 무로부터의 창조임을 밝히는 중요한 단서인 셈이다.

둘째, 이사야 45장 7절의 "나는 빛도 짓고 어두움도 창조한다"라는 말씀에서 찾을 수 있다. 이 말씀에 의하면, 빛과 어두움도 다 하나님이 만드신 것이다. 따라서 창세기 1장 2절에 나타난 땅과 흑암과 물도 하나님이 만드신 것이다. 이것도 하나님의 창조가 무로부터의 창조임을 간접적으로 암시한다고 할 수 있다.

셋째, 외경 마카비하서 7장 28절의 말씀이다. 물론 개신교에서는 외경을 정경으로 믿지 않기 때문에 성서적인 근거로 내세울 수는 없지만, 참고는 될 수 있다.

> "얘야 내 부탁을 들어다오 하늘과 땅을 바라보아라 그리고 그 안에 있는 모든 것을 살펴라 하나님께서 무엇인가를 가지고 이 모든 것을 만들었다고 생각하지 말아라 인류가 생겨난 것도 마찬가지다"(공동번역).

사실 정경과 외경을 통틀어서 하나님의 창조를 "무로부터의 창조"라고 직접적으로 언급하고 있는 것은 마카비서가 유일하다. 결국, 이 세 가지를 종합한다면, 무로부터의 창조는 확실한 성서적인 근거를 지니고 있다고 하겠다. 여기에는 "바라"라는 동사가 핵심적인 역할을 하고 있다. 비록 우리의 성서가 직접적인 선언을 하지 않더라도 말이다.

0 0 4

두 개의 창조 이야기

　창세기에는 두 개의 창조 이야기가 있다. 하나는 1장 1절-2장 3절이고, 다른 하나는 2장 4절-3장 24절이다. 조금만 관심을 가지고 성서를 읽는 독자라면 고개를 갸우뚱할 것이다. 창조주는 하나님 한 분이신데, 창조의 내용은 서로 다르게 기록되어 있기 때문이다. 우선 두 개의 서로 다른 점을 살펴보자.

　전자는 창조의 기간이 7일로 나타나고 있으나, 후자에는 명시되어 있지 않다. 인간의 창조에도 전자는 창조의 마지막이나, 후자에는 맨 처음으로 되어 있다. 여자도 전자에서는 남자와 함께 창조되었으나, 후자에는 아담이 먼저 만들어지고 그다음에 아담의 갈빗대로 하와가 만들어졌다. 또한, 전자에서는 물이 아주 많지만, 후자에는 물이 없다. 중요한 것은 전자에는 하나님께서 말씀으로 창조하셨지만, 후자에는 도공처럼 손수 흙으로 만드셨다.

　이유가 무엇일까? 두 개의 창조 이야기를 비교해 보면, 창세기 2

장의 이야기가 1장의 이야기에 비해 더 원시적임을 알 수 있다. 하나님께서 도공처럼 손수 흙을 빚으시면서 사람과 동물을 만드시는데, 이것은 2장의 이야기가 더 고대임을 보여준다. 실제로 2장의 이야기는 기원전 10세기, 즉 다윗과 솔로몬 시대에 태동된 창조 이야기라는 것이 많은 구약성서 학자들의 공통된 주장이다.

기원전 10세기의 사람들은 "신도 인간처럼 일한다"라는 것이 일반적인 사고였다. 그래서 창조 이야기도 당시 고대인들의 사상에 맞게 하나님도 일하시는 모습으로 묘사하게 된 것이다.

그에 비해 1장의 이야기는 기원전 6세기 바벨론 포로지에서 태동된 문서이다. 기원전 10세기 사람들보다, 기원전 6세기 사람들은 신에 대한 이해도 많이 발전했다고 할 수 있다. 즉 신은 인간과 달라야 한다는 것이 그들의 발전된 사고였다. 신은 사람들과 달리 말씀으로 무엇이든 할 수 있어야 참 신이라는 것이 당시의 사상이요, 믿음이다. 따라서 기원전 10세기 작품인 2장에 비해서, 1장의 창조 이야기는 시대사조에 맞게 발전적으로 변화되었다고 할 수 있다.

창세기 1장의 특징은, 첫째로 물이 많다는 것이다. 이것은 포로지였던 바벨론의 유프라테스강과 티그리스강을 배경으로 형성되었기 때문이다. 둘째로, "땅을 정복하라 땅에 충만하라"는 메시지가 강하게 부각된 것은 장차 포로에서 해방되어 잃었던 땅을 다시 차지할 것이라는 희망을 주기 위함이다. 셋째로, 안식일의 중요성을 강조하고 있는데, 이것은 제사장의 작품이라는 것을 보여준다.

일반적으로 백성들의 안식일 준수에 가장 관심이 많은 사람은 제사장들이다. 그것이 제사장의 사명이기도 하다. 특히 신앙의 자유를 박탈당한 포로지에서는 더욱 절실한 문제라고 할 수 있다. 이런 정황으로 볼 때, 창세기 1장의 이야기는 바벨론 포로지에서 제사장 계열에 의해 생성된 문서라고 할 수 있다.

이 두 이야기의 공통점은 창조주가 똑같이 하나님으로 나타나고 있다는 사실이다. 하나님이 창조주라는 선포는 아무리 세월이 흘러도 바뀔 수 없는 불변의 진리이다.

내용상의 차이점은, 각기 다른 시대에 형성된 것이기 때문임을 성서 독자들이 이해해야 한다. 왜냐하면, 성서의 말씀은 언제나 그 시대의 상황에 맞게 선포되었기 때문이다. 즉 하나님의 말씀은 신화의 현장에 선포된 것이 아니라, 인류가 숨 쉬고 활동하는 역사의 무대를 향해 선포되었다는 뜻이다. 성서의 선포 속에는 그 시대적인 정신과 상황이 반영된다는 의미이다.

이런 현상은 구약성서의 여러 곳에서 발견되고 있다. 두 개의 창조 이야기도 이런 차원에서 읽는다면, 쉽게 이해될 수 있을 것이다. 그런 의미에서 성서의 모든 말씀은 초월성을 가지고 있는 동시에 역사성도 가지고 있다고 하겠다.

005

아파르(עָפָר: 흙)로 만들어진 인간

창조 이야기는 성서에만 있는 것은 아니다. 비록 신화지만 고대 근동의 종교들도 가지고 있다. 고대 근동에서 창조 신화가 태동하게 된 배경은, 우주의 기원을 자신의 종교와 신에게 둠으로써 자기 종교의 위대성과 우월성을 과시하기 위함이다.

고대 근동의 창조 신화들 가운데서 가장 유명하고 성서와도 깊은 연관성을 가진 것이 "에누마 엘리쉬"라는 바벨론의 창조 신화다. 기원전 587년에 유다는 바벨론에게 패망하고 많은 사람이 포로로 끌려갔다. 이들이 포로지에서 바벨론의 창조 신화를 접하면서 신화 속에 등장하는 '마르둑'이라는 신을 창조주로 믿게 되었다.

이런 상황에서 하나님이 창조주라는 것을 각인시키기 위해 전승되어 오던 창조 이야기를 체계적으로 문서화하였다. 그래서 이때 태동된 것이 창세기 1장과 제2 이사야(40~55장)의 창조 이야기이다.

이제 고대 근동의 대표적인 창조 신화를 몇 가지 살펴보기로 하

자. 우선 바벨론의 창조 신화를 보면, 남편인 강물의 신 '압수'와 부인인 바닷물의 신 '티아맛'이 그들의 수면과 휴식을 방해하는 자녀 신들을 죽이기로 하는데, 이 비밀을 알아낸 지혜의 신 '이아'가 주문을 외워 압수를 잠들게 한 다음 죽여 버린다. 남편을 잃은 티아맛이 새로운 남편 킹구와 재혼하여 보복을 준비한다. 이아 역시 아들인 마르둑과 함께 티아맛과 대결하여 승리한다. 여기에서 바벨론의 창조 신화가 시작된다.

마르둑은 티아맛의 시체를 이등분하여 한쪽으로는 하늘을 만들고, 다른 한쪽으로는 땅을 만들었다. 그리고 킹구를 죽여서 그의 피와 진흙을 섞어서 인간을 만들었다. 인간을 만든 이유는 마르둑 신전의 노예로 부려먹기 위함이라는 것이 바벨론 신화의 내용이다.

고대 메소포타미아에도 "아트라카시스 창조 신화"가 있다. 이 신화의 내용을 보면, 고등 신들은 언제나 놀고먹으면서 하등 신들에게는 고역을 시켰다. 견디다 못한 하등 신들이 반란을 일으키자, 고등 신들이 하등 신들을 고역에서 해방시켜 주었다. 그동안 하등 신들이 담당했던 고역은 인간을 만들어 대신하기로 하였다.

그래서 고등 신들은 하등 신들의 무리에서 반란의 주동자를 잡아 그의 피와 진흙을 섞어 인간을 만들었다. 메소포타미아 창조 신화에서도 인간은 고역을 위한 목적으로 만들어졌다는 것을 알 수 있다. 그리스 신화에서도 제우스의 이복동생인 프로메테우스가 진흙으로 인간을 만들었다고 한다.

지금까지 살펴본 대로, 고대 근동의 창조 신화에 나타난 공통점은 인간을 만든 재료가 흙이라는 것이다. 이것은 성서의 창조 이야기와도 맥을 같이한다. 성서도 하나님이 인간을 흙으로 만드시고 코에 생기를 불어넣으시니 생명체가 되었다고 한다. 성서나 고대 근동의 창조 신화의 공통점이 바로 흙이었다는 것이다.

흙이라는 데는 공통점이 있으나 성분은 확연히 다르다. 고대 근동에서는 인간을 진흙으로 만들었지만, 성서는 히브리어로 "아파르"라는 흙을 사용하였다. 아파르는 도자기를 만들 때 사용하는 것과 같은 흙으로써, 정제의 과정을 통해 불순물을 제거한 다음의 순수한 흙이다.

고대 근동의 신화에서 진흙으로 만들어진 인간은 노예지만, 아파르로 만들어진 인간은 하나님의 뜻을 실현하는 창조의 면류관이다. 고대 근동의 창조 신화에 의한 인간이라면 얼마나 슬플까? 그러나 성서의 인간은 하나님의 정성과 사랑이 듬뿍 담긴 최고로 정결한 아파르로 만들어졌다. 그래서 지금도 하나님의 사랑을 받는 행복한 존재인 것이다.

우리는 노예를 목적으로 만들어진 것이 아니라, 하나님을 찬양하는 도구로 만들어졌으니 호흡이 있는 한, 하나님을 찬양하며 살아야 할 것이다.

006

창조 이야기에 나타난
신학적 메시지

창조 이야기는 창세기를 비롯해서 제2 이사야(40~55장)와 시편이나 잠언 등 지혜문학과 중간시대에 이르러 마카비서에서도 접할 수 있다. 구약성서와 외경에 등장하는 창조 이야기에는 분명한 신학적 메시지가 있다. 그 메시지는 무엇일까?

첫째로, 모든 사물을 비신격화시키고 나아가 우상숭배의 허구성을 폭로하고 있다. 일반종교의 대표적인 신관은 다신론(Polytheism)이다. 이것은 분야마다 전문적인 신이 존재한다는 것인데, 고대인들에게는 일반적인 현상이었다.

그러나 성서는 하나님 이외의 모든 사물을 비신격화 시키고 있다. 고대인들이 신격화시킨 자연이나 동식물을 비롯한 사물 일체는 하나님의 피조물에 불과하다고 선언함으로써 우상숭배의 허구성을 폭로하였다.

둘째로, 인간은 모두 평등하다는 메시지를 선포하고 있다. "신의 형상"이라는 사상은 성서뿐만 아니라 고대사회에서도 흔히 볼 수 있다. 그러나 고대 이집트나 메소포타미아에서는 일반 백성들에게는 신의 형상이 없고 오직 왕에게만 신의 형상이 있다고 주장한다.

따라서 왕은 신의 아들로 자처하면서 백성들 위에 군림하게 되고, 백성들은 왕의 노예로 살아가게 된다. 이것은 이집트의 바로 왕이 태양신인 레(Re)의 아들로서 태양신의 형상을 가지고 있다는 데서 알 수 있다. 그러니 왕과 백성들은 본질적으로 평등하지 않다는 것이 특징이다.

그러나 성서는 모든 인간이 하나님의 형상으로 지음 받았다고 선언한다. 이스라엘 민족의 시조인 아브라함이나 출애굽의 영웅 모세와 유대인들로부터 가장 존경받는 다윗을 비롯한 일반 백성들도 다 하나님의 형상이 있다는 것이다. 이것은 하나님 앞에서는 누구나 평등하다는 메시지를 주고 있다. 그런 의미에서 하나님의 형상이라는 것은 인간의 존엄성과 평등성을 일찍부터 선언했다는 것을 알 수 있다.

셋째로, 미래의 불확실성을 타파하기 위함이다. 고대 근동의 바벨론이나 메소포타미아, 그리고 그리스의 창조 신화의 과정을 보면, 신들의 투쟁과 대결로 자연과 인간이 만들어졌다. 창조 과정이 신들 간의 싸움과 잔인한 죽음으로 점철되어 있다.

이러한 창조 신화를 믿는 고대인들은 미래에 대한 불안과 불확실성에 떨었다. 그 수많은 신이 세력 확장을 위한 투쟁을 벌인다면, 또 어떤 무서운 일이 일어날지 모르기 때문이다. 신들로 인해 불안했던 것이 고대인들의 삶이다.

따라서 고대인들은 신들이 화합하며 존재하기를 소망했다. 그런 의미에서 삼위일체 하나님께서 사랑과 일치로 세상과 인간을 창조하셨다는 창세기의 보도는, 당시 폭력적인 신들로 인해 미래를 불안하게 생각했던 고대인들에게 가장 적합하고 희소식의 메시지였던 셈이다.

성서에 나타난 하나님의 창조는 신들의 투쟁도 대결도 아니다. 자연과 인간에 대한 하나님의 사랑의 결과이다. 그리고 유일하신 하나님께서 당신의 피조세계를 섭리하시고 다스리신다. 하나님 외에는 어떤 신도 없기 때문에, 투쟁이나 대결도 물론 없다. 그러므로 하나님의 창조 세계와 인류의 미래는 불안이 없고 안전하다는 메시지를 선포하고 있다.

창조 이야기에 나타난 신학적인 메시지는 어떤 고대 근동의 종교나 사상에서도 찾을 수 없는 특징적인 메시지다. 자기의 신이 창조했다는 신화는 많이 있으나, 이러한 창조를 신의 사랑의 행위로 조명하는 창조 이야기는 성서가 유일하다.

잡다한 신들로 인해 불안해하는 고대인들에게는 참으로 실감나는 메시지인 것이다. 그런 의미에서 성서의 창조 이야기는 우상숭배의 허구성과 인간의 평등성, 그리고 불확실한 미래를 타파하는 너무도 중요한 신학적 메시지를 담고 있다.

007

가인과 아벨

　창세기 4장에는 농부인 가인과 목자인 아벨의 갈등으로 인한 살인사건을 소개하고 있다. 사건의 발단은 두 형제가 각각 제사를 드렸으나, 하나님께서 동생인 아벨의 제사만 열납하시고 형인 가인의 제사는 거부하셨기 때문이다. 그 이유가 무엇일까? 안타깝게도 성서는 그 이유를 밝히지 않고 있다.

　구약 신학자인 브 그만(Walter Brueggemann)은 "제사를 받고 안 받고는 하나님의 자유의사이니만큼 우리가 왈가왈부할 성질이 아니다"라고 하였다. 폰 라트(von Rad)는 "하나님은 피의 제사를 더 선호하시기 때문에 가인의 제사를 거부하셨다"라고 한다.

　그러나 히브리서 기자는 "아벨은 믿음으로 가인보다 더 나은 제사를 드렸기 때문이라"(히 11:4)고 결론을 내렸다. 즉 믿음의 유무에 의해서 결정 난 것인데, 엉뚱하게도 형제간의 갈등으로 이어지면서 최초의 살인사건을 촉발시키고 말았다.

한편 오경 문서설에 의하면, 이 본문은 야웨 문서에 속한다. 그렇다면 본문은 야웨 기자가 살았던 기원전 10세기의 시대적 상황을 반영한다고 할 수 있다. 그런 관점에서 본다면, 우리는 다음의 두 가지 가능성을 유추해 볼 수 있다.

하나는, 당시의 상황이 농부와 목자간의 갈등이 있었던 시대라는 것이고, 다른 하나는 유목민의 후예인 이스라엘이 농경문화인 가나안을 비판하기 위한 목적이라고 할 수 있다. 이 사실은 농부와 목자의 갈등이 고대 메소포타미아의 문학작품에도 빈번하게 등장하고 있는 데서 알 수 있다.

「사랑의 노래」라는 고대 메소포타미아의 작품을 보면, 시집갈 아가씨들이 농부와 목자를 놓고 누구를 선택할 것인가로 고민을 한다. 농부와 목자는 아가씨들에게 자신의 직업을 선전하면서 자신을 선택해야 행복하다는 것을 강변한다. 이 와중에 농부와 목자는 서로 비난하고 조롱하며 다툰다는 이야기이다.

또 하나 「라하르와 아쉬난의 말다툼」이라는 작품에서는 양을 수호하는 암양 여신 라하르(Lahar)와 곡물의 수호신 아쉬난(Ashnan)이 갈등하며 싸움을 벌인다. 이러한 농부와 목자의 갈등에서는 주로 농부가 목자에 비해 더 우월한 위치에 서 있다. 이것은 당시 상황이 목자보다는 농부가 더 선호되었던 시대임을 암시한다.

가인과 아벨 사건에서도 농부인 가인이 목자인 아벨을 죽임으로써 농부라는 직업이 더 영향력이 있고 선망의 대상인 당시의 시대를 반영한다고 할 수 있다. 그러나 창세기 4장 2절에 의하면, 저자는 형제의 직업을 소개하면서 동생을 먼저 소개하고 있다. 이것은 저자의 관심이 동생에게 더 있다는 것을 의미한다. 또한, 유목민의 후예인 이스라엘이 농경문화인 가나안을 비판한다고도 볼 수 있다.

문학 장르로 본다면, 가인과 아벨의 이야기는 고대 메소포타미아의 농부와 목자 간의 갈등과도 연관성이 있을 것이다. 즉 시대적 상황과 가치관이 유사했다는 것이다. 그러나 고대세계에서는 농부라는 직업이 목자라는 직업보다 더 선호된 것으로 나타나지만, 성서의 메시지는 오히려 반대의 경우이다.

본문을 솔로몬 시대의 야웨 문서로 본다면, 저자의 의도는 분명하게 드러난다. 왜냐하면, 솔로몬 시대는 가나안의 농경 신인 바알종교가 이스라엘의 종교와 정치를 강타했기 때문이다. 따라서 야웨 기자는 농경문화와 농경 신인 바알을 비판하기 위해서 본문의 이야기를 도입했다고 할 수 있다.

우리는 여기서 야웨 기자가 가인과 아벨의 이야기를 통해서 가나안의 문화와 종교를 비판하고 배격하고 있음을 발견할 수 있다. 야웨 기자는 가인의 제사를 거부하시는 야웨를 통해서 가나안의 농경문화에 기반을 둔 바알종교를 배격하고 있는 것이다.

008

동해 복수법

인류 역사상 최초의 법전은 기원전 2100년경에 수메르어로 쓰인 「우르남무 법전」이다. 우르남무 법전은 이보다 약 350년 후인 기원전 1750년경에 공포된 고대 바벨론 왕조의「함무라비 법전」의 모체가 되었으며, 그 법조문들은 구약성서에 나타난 모세 계약법의 내용과도 상당히 유사하다. 대표적으로 "눈에는 눈, 이에는 이"로 알려진 "동해 복수법"이다.

고대 바벨론의 함무라비 법전 196조 항에는 "사람이 다른 사람의 눈을 멀게 했을 경우에는 그의 눈을 멀게 하라"고 하며, 197조 항에는 "사람이 다른 사람의 뼈를 부러뜨렸을 경우에, 그 사람의 뼈를 부러뜨려라"고 한다. 이것은 모세율법의 "눈에는 눈"이라는 복수법과 밀접하게 연관되어 있다는 것을 알 수 있다.

그러면 왜 동해복수법이 고대 근동 세계와 구약시대의 히브리 민족에까지 적용이 되어야 했을까? 그 필요성은 가인의 후손인 라멕에게서 대표적으로 찾을 수 있다. 창세기에는 가인의 족보(창 4장)와 셋의 족보(창 5장)가 동시에 기록되어 있다. 가인의 족보가 신앙적인 면을 도외시한 채 세속화와 비종교화로 흐르고 있다면, 셋의 족보는 하나님과 동행한 사람들의 이야기로 구성되어 있다. 우리는 여기서 가인의 족보에 등장하고 있는 라멕을 주목할 필요가 있다.

동생 아벨을 죽이고 죄의식에 사로잡혀 숨었던 가인과 달리, 라멕은 죄의식을 찾아볼 수 없다. 오히려 자신의 무자비한 살인행위를 자랑할 뿐만 아니라, 앞으로도 계속할 것이라고 당당히 밝히고 있다.

> 라멕이 자기 아내들에게 말하였다. 아다와 씰라는 내 말을 들어라. 라멕의 아내들은 내가 말할 때에 귀를 기울여라. 나에게 상처를 입힌 남자를 내가 죽였다. 나를 상하게 한 남자를 내가 죽였다. 가인을 해친 벌이 일곱 갑절이라면, 라멕을 해치는 벌은 일흔 일곱 갑절이다(창 4:23-24/표준새번역).

우리는 라멕의 노래에서 적어도 두 가지의 모세율법이 철저하게 파괴되고 있음을 발견할 수 있다. 먼저는, 창세기 2장 24절에 명기된 일부일처제의 파기이다. 그는 아다와 씰라라는 두 아내를 둠으로써 이 율법의 조항을 깨버렸다.

다른 하나는 "눈에는 눈, 이에는 이"라는 동해 복수법을 파기시켰다. 조그마한 상해와 상처에 대하여 일흔일곱 배의 보복, 즉 무제한의 보복을 가하고 있다. 한 걸음 더 나아가 자신의 살인행위를 미화하고 찬양하기까지 한다.

인간사회가 일곱 배, 혹은 라멕처럼 일흔일곱 배씩 보복을 가한다면 과연 누가 살아남을 수 있을까? 보복은 또 다른 보복을 부르고, 그 강도는 점점 강해지고 많아진다는 것은 상식이다. 이 문제가 해결되지 않으면, 인간의 생명은 파리 목숨과도 같아질 것이다. 이 문제해결을 위한 방안이 바로 동해 복수법이라고 할 수 있다.

실제로 우리나라 역사에도 "복수법"이 있었다. 고려를 건국한 태조 왕건은 나라의 안정을 위해 많은 호족들과 정략결혼을 하였는데, 호족들이 득세하면서 나라가 혼란에 빠졌다. 그러자 4대 광종이 호족들을 처단하고 유배를 보냈다. 그런데 5대 경종은 호족들을 달래기 위해서 그들을 복권시켰다. 복권된 호족들은 "복수법"을 만들어 몇 배의 복수를 가함으로써 나라는 피로 물들여지게 되었다.

그러나 성경의 동해 복수법은 고대 사회의 무자비한 복수를 방지함으로써 인간의 생명을 보존하고 사회를 안정시키는데 크게 기여했다고 할 수 있다. 신약시대 예수님의 법 개념과는 상당한 차이가 있지만 말이다.

009

바벨론과
성서의 홍수 이야기

    바벨론의 홍수 심판을 기록하고 있는 「길가메시 서사시」는 구약 성서의 노아 홍수 이야기와 유사한 점이 많다. 그러나 면밀히 검토해 보면, 뚜렷한 차이점도 있다. 두 이야기의 유사한 점과 차이점을 살펴보기로 하자.

    우선 「길가메시 서사시」를 보면, 길가메시가 죽음에 대한 공포심 때문에 영생의 길을 찾아 나선다. 그런데 길가메시는 고대 바벨론 신들의 홍수 심판에서 기적적으로 살아남은 우트나피쉬팀이라는 영웅을 만나게 된다. 이때 길가메시에게 전해준 우트나피쉬팀의 이야기가 바벨론 홍수 신화의 근간을 이루고 있다.

    바벨론의 홍수신화는 티그리스강과 유프라테스강을 중심으로 전개되고 있다. 고대 수메르인들은 이 두 강 사이에 수로를 파서 경작지를 넓혔고, 물자교류도 원활하게 처리하였다. 그런데 해마다 봄이 되면 홍수로 인해 수로에 침적토가 쌓이게 되자 수로의 깊이를 유지할 수 없었다. 따라서 물의 흐름을 원활히 하기 위해서 쌓인 침적토를 파내는 작업을 해야만 했다.

그런데 이 작업에 동원되었던 인간들의 원망과 불평 때문에, 신들이 휴식과 수면을 취할 수가 없었다. 그래서 화가 난 신들이 회의를 열어 인간들을 싹 멸하기로 하였다.

신들의 비밀 결정을 안 지혜의 신 이아(Ea)가 극비리에 지상의 인간 우트나피쉬팀을 찾아가 비밀을 알려주면서 방주를 지으라고 하였다. 이아의 말대로 우트나피쉬팀은 방주를 만들어 그의 모든 소유와 동물들과 기술자들을 데리고 들어갔다. 그러자 7일 주야로 엄청난 폭우가 쏟아졌다. 이 무서운 홍수의 광경을 목격한 신들이 오히려 공포에 떨었다. 그런데 홍수가 그치자 방주가 니실 산에 머무르고 우트나피쉬팀은 비둘기- 제비- 까마귀를 차례대로 내보내서 땅의 상태를 확인하였다.

마지막으로 내보냈던 까마귀가 돌아오지 않자, 물이 말랐음을 알고 모두가 방주에서 나와 신들에게 희생 제사를 드렸다. 이때 신들이 파리 떼처럼 몰려와 제물을 먹으면서 다시는 홍수 심판이 없을 것이라고 맹세하면서 우트나피쉬팀을 신격화시켜 자기들과 함께 살도록 하였다. 이것이 바벨론 홍수신화의 내용이다.

사실 전체적인 줄거리는 성서의 내용과 흡사하기 때문에 성서의 홍수 이야기는 바벨론의 홍수신화의 영향을 받았다고 말할 수도 있다. 그러나 엄밀하게 비교해 보면, 몇 가지 중요한 차이점이 존재한다.

첫째, 바벨론의 신화는 다신론적인 틀 안에서 형성되었지만, 성서는 처음부터 유일신관에 입각하고 있다. 둘째, 바벨론의 신들은 홍수의 위력 앞에서 두려워 떨고 있지만, 하나님은 홍수의 위력에 전혀 위협을 받지 않고 있다.

셋째, 바벨론 신화에서는 주인공인 우트나피쉬팀이 신격화되어 신들의 반열로 격상되지만, 노아는 여전히 인간의 자리에 머무르고 있다. 넷째, 바벨론 신화의 동기는 인간의 죽음에 대한 공포와 영생에 대한 희구에 기인하고 있지만, 노아 홍수는 인간의 범죄와 타락의 결과로 설명하고 있다.

바벨론의 홍수신화와 성서의 홍수 이야기의 연관성을 주장한다면, 자칫 성서 이야기를 비역사성을 지닌 신화적인 것으로 오해할 수도 있다. 성서의 하나님은 엄연히 살아계시고, 또한 그분은 당신의 창조 세계를 다스리시고 섭리하신다. 따라서 하나님의 역사를 기록하고 있는 성서를 신화와 동일시한다는 것은 성서의 권위와 진실성을 약화시킬 위험성을 안고 있다. 그러므로 성서의 홍수 이야기에는 역사성을 부여해야 할 것이다.

010

노아 홍수 전후,
무엇이 달라졌을까?

노아 홍수를 기점으로 그 전후의 상황을 보여주는 성서의 기록을 살펴보면, 확연히 달라진 모습들을 발견할 수 있다. 무엇이 달라졌을까?

첫째로, 인간의 수명이 현저하게 달라졌다. 물론 성서에 나타난 인간수명의 문제를 해석하는 데는 난해한 부분이 있는 것도 사실이다. 그러나 성서대로 본다면, 아담에서부터 라멕까지 수명은 가장 오래 산 경우가 969세를 살았던 무드셀라이고, 에녹을 제외하고 가장 단명했던 사람이 777세를 살았던 라멕이다.

에녹은 죽지 않고 승천했기 때문에 예외로 한다. 그러나 홍수 이후, 특히 아브라함 이후에는 200세 이하로 내려갔다. 시편 90편 10절에 의하면, 인간수명은 때때로 70~80세로 낮아지는 것을 볼 수 있다. 그런데 인간의 수명이 길다는 것은 성서에만 있는 것은 아니다.

고대 수메르 왕 목록(The Semerian King List)에서도 인간의 장수를 발견할 수 있다. 예를 들어 수메르의 대홍수 전에 살았던 알랄가르 왕은 36000년 동안 다스렸다고 하며, 중국의 창조 신화에 등장하는 망고라는 청년도 역시 36000년 살았다고 한다. 그러나 이것은 다분히 의도성을 가진 신화에 불과하다.

구약성서에서도 인간의 수명을 보여주는 족보를 통해, 우리는 중요한 사실을 발견할 수 있다. 첫째로, 셋의 후손이 가인의 후손보다 훨씬 더 장수하였다. 이것은 인간의 수명이 죄와 관계있음을 보여주는 대목이다. 죄를 멀리하면 기쁨과 평안이 있다고 성서는 말한다. 의학적으로도 기쁨과 평안이 있으면 더 건강하고 장수한다고 한다. 따라서 장수하려면 죄를 멀리해야 한다는 성서의 교훈이다.

둘째로, 인간의 먹거리가 달라졌다. 창세기 1장에 의하면, 인간과 동물의 먹거리는 식물로 국한되었지만, 홍수 이후에는 인간이 동물도 먹을 수 있도록 허용이 되었다(창 9:3-4).

그런데 먹거리 변천사와 인간수명의 관계를 연관 지어보면 재미있는 결과가 나온다. 즉 홍수 이전의 인간이 장수하던 때에는 먹거리가 식물이었으나, 홍수 이후에 수명이 단축되었을 때의 먹거리는 동물의 고기도 포함되어 있다. 오늘날 많은 사람이 장수하기 위해서는 채식을 해야 한다는 주장이 성서적으로도 타당하다는 것을 암시한다고 하겠다.

셋째로, 인간과 동물 사이의 평화가 깨졌다. 창세기 1~2장에 의하면, 인간은 동물에게 이름을 붙여주며 다스리는 관계였으나, 홍수 후에는 동물이 인간을 무서워하는 상황으로 변화되었다(창 9:2). 인간 역시 동물을 다스리기보다는 두려워하고 경계하는 모습으로 바뀌었다.

결과적으로 인간과 동물 사이의 평화공존 관계는 깨지고 말았다. 깨어진 평화는 하나님의 나라가 이 땅에 실현될 때에 회복될 것이라고 한다(이사야 11장).

그러나 홍수 이전과 이후에도 변하지 않은 것이 있다. 그것은 "하나님이 그들에게 복을 베푸셨다. 하나님이 그들에게 말씀하시기를 생육하고 번성하여 땅에 충만하라 땅을 정복하여라 바다의 고기와 공중의 새와 땅 위에서 살아 움직이는 모든 생물을 다스리라고 하셨다"라는 축복의 말씀이다. 이 말씀은 창조와 홍수 후에 동시에 주어지고 있다(창 1:28; 9:1).

노아 홍수를 전후해서 변하지 않는 것은, 하나님을 대신해서 창조 세계를 관리하는 중심주체로서의 인간의 정체성이다. 비록 범죄하고 타락할 때도 있지만, 그래도 인간만이 하나님의 유일한 희망이고, 하나님의 뜻을 실현하는 도구라는 것이다. 하나님의 뜻을 저버리는 죄인의 삶을 버리고, 하나님의 뜻을 실현하는 의인의 삶을 살아야 한다.

0 1 1

아프리카 흑인, 그들은 저주받은 백성인가?

창세기 9장에는 홍수 심판 이후의 상황이 나타나 있다. 홍수에서 구원받은 노아가 술에 만취해 벌거벗고 누워 자는 추태를 그의 아들인 함이 보고 형제들에게 고하였다. 그러자 셈과 야벳이 옷을 가지고 뒷걸음으로 들어가 아버지의 벌거벗은 수치를 가렸다. 술에서 깬 노아가 이 사실을 알고 셈과 야벳은 축복하지만, 함에게는 "형제의 종들의 종이 될 것이라"는 무서운 저주를 내렸다.

그래서 등장한 해석이 셈은 아시아인의 조상이고, 야벳은 유럽인의 조상이고, 함은 아프리카 흑인의 조상이라는 것이다. 따라서 흑인이 백인의 노예로 고통받는 것은 성서적이라는 것이다. 우리는 어릴 때, 이런 해석을 접하면서 자랐다. 한술 더 떠서 성서의 예언이 성취되었다며 감격(?)하기까지 했다.

과연 함은 아프리카 흑인의 조상으로 백인의 노예가 된 것이 성서적으로 합당한 것인가? 진정 성서의 예언이 성취되었다고 기뻐해야 할 일인가? 성서가 전하는 함의 저주 이야기는 처음부터 우리에게 의아심을 갖게 한다. 즉 잘못은 함이 했는데, 저주받은 사람은 함의 넷째 아들인 가나안이기 때문이다.

함에게는 "구스와 미스라임과 붓, 그리고 가나안"(창 10:6)이라는 네 아들이 있었다. 그의 가계에서 저주의 대상자를 찾자면, 가장 우선적인 대상이 함이다. 그러나 굳이 자식에게서 저주의 대상을 찾는다면, 장자인 구스이다. 장자는 대표성을 띠고 있기 때문이다. 그런데 예상을 깨고 넷째인 가나안이 저주를 받았다.

그리고 또 하나의 의문은, 가나안이 거주했던 지역은 아프리카가 아니라 팔레스타인이다(창 10:19). 그런데도 팔레스타인에 거주하였던 가나안을 아프리카인의 조상으로 둔갑시켰다. 이것은 납득할 수 없는 의문이다.

우리는 여기서 해석상의 오류를 발견할 수 있다. 즉 저주받은 사람은 당시 아프리카를 무대로 정착했던 함이 아니라, 지금의 이스라엘이 자리하고 있는 팔레스타인이라는 사실이다. 이것은 가나안과 아프리카는 크게 관계가 없다는 뜻이다.

성서의 보도를 믿는다면, 저주받은 가나안의 후손은 아프리카 흑인이 될 수 없다는 결론에 이른다. 가나안과 그의 후손들은 아프리카에 살지 않았기 때문이다. 그러므로 아프리카 흑인의 노예화를 성서적인 근거로 정당성을 부여한다는 것은 상당히 왜곡된 해석이다.

그런데 이런 왜곡된 해석이 어떻게 등장하였을까? 백인들이 이데올로기적인 해석을 했기 때문이다. 백인들의 종교는 대개 기독교다. 따라서 흑인의 노예화를 위해서는 무엇보다 성서적인 근거를 찾아야 할 필요성이 있었다. 그들의 의도대로 가장 잘 각색할 수 있는 말씀으로 가나안의 저주 이야기가 낙점되었다. 백인들의 이데올로기적인 해석이 초창기 한국교회의 성서해석에 그대로 전수되었던 것이다.

그러면 가나안에 대한 저주 이야기의 진짜 의미는 무엇일까? 오경 문서설에 의하면, 이 본문은 야웨 문서에 속한다. 야웨 문서가 등장했을 때는 솔로몬의 통치시대로 이스라엘에 우상화 물결이 넘실거렸던 시기이다. 이러한 종교적인 상황에서 야웨 기자는 저주받은 가나안의 종교와 그들의 삶을 추종해서는 안 된다는 점을 호소하려는 의도를 가지고 본문을 기록하였다. 즉 이스라엘의 가나안화를 방지하기 위해서 함의 넷째 아들인 가나안을 등장시켰던 것이다.

다분히 정치적이고 신학적인 의도성을 가지고 기록된 말씀임을 알 수 있다. 그런데 백인들은 흑인의 노예화를 합리화시키기 위해서 성서를 억지로 끌어다 맞추었다. 자신들의 이익을 위한 성서해석은 다른 사람을 고통에 빠뜨린다는 것을 잊어서는 안 될 것이다.

012

반역의 문화 건설자 니므롯

성서와 고고학의 문헌들을 종합하면, 반역문화의 상징인 바벨탑 건설의 주동자는 니므롯이라는 사람이다. 창세기 10장에 의하면, 니므롯은 함의 장남인 구스의 아들이다. "구스가 또 니므롯을 낳았다. 니므롯은 세상에 처음 나타난 장사이다. 그는 주께서 보시기에도 힘이 센 사냥꾼이었다. 그가 다스린 나라의 처음 중심지는 시날 지방 안에 있는 바벨론과 에렉과 악갓과 갈레이다"(창 10:8-10).

니므롯은 힘이 센 영웅으로 제국을 건설하고 첫 왕이 되었으며, 우상숭배를 강요한 첫 번째 인물이다. 바벨론 신화에 의하면, 당시 세계인들이 니므롯을 메시아로 섬겼다고 한다. 그러나 그가 일찍 죽자 아내 세미라미스가 자신을 성모로, 죽은 남편을 메시아로 하여 바벨론 종교를 만들었다고 한다. 후에 바벨론 신화의 창조주로 등장하는 마르둑 신이 니므롯의 화신이라고 믿게 되었다.

니므롯의 반역행위는 바벨탑을 쌓은 데서 절정에 달하였다. 바벨탑을 쌓았던 시날 평지는 유프라테스강과 티그리스강 사이에 있으며, 물이 많고 비옥해서 고대 메소포타미아 문명의 발상지였다. 인간에게 많은 혜택도 주었기 때문에 신이 내린 축복의 땅으로 인식되었다.

그런데 성서에는 시날 평지가 부정적인 장소로 많이 등장하고 있다. 에덴에서 추방당한 아담과 하와가 거기 살았고, 최초의 살인자인 가인이 살았던 곳이다. 또한, 하나님께 대한 반역의 상징인 바벨탑을 쌓은 곳이기도 하다.

바벨탑 건설이 왜 하나님께 대한 반역인가는 창세기 11장 4절이 설명한다. "그들은 또 말하였다. 도시를 세우고 그 안에 탑을 쌓고서 탑 꼭대기가 하늘에 닿게 하여 우리의 이름을 날리고 온 땅 위에 흩어지지 않게 하자." 이 본문에는 니므롯 일당의 세 가지 범죄가 나타난다.

첫째로, "탑 꼭대기가 하늘에 닿게 하는 것"이다. 이것은 하나님의 자리에까지 올라가겠다고 하는 교만이요, 불순한 의도이다. 둘째로, "우리의 이름을 내자"는 것이다. 인간은 자신의 이름을 높이는 존재가 아니라, 하나님의 이름을 높여야 한다. 그런데 시날 평지의 사람들은 자신들의 이름을 만천하에 드러내기 위해서 바벨탑을 쌓는 것이 범죄 행위이다.

셋째로, "온 땅에 흩어지지 않게 하자"는 것이다. 창조와 홍수 후에 하나님께서 인간에게 주신 명령의 공통점은 "생육하고 번성하여 온 땅에 충만하라"는 것이다. 온 땅에 흩어져서 하나님의 피조물 세계를 잘 관리하고 보존하라는 의미의 명령이셨다. 그러나 그들은 흩어지기를 거부하고 바벨탑을 쌓았던 것이다.

한편, 니므롯 일당의 바벨탑 건설을 보신 하나님의 반응은 어떠한가? "주께서는 사람들이 짓고 있는 도시와 탑을 보려고 내려오셨다"(창 11:5). 구약 신학자인 벤함(G. J, Wenham)은 이 말씀을 이렇게 주석했다. "인간은 하늘 높이 하늘에 닿을 만큼 탑을 쌓는다고 쌓았지만, 하늘에 계신 하나님께는 보잘것없었다. 그래서 하나님은 하늘에서 내려오셔서 바벨탑을 보셔야 했다." 인간의 자랑도 전능하신 하나님께서 보실 때는 초라하다는 것이다.

그러면 바벨탑을 쌓았던 니므롯 일당의 반역문화가 우리에게 주는 교훈이 무엇인가? 인간의 문화는 인간의 한계를 인식하는 문화이어야 하고, 하나님을 높이는 문화이어야 한다. 그리고 우리만의 생존이 아니라 하나님의 피조물을 잘 관리하고 보존하는 문화를 건설해야 함을 교훈으로 남기고 있다.

0 1 3

이스라엘 역사의 기원

 이스라엘 역사의 기원에 대하여 구약 학계에는 크게 두 가지의 학설이 있다. 미국의 올브라이트(Albright) 학파와 독일의 알트(Alt) 학파가 그 주인공들이다. 올브라이트 학파가 아브라함을 비롯한 족장 시대를 이스라엘 역사의 기원으로 보고 있는 반면에, 알트 학파는 여호수아에 의한 이스라엘의 가나안 정착 시기를 이스라엘 역사의 기원으로 보고 있다.

 그러면 이들 주장의 근거는 무엇일까? 우선, 올브라이트 학파의 견해를 보자. 사실 올브라이트 학파도 알트 학파가 이스라엘의 가나안 정착 시기를 역사의 시작으로 보는 데에는 일단 수긍을 한다. 왜냐하면, 이때부터 이스라엘이라고 부르는 한 민족이 팔레스타인에 정착했다는 사실이 당시 기록들에 의해 확인되고 있기 때문이다. 그 이전에는 아브라함을 비롯한 족장들이 유랑민으로 떠돌아다녔다는 사실 외에 알 수 있는 기록들이 거의 없기 때문이다.

이스라엘의 선조들인 유랑자들은 엄밀히 말해서 이스라엘의 역사가 아니라, 그 전사(前史)에 속한다고 할 수 있다. 그러나 한 민족의 전사도 그 민족 역사의 일부이기 때문에, 역사로 보아야 한다는 것이 올브라이트 학파의 주장이다.

구약성서에 의하면, 이스라엘의 선조들은 팔레스타인의 원주민이 아니라, 남부 메소포타미아인 우르에서 상부 메소포타미아인 하란을 거쳐 팔레스타인에 유입된 반유목민이다. 이들은 팔레스타인과 이집트를 주 무대로 살았다고 한다.

유리하던 아람 사람이 자신들의 선조라는 것은 이스라엘의 후손들이 선명하게 기억하고 있고, 또한 신앙으로 고백하기도 하였다(신 26:5). 따라서 선조들의 유랑이 비록 전사라 할지라도 한 민족의 역사로 보아야 한다는 것이다. 그것은 후손들이 "우리 조상"이라고 고백하고 있기 때문이다. 이런 근거로 올브라이트 학파는 이스라엘의 역사는 아브라함으로부터 기원한다고 주장한다.

다음으로 독일의 알트 학파를 보자. 알트 학파는 아브라함을 비롯한 족장사와 모세에 의한 이스라엘의 출애굽 이야기도 하나의 전설로 본다. 즉 역사로서의 신빙성을 두지 않는다는 뜻이다.

구약성서가 가나안 정착 이전의 사건들을 보도하면서 사용하는 이스라엘이라는 이름은 오직 후대의 역사적 형태로서의 "이스라엘"을 가리키는 것에 불과하다고 한다. 아무리 후손들이 선조들의 유랑을 기억하면서 고백하더라도 전사는 한 민족의 역사가 될 수 없다고 한다. 그러므로 완전한 국가적인 형태를 갖추었던 가나안 정착을 이스라엘 역사의 기원이라고 주장한다.

이스라엘 역사에 관한 한, 두 학파의 영향은 지대하다고 할 수 있다. 그러면 우리는 어느 쪽의 입장을 수용해야 할까? 독일의 알트 학파가 족장시대나 모세의 출애굽을 이스라엘 역사로 보지 않는 이유는, 전설로 보기 때문이다. 그래서 그들은 이 사건에 역사성을 부여하지 않는다. 우리는 여기에 동의할 수 없다.

올브라이트 학파의 주장처럼 족장사를 정확하게 추정을 할 수는 없다. 그러나 족장 시대를 배경으로 하는 고대 근동의 문헌들이 발굴되면서, 족장사에 대한 역사성도 인정을 받아 가고 있다.

더욱 분명한 것은 구약성서와 신약성서에 이르기까지 이스라엘 백성들은 아브라함을 비롯한 족장들과 그들의 행적을 다 기억하고 있음을 볼 수 있다. 족장사는 한 국가의 역사라기보다는 가족사에 더 가깝다. 그러나 그 가족사도 이스라엘 선조들의 역사이기 때문에 이스라엘 역사도 아브라함 때부터 기원한다고 보아야 할 것이다.

014

유린당하는 선민의 땅

　이스라엘과 아랍 간의 분쟁이 끊이지 않고 있는 팔레스타인을 "세계의 화약고"라고 한다. 그런데 팔레스타인의 분쟁은 오늘에 이르러서 새롭게 대두된 문제는 아니다. 출애굽한 이스라엘 백성들이 팔레스타인 땅에 정착하면서부터 예고되었다. 원주민들을 추방한 것과 지역적인 중요성이 분쟁의 불씨를 제공한 것이다.
　이스라엘은 북쪽의 유프라테스강과 티그리스강을 중심으로 생성된 메소포타미아 문화와 남쪽에는 나일강의 비옥한 농경지를 발판으로 부흥했던 이집트 문화의 중간지점에 위치하고 있다. 즉 세계적인 양대 문화가 마주치고 있는 곳이다. 그뿐만 아니라 이 두 강대국을 연결하는 도로가 지중해변을 따라 이스라엘을 통과하고 있으며, 반월형 곡창지대의 남쪽 끝부분으로서 비옥한 농경지를 가지고 있기도 하다.
　더욱이 3개 대륙인 북쪽의 유럽, 동쪽의 아시아, 남쪽으로는 아프리카가 만나는 교차지역이다. 여기에 지중해, 흑해, 카스피안해, 홍해, 그리고 페르시아 만의 다섯 개의 바다를 서로 연결해 주는 중동지역의 중심지이다.

요르단의 "메데바(Medeba) 지도"(주후 6세기)와 영국 히어포드(Hereford) 대사원의 "세계지도"(주후 13세기)에도 예루살렘이 세계의 중앙지점으로 표시되어 있다. 이러한 중요성들이 강대국들의 구미를 당기기에 충분했던 것이다.

남쪽의 이집트와 북쪽의 앗시리아나 바벨론이 서로 정복에 나설 때는 반드시 이스라엘 영토를 통과해야만 했다. 대표적인 예가 다윗 왕 이후로 가장 훌륭하다는 평가를 받았던 요시야 왕이 바벨론 정복을 목적으로 북상하던 이집트의 바로 느고의 군대를 므깃도에서 저지하다가 전사한 사건이다. 강대국들의 전쟁놀이에 자국의 영토가 유린당하는 것을 묵과할 수 없다는 생각이 이런 결과를 낳고 말았다.

이스라엘은 작은 영토에도 불구하고 교통, 군사, 무역의 중심지라고 할 수 있다. 이러한 지역적인 중요성이 강대국들의 소유욕을 촉발했고, 그들의 말발굽에 짓밟히는 서러운 역사를 안게 되었다.

이스라엘의 평화는 자신들의 힘으로 유지되는 것이 아니라, 순전히 주위 강대국들에 의해 만들어지는 평화이다. 즉 강대국들 사이에 힘의 균형이 유지되면 이스라엘에도 평화가 있었으나, 세력 균형이 깨지면 전쟁의 소용돌이에 휘말려 막대한 피해를 보았다. 우리 속담대로 "고래 싸움에 새우 등 터지는 곳"이 바로 선민의 땅 이스라엘이었다.

우리는 여기서 하나님의 섭리를 음미해 볼 필요가 있다. 이왕이면 선민들이 안전하고 평화롭게 살 수 있는 곳을 지정하지 않으시고, 전쟁이 일상화되는 곳에 살게 하셨을까? 전쟁뿐만 아니라, 국토 대부분이 사막과 산악지대로 먹고살기조차 힘든 땅인데 말이다. 전쟁의 고통을 당하는 이스라엘 백성들 입장에서도 "왜 이런 곳을 선민의 땅으로 지정하셨습니까?"라고 반문할 수도 있다.

그러나 고대로부터 세계의 이목이 쏠리는 팔레스타인, 이곳이야말로 하나님의 존재를 세계인들에게 가장 확실하고도 빠르게 각인시켜 줄 수 있는 곳이다. 팔레스타인을 중심으로 펼쳐지는 이스라엘 역사가 하나님의 존재를 가장 선명하게 증명하고 있기 때문이다.

팔레스타인은 그 특성상, 하나님을 의지하지 않고는 생존하기 어려운 곳이다. 강대국들의 탐욕과 사막과 산악지대에서는 하나님을 철저하게 의지해야만 생존할 수 있다. 그래서 하나님은 팔레스타인을 선민 이스라엘의 땅으로 주셨다고 할 수 있다.

015

아브라함의 고향은 우르인가? 하란인가?

이스라엘 민족의 조상인 아브라함에 관한 기사는 창세기 11장 27절부터 아주 상세하고도 길게 보도하고 있다. 구약성서를 근거로 아브라함의 행로를 추적해 보면, 아브라함의 가족은 남부 메소포타미아인 우르에서 출발하여 비옥한 티그리스와 유프라테스 계곡을 따라 북상하여 하란에 정착하였다. 여기서 하나님의 소명을 받고 떠나는데, 이 내용이 창세기 12장에 기록되어 있다.

한편 하란을 출발한 아브라함 가족은 반월형 곡창지대를 따라 시리아를 거쳐 팔레스타인의 세겜에 도착하여 처음으로 단을 쌓았다. 그러나 팔레스타인의 흉년으로 그들은 잠시 이집트로 내려갔다가 다시 팔레스타인으로 돌아와 여생을 보낸다. 여기가 바로 지금의 헤브론이다.

아브라함의 이동 경로를 소개하고 있는 구약성서의 기록은 당시의 상황과 연관 지어보더라도 신빙성이 있다고 하겠다. 특히 앙드

레 빠로(Andre Parrot)가 지휘하는 프랑스의 고고학 발굴팀이 유프라테스강 중류에 있는 마리(Mari)라는 곳에서 2만여 개의 토사 판을 발굴하였다.

기원전 20세기 고대 근동의 정치, 군사, 외교, 행정을 보여주고 있는 "마리 문서"는 아브라함에 관한 성서의 기록을 신빙성 있게 만들어 주는 아주 중요한 문서라고 할 수 있다.

그런데 아브라함의 고향이 우르라는 기사는 성서고고학이나 구약 신학자들에 의해서 강하게 의문이 제기되고 있다. 구약성서의 오경문서 중, P문서는 아브라함의 이동 경로를 우르-하란-가나안으로 기록하고 있다. 하지만 J문서에서는 아브라함의 원고향을 하란 지역으로 소개하고 있다(창 24:4, 7, 10 ; 27:43 ; 28:10 ; 29:4). 실제로 히브리어 성서를 헬라어로 번역한 "칠십인 역 성서"(Septuagint)에서는 "우르"라는 말 대신에 "땅"이라는 말로 대치하고 있다.

이스라엘 역사 연구의 권위자인 올브라이트(Albright)도 고고학적으로 아브라함의 가족이 갈대아 우르에서 하란으로 이주했다는 증거를 발견할 수 없을 뿐만 아니라, 칠십인 역에서도 생략되었다는 것을 고려하여 아브라함의 고향이 우르라는 사실을 부인하고 있다. 우르 고향설은 단지 이차적인 전승이라는 것이 그의 주장이다.

더욱이 올브라이트를 비롯한 많은 구약 학자들의 주장을 뒷받침하는 것이 족장 전승이다. 성서의 족장 전승들을 살펴보면, 하란이라는 증거를 보여주는 것은 많은 데 비해, 우르를 보여주는 증거는 거의 없다.

족장사를 보면, 하란에 거주했던 아람인에 대해서는 강한 혈연의식을 가지고 왕래하고 아내를 구했다. 이삭의 아내 리브가와 야곱의 아내가 모두 혈연의식을 가지고 있었던 하란 출신들이다. 그러나 족장들의 고향이 우르라고 유추할 수 있는 성서적 근거는 아쉽게도 찾을 수 없다.

신명기 26장 5절에서도 이스라엘 백성들은 "우리 조상은 유리하는 아람 사람이라"고 신앙고백 하는데, 여기서 아람은 하란 지역을 의미한다. 그뿐만 아니라 구약성서와 연관성을 지닌 바벨론의 창조신화나 길가메시 서사시, 함무라비 법전 등은 모두 북부 메소포타미아의 바벨론 문화권의 영향권인 데 비해, 우르가 자리한 남부 메소포타미아의 수메르 문명의 영향은 거의 찾아볼 수 없다.

결과적으로 아브라함의 행로는 당시 고대 근동의 문서들을 통해서 사실로 입증되고 있으나, "우르 고향설"은 여전히 도전을 받고 있다. 즉 "하란 고향설"에 대한 성서의 증거나 고고학 자료는 풍부하지만, "우르 고향설"을 뒷받침할 증거는 거의 전무하다는 것이다. 따라서 구약 신학자들은 "우르 고향설"은 성서 저자의 어떤 신학적인 의도에서 이차적으로 추가되었을 것이라고 가정한다.

016

히브리인은 하비루였다(?)

기원전 2000년대의 문서에 많이 등장하는 무리 가운데 하비루(Habiru)라는 집단이 있다. 이들은 소아시아, 메소포타미아, 팔레스타인, 이집트 등 고대 근동의 지역에서 시민권 없이 떠돌아다니는 계층으로 "유랑민" 또는 "외국인"이었다.

하비루들은 게릴라 부대로 조직화하여 상인들과 민가를 공격해서 재산을 약탈하기도 하고, 국가의 용병으로 고용되거나 공공사업의 노예로 부역에 종사하기도 하였다. 특히 하비루들은 이집트의 공공사업에 많이 동원되었다.

하비루라고 해서 모두 노예가 된 것은 아니다. 종으로 팔려 갔던 요셉이 그 성실함과 총명함으로 이집트의 국무총리에 오른 것이 대표적인 사례다. 하비루들 가운데서도 능력 있는 사람들은 국가의 주요 직에 오르기도 했다는 것을 보여준다.

한편 유랑하면서 정착민들을 괴롭히고 재산상의 손해를 입히는 하비루들이 국가의 통치자들에게는 골치 아픈 일이었다. 이집트 18왕조의 바로 아멘호테프 4세 치하의 수도였던 아마르나(Amarna)에서 1886년 400여 개의 진흙 서판이 발굴되었다.

이것이 농장에서 일하던 한 여인에 의해서 발견된 "아마르나 문서"로, 바로와 팔레스타인의 여러 도시국가 통치자들 사이에 주고받았던 외교문서이다. 여기서 통치자들은 하비루들의 척결에 공감을 표하고 있다. 특히 예루살렘의 통치자였던 압디 히바(Abdi-Hiba)는 바로에게 하비루 척결을 위한 지원군을 요청하고 있다.

"하비루들이 왕의 온 땅을 약탈하고 있습니다. 만일 금년 안으로 활을 쏘는 궁수들이 있다면, 왕의 땅은 그대로 남아 있을 것입니다. 그러나 궁수들이 없게 된다면, 왕의 땅은 하비루들에게 빼앗기고 말 것입니다."

그런데 "하비루"라는 말과 이스라엘 백성을 지칭하는 "히브리"(Hebrew)라는 말이 어원적으로 상당히 연관성을 가지고 있다는 것이 구약성서 학자들의 주장이다. 물론 단정할 수는 없으나 여러 정황을 보면, 상호 연관성은 충분하다고 하겠다. 히브리인의 조상인 아브라함의 유랑하는 삶이 하비루들의 삶의 패턴과 상당히 닮았다. 따라서 아브라함은 가나안의 원주민들 사이에서는 "하비루"로 이해되었다.

아브라함은 그의 가족과 가축을 이끌고 목초지를 찾아 유랑하다가 헤브론 근처의 마므레에 천막을 쳤다. 그의 아들 이삭과 손자 야곱도 때때로 유랑의 삶을 살았다. 이들은 어느 특정한 지역에 정착해서 땅을 소유하거나 경작하지 않았다. 팔레스타인에 대 흉년이 들자 야곱 가족이 이집트로 이주할 수 있었던 것도 사실은 유랑하는 백성들이었기에 가능했다고 할 수 있다.

그러면 히브리인의 조상 아브라함은 과연 하비루였을까? 물론 아마르나 외교문서에 등장하는 하비루들과 완전한 일치를 주장할 수는 없지만, 넓은 의미에서 하비루 계층임을 부인할 수는 없다. 성서도 유랑하는 사람들로 묘사하고 있기 때문이다. 따라서 정착민들에게는 영락없이 하비루들로 보였을 것이다.

특히 라암세스 2세(Ramesses Ⅱ) 치하의 이집트에서 국가의 노예로 고용되었던 하비루 가운데 이스라엘이 포함된 것은 확실하다는 것이 구약 신학자들의 주장이다. 이스라엘이 조약이나 약속할 때 "히브리 사람의 하나님"이란 표현이 "하비루의 신들"이라는 이름으로 협정이나 조약을 체결했던 하비루들과 너무 흡사하기 때문이다.

따라서 이스라엘 선조들이 보여준 삶의 양식은, 당시 하비루들과 연관성이 있다고 할 수 있다. 단지 폭력적이고 재산을 탈취하는 모습은 제외하고 말이다. 하나님은 하비루에서 이스라엘의 조상 아브라함을 선택하신 것이다.

017

비옥한 초승달 지역
(Fertile Crescent)

"비옥한 초승달 지역"이라는 용어는 1906년 다섯 권으로 구성된 방대한 이집트 역사서인 「Ancient Records of Egypt」를 집필한 제임스 브레스테드(James Breasted)가 처음으로 사용하였다.

페르시아만에서 시작되는 비옥한 초승달 지역은 티그리스강과 유프라테스강 유역을 따라 북서쪽으로 올라가 하란과 갈그미스를 정점으로 다시 남서쪽으로 방향을 바꾸어 지중해 해안지역에 이른다. 그곳에서 다시 해안선을 따라 남쪽으로 내려와 이집트의 나일강 삼각주 지역과 연결된다. 브레스테드는 이 비옥한 땅이 초승달 모양으로 생겼다고 해서 "비옥한 초승달 지역"이라고 이름을 붙였다.

이렇게 형성된 비옥한 초승달 지역은 고대 문명의 요람지가 되었다. 즉 북쪽에는 터키와 이란 사이에 있는 아르메니아 산지가 있으며, 동쪽으로는 이란의 고원지대와 저지대를 갈라놓은 자그로스 산지가 자리 잡고 있다.

그리고 서쪽으로는 지중해와 남쪽으로는 아라비아 사막 및 시나이반도의 광활한 사막이 펼쳐져 있다. 특히 북쪽에 있는 산간지대는 북쪽에서 침입하는 외적과 겨울철의 찬 바람을 막아주며, 남쪽의 사막지대는 남부지방에서 침입하는 외적을 막아주는 방패 역할을 훌륭히 하였다.

이러한 특징을 가진 비옥한 초승달 지역은, 세 가지 면에서 그 중요성을 인정받고 있다. 첫째, 비옥한 초승달 지역은 이스라엘 역사와 깊은 관계가 있다. 즉 이스라엘 역사는 비옥한 초승달 지역과 인접한 지역, 나아가 이집트라는 폭넓은 배경 속에서 전개된다. 또한, 이스라엘 선조들의 반 유목민적인 생활도 이 지역을 중심으로 이동과 정착을 거듭하고 있음을 볼 수 있다.

둘째, 비옥한 초승달 지역은 말 그대로 곡창지대이다. 근동지역은 이집트의 나일강 지역을 제외하면 대체로 사람이 살 수 없고 땅을 경작할 수 없는 불모지나 다름없다. 그러나 이 지역만큼은 사람이 거주하고 농사를 짓기에 적합한 곳이다.

비옥한 초승달 지역의 북쪽에는 유프라테스강과 티그리스강의 풍부한 물을 이용하여 곡식을 생산하였으며, 이스라엘에는 갈릴리 호수의 물을 이용한 이스르엘 평야가 농사에 활력이 되었다. 그리고 남쪽에는 나일강의 주기적인 범람으로 고대로부터 풍년을 구가했던 이집트가 자리 잡고 있다. 따라서 사막과 산지가 주류를 이루고 있는 중동지역에서는 보기 드문 곡창지대라고 할 수 있다.

셋째, 비옥한 초승달 지역은 인류문명의 발상지이다. 서양 역사에서 인류문명의 발상지를 티그리스-유프라테스강을 중심으로 한 메소포타미아 계곡과 이집트를 구불구불하게 휘감아 도는 나일 계곡을 들고 있다. 이 두 계곡을 초승달처럼 연결한다고 해서 "비옥한 초승달 지역"이라는 이름이 붙여진 것이다.

사실 고대 근동의 대제국을 형성했던 앗시리아나 바벨론, 페르시아 그리고 이집트가 이 지역을 중심으로 발흥했고 근동의 패권을 장악하였다. 구약성서의 족장사를 보면, 유랑하던 족장들의 이동 경로가 모두 비옥한 초승달 지역을 중심 무대로 하고 있다.

그런데 하나님은 아브라함에게 비옥한 초승달 지역인 지중해 연안 땅을 주시겠다고 약속하셨다. 그 땅은 북쪽으로부터 페니키아 평야, 악고 평야, 이스르엘 평야, 돌 평야, 샤론 평야, 블레셋 평야가 자리하고 있는 기름진 땅이다. 따라서 하나님은 가장 좋은 땅을 이스라엘의 조상에게 주신 것이다.

"젖과 꿀이 흐르는 땅"이라는 성서의 표현은 비옥한 초승달 지역을 배경으로 하고 있다.

018

구약성서의 계약 체결식

　인간 세상에는 계약이라는 것이 있다. 계약은 선진사회일수록 잘 지켜지지만, 후진사회로 갈수록 파기율이 높아지는 것이 일반적인 현상이다. 계약은 인류의 역사와 더불어 인간사회를 지탱해 주는 중요한 요소로 자리매김하고 있다. 이러한 계약은 구약성서를 비롯해서 고대 근동 세계에서도 다양한 방법으로 행해졌다.

　구약성서에는 특별한 계약 체결의식 두 가지를 소개하고 있는데, 하나는 "계약을 쪼개다"라는 방식이다. 계약은 보통 쌍방 간에 "맺는다" 혹은 "체결한다"라고 표현한다. 그러나 고대 근동 세계나 구약성서에 등장하는 계약은 "카라트 베리트", 즉 "계약을 쪼개다"라는 표현을 종종 쓰고 있다.

　1933년 시리아와 이라크 국경지대에 위치한 "마리"에서 중요한 문서들이 발굴되었는데, 이것을 "마리 문서"라고 한다. 마리 문서에는 고대 근동의 계약 체결의식이 소개되어 있다. 그 계약방식을 보면, 당나귀를 둘로 쪼개서 나란히 놓은 후 계약 당사자들이 그 사이를 걸어간다. 이것은 만일 계약을 파기했을 때, 파기자는 당나귀처럼 쪼개어진다는 것을 상징하는 계약방식이다.

쪼개는 계약방식은 창세기(15:7-21)에도 있다. 하나님이 아브람에게 "네가 바라보는 가나안 땅을 너와 네 후손에게 주리라"고 약속하시면서, 네 자손이 이방 땅에서 객이 되어 400년간 섬길 것도 예고하셨다. 이렇게 400년 노예 생활을 하게 되는 원인은 계약을 어겼기 때문이라는 것이 하나님의 설명이다.

그런데 창세기는 하나님과의 계약 장면을 중계하면서, "어두울 때 횃불이 쪼갠 고기 사이로 지나갔다"라고 한다. 고대 근동에서 흔히 볼 수 있는 계약 체결의식을 아브람과 하나님 사이에서도 행해지고 있는 대목이다. 역시 계약을 파기하는 쪽이 쪼개어진다는 것을 보여준다.

그러나 실제로 이스라엘 백성들은 수도 없이 하나님과의 계약을 위반하였으나 그들의 몸이 둘로 쪼개어졌다는 성서의 기록은 없다. 고대 근동의 계약방식은 따랐으나 실제로 잔인하게 적용되지는 않았음을 확인할 수 있다.

다른 하나는, 민수기(18:19)에 소개된 소금을 이용한 계약 체결법이다. 하나님과 이스라엘 백성들이 소금을 찍어 먹는 형식의 계약 의식이다. 이것은 소금이 변치 않듯이 서로가 변치 말자는 의미의 계약 체결법이다.

이 두 가지 계약 체결법은 고대 근동 세계나 이스라엘에서 계약이 얼마나 중요하고 철저하게 지켜져야 하는지를 가르쳐 주고 있다. 동서고금을 막론하고 계약은 그 사회의 질서를 유지 발전시키며, 인간다운 모습으로 살아가게 만드는 핵심적인 요소다. 그래서 성서도 하나님과의 계약에 큰 의미를 부여하고 있는 것이다.

구약 신학자 아이히롯트(W. Eichrodt)는 성서 전체를 관통하는 사상을 한마디로 표현한다면 "계약"이라고 했다. 전통적으로 기독교인들은 성서를 관통하는 사상으로 "예수"를 들었다. 즉 구약성서는 "오실 예수"이고, 신약성서는 "오신 예수"라는 것이다. 그러나 아이히롯트는 "계약"을 성서의 중심주제로 설정하였다. 하나님과의 계약이 그만큼 중요하다는 의미이다.

성서는 하나님과 당신의 백성들도 계약의 관계라고 한다. 계약이 잘 지켜지면 최대의 복을 누릴 수 있지만, 계약이 깨지면 약속된 하나님의 축복을 누릴 수 없다. 대신 파기한 당사자들이 그 대가를 치러야 한다. 그런데 계약을 파기하는 쪽은 하나님이 아니라, 항상 인간이다. 하나님은 결코 계약을 파기하지 않으신다. 하나님과 내가 어떤 계약을 맺었는지 되돌아보면서 철저하게 지키는 신앙인이 되어야 할 것이다.

019

아브람을 맞이하는 사람들

　창세기 14장은 두 가지 면에서 중요한 의미를 지니고 있다. 하나는 아브람의 유일한 군사적 행동이 기록된 것과 다른 하나는 성서에서 최초로 십일조에 관한 이야기를 하고 있기 때문이다. 특히 14장에서는 아브람의 유일한 군사적 행동의 배경과 그 결과에 대한 반응이 흥미 있게 그려지고 있다.
　여기에는 아홉 개의 나라와 그 왕들이 등장한다. 즉 사해 근처의 다섯 왕인 소돔의 베라, 고모라의 비르사, 아드마의 시납, 스보임의 세메벨, 이름이 밝혀지지 않는 소알의 왕들이 십이 년 동안 엘람 왕 그돌라오멜의 봉신으로 있었다.
　그러나 13년째 되는 해에 이 다섯 왕이 반기를 들었다. 분노한 엘람 왕 그돌라오멜이 동방의 세 왕, 즉 시날의 아므라벨과 엘라살의 아리옥, 그리고 고임의 디달 왕을 규합해서 연합군으로 사해 근처의 다섯 왕과 대결하였다.

전쟁의 결과는 사해 근처의 다섯 나라의 동맹군이 패하면서 재물을 약탈당했고, 소돔 땅에 살았던 아브람의 조카 롯을 포함한 많은 사람이 포로로 잡혀갔다. 롯이 포로로 끌려간다는 소식을 접한 아브람은 자신의 사병 318명을 동원해서 네 개 연합군을 추격해서 격퇴하고 빼앗긴 재산과 롯을 포함한 포로들을 찾아왔다.

그런데 아브람을 맞이하는 두 사람, 즉 살렘의 왕인 멜기세덱과 소돔 왕 베라의 반응이 흥미롭다. 개선하는 아브람을 먼저 영접한 사람은 소돔 왕 베라로 "샤웨 골짜기"까지 마중을 나왔다. 샤웨 골짜기는 예루살렘 북쪽의 기드론 골짜기와 힌놈 골짜기가 만나는 지점에 있다(삼하 18장). 이것은 소돔 왕이 아주 멀리까지 마중 나왔다는 것을 암시한다.

그런데 아쉽게도 빈손이었고, 수고와 격려의 말도 없다. 단지 아브람에게 전리품은 당신이 취하고 포로 되었던 백성들과 군사들은 돌려 달라고 요청하고 있다. 자신이 탈취당했던 재산과 잃었던 군사들을 도로 찾아오는 아브람을 맞이하는 사람으로서는 염치가 없다. 철저하게 자신의 이익만 챙기는 모습이다.

아브람을 영접한 또 한 사람은 살렘 왕 멜기세덱이었다. 그의 호칭은 "살렘 왕"과 "지극히 높으신 하나님의 제사장"이라는 두 가지로 나타나고 있다. 왕이자 제사장이라는 뜻인데, 이것은 살렘이 제정일치의 사회였다는 것을 의미한다.

그런데 동방의 네 왕이 침입했을 때, 살렘의 멜기세덱은 어떤 피해도 보지 않았다. 그런데도 멜기세덱은 떡과 포도주를 준비해서 아브람을 영접하였고, 군사들을 먹이고 아브람을 축복하였다. 신세를 진 것이 없으면서도 마음껏 후대하였다. 그러자 아브람도 전리품의 십 분의 일을 멜기세덱에게 보답으로 주었다.

우리는 아브람을 맞이하는 두 사람에게서 이기적인 사람과 비이기적인 사람을 볼 수 있다. 베라는 아브람에게 포로에서 해방된 자신의 군사들을 돌려 달라면서 선심 쓰듯이 전리품은 아브람에게 다 가지라고 하였다. 빈손으로 왔던 베라의 제안을 아브람은 일언지하에 거절함으로써 치부했다는 오해를 불식시켰다. 그러나 멜기세덱의 호의는 아브람을 감동시켰고, 십 분의 일을 취하는 복을 누렸다.

멜기세덱을 통해서 하나님의 모습을 볼 수 있고, 아브람을 통해서 신실한 신앙인의 모습을 발견할 수 있다. 멜기세덱처럼, 하나님도 이해관계가 없으면서도 우리에게 아무런 조건도 없이 다 주셨다. 독생자 아들까지도 말이다. 그리고 우리가 이 땅에서 승리하고 하나님의 나라에 갔을 때, 멜기세덱이 아브람을 영접했던 것처럼 하나님도 우리를 영접하실 것이다.

그러면 이런 좋으신 하나님께 우리는 어떻게 해야 하나? 아브람이 감사의 보답으로 드렸던 것처럼 우리도 부지런히 드려야 한다. 가장 중요한 우리 자신의 삶을 말이다. 하나님이 원하시는 삶을 사는 것이 하나님께 최고의 드림이 될 것이다.

020

비정의 아버지일까?

성서의 독자들이 가끔 고개를 갸우뚱할 때가 있다. 물론 이것은 성서가 기록될 당시의 고대 근동의 문화나 관습을 이해하지 못하고, 오늘의 상황으로 이해하려고 하는데 원인이 있기도 하다. 창세기 19장에 기록된 롯의 행동이 그 좋은 예이다.

아브라함의 집에 들렀던 두 명의 천사들이 점심을 먹고 롯이 거주하고 있던 소돔을 향하여 출발해서 저녁때 도착하였다. 사실 아브라함이 살던 헤브론에서부터 사해 남부의 소돔까지는 약 70km의 거리다. 이 거리를 점심 먹고 출발해서 저녁때 당도한다는 것은 초인적인 힘의 결과라고 할 수 있다.

롯의 간청으로, 두 천사는 롯의 집에서 저녁을 먹고 잠을 자려고 하는데, 소돔 사람들이 벌떼처럼 몰려와서 투숙한 손님들을 상관하겠다고 한다. "상관하겠다"라는 말은, 동성연애하겠다는 뜻이다. 이 일에 소돔의 남자는 노소를 불문하고 다 모였다. 소돔의 남자들이다 타락했다는 것을 의미한다. 후에 소돔에 의인 열 사람이 없어서 멸망했다는 성서의 보도는 정확한 팩트라고 할 수 있다.

이런 폭도들의 요구에 대해서 롯은 손님 대신 두 딸을 그들에게 내줌으로써 위기를 타개하려고 하였다. 그런데 두 딸은 이미 약혼한 상태였다. 약혼한 딸을 폭도들에게 성적인 대상으로 넘겨준다는 것은 함무라비 법전이나 신명기 22장에 명시된 것처럼, 딸의 죽음을 의미하였다. 오늘의 상황에서 본다면, 롯은 비도덕적이고 비정한 아버지이다. 그러나 당시의 관습이나 문화를 이해한다면, 롯에 대한 부정적인 생각도 많이 사라질 것이다.

첫째, 롯의 행동은 고대 근동 세계의 삶의 법칙에 따라 의무를 다하고 있다. 고대 근동의 관습은 나그네를 철저히 보호해야 할 신성한 의무를 지니고 있다. 패역한 소돔 사람들에게는 이런 법칙이 여지없이 무너지고 있지만, 롯은 끝까지 방문한 손님에 대한 의무를 다하고 있다.

둘째, 롯의 행동은 고대 근동 세계의 가치관을 반영하고 있다. 고대 근동에서는 나그네와 딸 둘 중의 하나를 보호해야 한다면, 우선 나그네를 보호해야 했던 사회다. 롯은 이 가치관에 충실히 따랐던 것이다.

셋째, 고대세계에서 딸들의 생명과 미래는 가족의 장에게 달려 있었다. 현대인들이 볼 때는 비정한 아버지일지 몰라도 손님을 우선적으로 보호해야 한다는 고대세계의 룰에 따라 롯은 딸들을 폭도들에게 주려고 했던 것이다.

롯의 행동이 오늘날의 도덕적 기준에서 일방적으로 평가되어서는 안 되는 이유가 여기에 있다. 롯은 나름대로 도덕적이었고, 가치관의 우선순위에 따라 순리대로 살았던 인물임을 알 수 있다. 타향에 살았으면서도 그들의 삶이 불신앙적이고 패역한 문화였기에 따르지 않고 있음을 확인할 수 있다. 소돔과 고모라는 하나님의 경고를 농담으로 알고 무시하였던 곳이다. 의인을 찾을 수 없었던 죄악의 땅이었다. 이런 황폐된 땅에서 나름대로 사회적인 규범에 충실하려고 노력했던 사람이 롯이었다. 따라서 비정의 아버지라는 평가는 어울리지 않는다고 할 수 있다.

이것은 오늘 우리 그리스도인들에게는 하나의 도전이다. 그리스도인들의 삶의 자리도 불신앙적인 문화요, 때때로 패역한 세속의 문화 속에 있다. 롯처럼 정도가 아니면 따르지 않는 용기와 삶의 법칙에 충실할 수 있는 결단이 우리에게 요구되는 시대라 하겠다.

그리스도인의 삶의 법칙은 하나님의 말씀에서 나온다. 아무리 시대가 변해도 우리는 하나님의 법칙에 충실하면 된다. 이것이 그리스도인을 그리스도인답게 만드는 삶이다.

021

"야다"(ידע)라는 말

히브리어 "야다"라는 말은 기본적으로 "알다"라는 뜻을 지니고 있다. 즉 야다는 일차적으로 보는 것과 듣는 것과 같은 감각기관을 통하여 무엇을 지각하거나 사유함을 통해 알게 되는 것을 의미한다. 그러나 이 단어는 보다 포괄적이며 다양한 의미를 포함하고 있다. "친분을 맺는다"라는 의미도 있고, 남녀 간이나 동성 간의 성관계를 의미하기도 한다.

실제로 구약성서에는 동성 간이나 이성 간의 성관계를 나타낼 때 "야다"라는 말을 사용하고 있다. 결과적으로 야다가 암시하는 성관계란, 상대방을 철저히 아는 것이 전제되어야 하며, 상대방을 내 몸과 같이 사랑해야 한다는 것이다.

구약성서에서 "야다"가 사용된 본문은 다음과 같다. 우선 창세기 4장 1절에 아담이 하와와 동침해서 아들 가인을 낳았다는 기록이 있다. 여기 "동침하다"는 것이 야다로 기록되어 있다. 그리고 창세기

19장에는 두 천사가 사람의 모습을 하고 소돔 성의 롯의 집을 방문하였다. 이때 소돔의 모든 남자가 몰려와서 그와 "상관하겠다"(19:5)며 두 사람을 내놓으라고 한다.

"상관하다"가 히브리어 원문에서 야다로 표기되어 있다. 즉 동성연애를 하겠다는 것이다. 소돔(Sodom)이란 말에서 파생된 영어 소도미(sodomy)가 남색(남자끼리 하는 성행위)이나 동성애를 지칭하게 된 것도 이러한 배경에서 나온 것이다.

사사기 19장에도 어떤 레위인이 부정한 짓을 행하고 친정인 베들레헴으로 가버린 첩을 데려오기 위하여 처가로 갔다. 그리고 첩과 함께 돌아오다가 날이 저물어 베냐민 지파의 거주지인 기브아에 머무르게 되었다.

이들은 친절한 노인의 집으로 인도를 받아 잠이 들려고 하는데, 기브아의 비류들이 몰려와 레위인을 달라고 아우성쳤다. 손님을 보호해야 할 의무가 있었던 노인은 자신의 처녀 딸과 레위인의 첩을 주려고 했지만 비류들은 거절하였다. 결국은 레위인의 첩이 희생물로 그들에게 밤새도록 농간당한 후 죽었다.

그런데 베냐민 지파의 악행을 안 이스라엘의 전 지파들이 베냐민 지파를 응징하기 위하여 연합군을 결성하였다. 결국, 베냐민 지파는 연합군에 의해서 초토화되는 불행한 사태가 벌어지고 말았다. 베냐민 지파 출신인 사울이 왕이 될 때 "나는 가장 작은 지파 출신이라"고 고백할 수밖에 없었던 원인도 여기에 있다.

이 본문에서도 야다가 사용되었다. 기브아의 비류들은 노인의 집에 와서 "우리가 그를 상관하겠다"(19:22)며 손님을 요구하였다. 이들이 상관하겠다는 것도 동성연애하겠다는 의도인데, 야다가 사용된 것이다.

우리는 야다라는 말의 의미를 정확히 이해할 필요가 있다. 성도덕이 문란해짐으로 가정이 해체되고, 음란의 문화가 청소년들의 정신세계를 황폐화하는 오늘의 세태에서는 더욱더 그러하다.

구약성서에 표기된 "야다"라는 말은, 첫째 성관계는 상대방을 철저히 아는 것이 전제되어야 하며, 둘째 상대방을 자기 몸의 일부와 같이 생각하고 돈독한 사랑이 있을 때만 이루어져야 한다는 것이다.

이 법칙에 가장 확실하게 적용될 수 있는 경우가 부부관계이다. 부부의 관계는 서로를 잘 아는 사이고 배우자를 내 몸처럼 아끼고 사랑하는 사람들끼리 맺어진 관계이기 때문이다. 단순히 쾌락만을 위한 성관계는 성도덕을 문란케 하고 가족관계를 파괴하며, 궁극적으로는 하나님의 형상대로 지음받은 인간의 존엄성을 파괴하여 동물화된 인간으로 타락시킨다는 것을 알아야 한다.

"야다"의 법칙을 위반하면 소돔과 같이 하나님의 심판이 임하고 기브아의 베냐민 지파처럼 공동체가 와해된다는 성서의 메시지를 들어야 한다. "야다"의 법칙이 온전히 적용될 때, 가정과 사회가 건강하고 행복을 누릴 수 있을 것이다.

022

제물이 된 아이들

　이스라엘을 비롯한 고대 근동 세계에서는 아이들을 신에게 제물로 바치는 인신 제사가 성행하였다. 대표적인 것이 구약성서에도 소개된 몰렉 제사이다. 가장 초기의 몰렉 제사는 아이들을 살아있는 상태로 불살랐다. 그러나 이런 제의 방식이 너무나 잔인하게 비치자, 다음에는 아이를 죽여서 바쳤다.

　아이를 죽이는 제사도 후대로 내려오면서 잔인하다고 판단되었다. 그래서 그다음부터는 아이를 불 가운데로 지나가도록 하였다. 그러나 그것도 아이의 목숨은 부지할 수 있으나 엄청난 화상으로 죽음보다 더한 고통이 될 수도 있었다.

　그런데 이 무서운 인신 제사가 이스라엘에서도 행해졌다. 이스라엘 백성들은 예루살렘 성 밖에 위치한 힌놈의 골짜기에서 아이들을 몰렉 신에게 제물로 바쳤다(왕상 23:10; 렘 32:35). 이런 몰렉 제사는 유다 왕 아하스 때 도입되었다. 아하스의 치세 기간은 이방 종교의 악풍들이 유대 종교를 압사시켜 가던 시대였다.

기원전 733년 북왕국의 왕 베가와 아람 왕 르신이 앗시리아에 대항하기 위해 연합군을 형성하였는데, 이것이 유명한 "에브라임-아람 동맹"이다. 연합군은 아하스에게도 가담을 요청하였지만, 거부당하자 유다를 침공하였다. 위기에 몰린 아하스가 자기 아들을 불태워 몰렉 신에게 제물로 바쳤다. 아하스의 손자이자 히스기야의 아들인 므낫세도 인신 제사를 지냈다.

인신 제사는 고대 카르타고에도 있었다. 카르타고의 타니트 성소를 발굴하자, 새까맣게 탄 어린 소년 소녀의 뼈들이 항아리에 담겨 있었다고 한다. 시칠리아의 디오도르의 보고에 의하면, 기원전 310년에 카르타고 도성이 무서운 재앙의 위협을 받았는데, 백성들은 이 재앙을 크로노스 신의 진노로 해석하였다. 그래서 가장 좋은 집안의 어린이 200여 명을 크로노스 신에게 제물로 바쳤다고 한다.

크로노스의 형상은 두 팔을 펴고 있는데, 편 팔 위에 아이를 안겨 주면 아이는 무서운 불이 타고 있는 화로 속으로 미끄러져 들어가게 되어 있었다. 이것은 고대 근동 세계에서 인신 제사가 넓게 퍼져 있었다는 것을 보여준다.

"인신 제사"에 대한 구약성서의 반응은 어떠할까? 인신 제사의 만행을 거부한 것이 모리아 산의 이삭 제물 사건이다(창 22장). 오경 문서설에 의하면, 창세기 22장은 "엘로힘 문서(E)"에 속한다.

엘로힘 문서는 기원전 8세기 작품이다. 이때는 아하스와 므낫세에 의해서 유대 사회에 인신 제사가 만연했던 시대였다. 인신 제사의 악습을 근절시키기 위하여 성서 저자가 모리아 산의 이삭 제물 사건을 기록했다는 것이다.

하나님은 아브라함에게 이삭을 제물로 바칠 것을 요구하셨지만, 칼로 죽이려는 순간 중지를 명령하셨다. 엘로힘 기자는 이 사건을 통해서 하나님은 인신 제사를 원치 않으신다는 분명한 메시지를 선포하려고 했던 것이다.

창세기 22장의 저자는 고대 근동 사회에서 행해지고 있던 인신 제사로 수많은 아이가 죽어 나가는 것을 목격했을 것이다. 그런데 이 가증스럽고 무서운 인신 제사가 아하스에 의해서 이스라엘에도 도입되는 끔찍한 일을 목격하였다. 저자는 이 무서운 인신 제사를 하나님께서는 원치 않으시며, 이스라엘에서는 반드시 폐기처분이 되어야 한다고 선포할 필요가 있었다.

그래서 모리아 산의 이야기를 자신의 문서에 기록하였다. 결론적으로 창세기 22장의 이삭 제물 이야기는 이스라엘의 야웨 하나님은 인신 제사를 원치 않는 분이라는 것을 강하게 주지시키고 있다.

023

왜 모리아 산인가?

하나님은 아브라함에게 아들 이삭을 제물로 바칠 장소로 모리아 산을 지정하셨다. 역대기 사가에 의하면, 모리아 산은 성전이 자리하고 있는 예루살렘의 시온 산이다. 당시 아브라함은 이스라엘의 최남단인 브엘세바에서 예루살렘까지 약 80km에 달하는 거리를 와서 제사를 드렸다.

왜 하나님은 80km의 거리에 3일씩이나 걸리는 모리아 산에서 이삭을 바치라고 하셨을까? 아니 그보다 왜 역대기 사가는 "모리아 땅의 한 산"을 성전이 자리하고 있는 시온 산이라고 단정하는 것일까? 이것은 정통성에 관한 문제라고 할 수 있다.

사실 창세기에는 "모리아 땅에 있는 한 산"(22:2)으로 표기되어 있을 뿐이다. 이 기사를 보면, 정확한 장소를 추정할 수 없다. 그런데 역대기 사가는, "솔로몬은 예루살렘 모리아 산에 주의 성전을 짓기 시작하였다. 그곳은 주께서 그의 아버지 다윗에게 나타나셨던 곳이다. 본래는 여부스 사람 오르난의 타작마당으로 쓰던 곳인데 다윗이 그곳을 성전 터로 잡아 놓았다"(대하 3:1)라고 보도하고 있다.

역대기 사가에 의해 밝혀진 모리아 산의 역사는 이렇다. 아브라함이 이삭을 제물로 바치려 했던 곳이고, 후에 여부스 족인 오르난이 타작마당으로 쓰던 곳이다. 또한, 다윗이 인구조사로 하나님의 징계를 받아 7만 명이 전염병으로 죽었다. 그러자 다윗이 오르난에게서 땅을 사서 제사를 드림으로 전염병이 막을 내렸다(대상 21장). 바로 이 장소에 솔로몬이 성전을 건축했다는 것이다.

창세기 22장에 따르면, 이삭을 제물로 바치려 했던 산이 성전이 세워진 모리아 산, 즉 시온 산이라고 단정할 수는 없다. 특히 구약 신학자 글륙(Glueck)이 모리아 산은 예루살렘이 아닐 것이라고 한다. 글륙에 의하면, 아브라함은 장작을 사흘씩이나 지고 갔는데, 만일 나무가 많은 유다 산악지대에서 제사를 드렸다면 그럴 필요가 없었다는 것이다. 그래서 그는 장작을 구하기 힘든 네겝 사막지대의 가데스바네아 근처라고 추정하였다.

글륙의 이론은 다양한 학설들 가운데 하나일 뿐이다. 그러나 역대기 사가의 단정적인 보도에는 뭔가 의도하는 것이 있을 것이라는 전제를 가능케 한다. 역대기 사가의 의도를 당시의 배경과 연관 지으면 흥미로운 해석이 나온다.

역대기 역사서(역대기상하, 에스라, 느헤미야)는 그보다 먼저 기록된 신명기 역사서(여호수아, 사사기, 사무엘상하, 열왕기상하)를 참고로 해서 바벨론 포로 후에 이스라엘 역사를 새롭게 해석한 역사서다. 이때는 포로 귀환민들과 사마리아인들 사이에 예배 장소의 문제로 첨예하게 대립하던 시기였다.

북왕국의 전통을 이어받은 사마리아인들은 그리심 산이 하나님이 택정하신 합법적인 제의 장소임을 주장하였다. 그러나 포로에서 돌아온 귀환민들은 남왕국의 전통에서 예루살렘 성전만이 진정한 제의 장소라고 맞섰다.

제의 장소를 놓고 갈등을 빚고 있는 상황에서 마치 대법원에서 최종판결을 내리듯이 역대기 사가에 의해서 최종판결이 내려진다. 물론 역대기 사가의 판정의 공정성에 의문을 제기할 수 있다. 왜냐하면, 그는 남왕국에 뿌리를 두고 북왕국의 역사를 철저히 배격하는 사람이기 때문이다. 역대기 사가의 최종판결문이 역대하 3장 1절 말씀이다.

아브라함이 제사를 드렸던 곳, 다윗이 제사를 드리자 하나님께서 흠향하신 곳, 솔로몬이 성전을 지은 곳, 이곳이야말로 이스라엘의 유일한 합법적인 제의 장소라는 것이 역대기 사가의 판정이다. 따라서 역대기 사가는, 태어나지 말았어야 할 북왕국의 전통에 뿌리를 둔 사마리아인들의 제의 장소인 그리심 산을 철저히 배격할 의도를 가지고 이스라엘 역사를 재해석했다고 하겠다. 동시에 예루살렘 중심의 역사서술이라는 자신의 역사관을 유감없이 펼쳤다고 할 수 있다.

024

사라는 불로초를 먹었을까?

진시황은 중국 최초로 천하통일의 대업을 이루고 12,700리나 되는 만리장성을 축조하였다. 또한, 자신을 비판하는 모든 학자를 처형하고 사관의 자료들을 모두 불태우는 "분서갱유" 사건의 주인공이기도 하다. 그러나 무엇보다 진시황을 상징하는 것은 불로장생의 꿈을 실현하기 위해 불로초를 구한 이야기다.

진시황은 서시에게 어린 소년 소녀 3천 명과 많은 보물을 실은 배를 주고 신선들이 사는 섬에 가서 불로초를 구해오도록 명령하였다. 그러나 불로초를 끝내 구하지 못한 서시 일행은 일본으로 도망쳐 버렸다. 그 후 진시황은 노생과 후생이라는 사람에게 다시 불로초를 구하라는 명령을 내렸다. 하지만 이들 역시 구하지 못하자 죽음이 두려워 진시황을 비방하고 도망쳐 버렸다고 한다.

그런데 진시황이 오매불망 찾았던 불로초를 먹었을 가능성이 있는 사람이 아브라함의 아내 사라이다. 창세기 12장에 의하면, 아브라함은 하란에서 출발하여 가나안에 정착하였지만, 흉년이 들자 모든 가족을 이끌고 다시 이집트로 내려갔다. 이때 사라의 나이는 65세였다. 그런데 65세 할머니가 얼마나 젊고 아리따웠는지, 바로 왕이 반해서 아내로 삼으려고 했다. 물론 하나님의 개입으로 실패했지만 말이다.

그런데 더욱더 흥미로운 것은 창세기 20장의 보도 내용이다. 아브라함이 블레셋의 그랄로 옮겨갔는데, 이때 사라의 나이는 무려 90세였다. 그런데도 그랄 왕 아비멜렉은 사라의 미모에 반하여 자신의 아내로 삼으려고 하였다.

어떻게 65세, 90세가 되었는데도 이집트 왕과 그랄 왕이 그녀의 미모에 반해서 아내로 맞아들이고 싶을 만큼, 아름다움을 유지할 수 있었을까? 오늘날 생산되는 세계적으로 가장 우수한 화장품을 쓴다 해도 불가능할 것이다. 그런데 화장품이 없었던 고대세계에서 어떻게 이런 일이 가능한가? 진시황이 꿈에도 그리며 찾았다는 불로초를 먹지 않고서는 아마 불가능했을 것이다.

그러면 과연 사라는 진정 불로초를 먹었을까? 그 불로초 때문에 일국에 왕들을 반하게 하는 젊음과 미모를 유지할 수 있었을까? 결론부터 말하자면, 성서 어디에도 불로초에 관한 이야기는 없다. 그러면 이 본문을 어떻게 해석해야 할까? 사실 여기에는 성서 저자의 의도를 이해해야 한다. 즉 정치적인 해석이 가미되어야 한다는 것이다.

아브라함에 대한 성서의 기록을 보면, 경제적으로 풍부했고, 군사적으로도 자신의 사병으로 동방 네 개의 연합군과 싸워서 이길 만큼 강했다. 따라서 아브라함 일행이 이집트에 간다는 것은 이집트에도 위협이 되었고, 그랄 역시 위협적인 존재로 인식되었을 것이다.

이집트나 그랄 입장에서는 아브라함이 "뜨거운 감자"와 같은 존재였을 것이다. 그래서 고민하고 있던 차에 아브라함이 사라를 자신의 누이라고 하는 말에 사돈 관계를 맺으려고 한 것이다. 비록 나이는 많은 할머니였지만, 그래도 결혼을 통해서 사돈 관계를 맺으면 쌍방 간에 전쟁을 피할 수 있었기 때문이다.

65세 되고, 90세 된 할머니의 미모와 젊음에 반해서 일국의 왕들이 결혼을 시도한다는 해석은 어쩌면 설득력이 떨어질 수 있다. 그러므로 이 사건은 다분히 정략결혼의 성격이 강하다고 할 수 있다. 서로 사돈 관계를 맺음으로 전쟁을 피하고, 평화롭게 공존하자는 메시지가 담겨 있다고 하겠다. 정략결혼이란 사랑의 마음이 없어도, 미모나 젊음이 없어도 가능하기 때문이다.

025

누지(Nuzi) 문서

1925~1931년 바그다드의 미국 동방연구소(American Institute of Oriental Research)의 에드워드 키에라(Edward Chiera)는 이라크 키루쿠크(Kirkuk) 부근에서 4천 개가 넘는 토판을 발굴하였다. 아울러 기원전 1400~1200년경에 속하는 이 토판들의 발굴지가 고대 누지였다는 사실도 밝혀냈다. 후리족의 관습법을 반영하고 있는 누지문서는 하층민들의 일상생활에 관계된 관습들을 생생하게 보여주고 있다.

이때 발굴된 누지문서는 창세기의 족장사 연구에 중요한 단서를 제공하였다. 족장사를 보면, 아브라함이 아들을 낳지 못하자 부인인 사라의 권고로 이집트 여인 하갈을 첩으로 맞아 이스마엘을 낳았다. 또한, 아브라함은 이집트와 그랄에서 두 번씩이나 자신의 아내인 사라를 누이라고 했다가 빼앗길 뻔한 사건도 있었다. 그의 아들 이삭도 똑같은 일을 반복했다.

야곱의 아내 라헬은 친정집을 떠나면서 아버지가 그토록 아끼던 드라빔을 훔쳤다가 하마터면 죽을 뻔하였다. 그런 위험을 감수하고 가정의 수호신이라고 볼 수 있는 드라빔을 왜 훔쳤을까? 족장들과 관련된 일련의 사건들은 하나같이 성서 독자들에게 궁금증을 더하고 있다.

이러한 궁금증을 해결해 준 것이 바로 누지문서다. 위에 열거된 창세기의 사건을 누지문서로 해석해 보자. 누지문서에는, 어떤 아내가 아이를 잉태치 못하면 그녀는 남편에게 첩을 제공할 의무를 지니고 있고, 첩의 아들이 법적 상속자가 된다. 그러나 후에 본부인이 아이를 낳으면 첩의 자식보다 우선한다고 되어 있다. 결국, 아브라함의 가정도 고대 근동의 관습에 충실히 따르고 있음을 볼 수 있다.

다음으로, 아브라함이 이집트와 그랄에서 아내를 누이라고 했다가 빼앗길 뻔한 이야기를 보자. 누지문서에는 어떤 아내가 법적으로 보다 높은 누이의 차원으로 오를 수도 있다고 한다. 아마 아브라함이나 이삭은 그들의 아내를 이렇게 보임으로써 보다 잘 보호할 수 있을 것이라고 생각했을 것이다. 이렇게 본다면, 아브라함의 행위를 속임수로 보는 것은 문화적인 오해에서 비롯된 것이다. 실제로도 사라는 아브라함의 이복누이라고 성서는 증언하고 있다(창 20:12).

마지막으로, 드라빔에 관한 이야기를 보자. 창세기 31장에 의하면, 야곱이 하란을 떠날 때 라헬이 드라빔을 훔쳤다. 라반은 야곱을 의심하였다. 라헬이 훔친 줄 모르고 있던 야곱은 누구든지 드라빔을 훔친 자는 죽을 것이라며 수색을 요청하였다. 이 위기의 순간에

라헬은 약대 안장에 앉아 그 밑에 드라빔을 놓고는 경수로 움직이지 못한다며 아버지의 양해를 구해 간신히 위기를 넘겼다. 목숨과 바꿀 뻔했던 드라빔이다. 과연 드라빔이 그토록 중요한 것일까?

누지문서에 의하면, 가정의 수호신을 가진 자는 상속에 있어서 우선권을 가진다고 한다. 따라서 라헬이 목숨을 걸고 드라빔을 훔쳤던 이유도 상속에 있어서 우선권을 점유하기 위함이었던 것이다. 야곱처럼 아내 라헬도 재산에 상당히 집착한 여인으로 볼 수 있다.

이스라엘의 족장들인 아브라함과 이삭 그리고 야곱은 당시의 고대 관습법을 따르고 있음을 누지문서를 통해서 확인할 수 있다. 그런 의미에서 누지문서는 창세기의 족장사를 해석하는데 일정 부분 큰 공헌을 했다고 할 수 있다. 또한, 누지문서는 족장사를 신화로 보는 학자들에게 "족장사는 역사"라고 외치고 있다.

026

속이고 속는 야곱의 인생살이

야곱의 인생은 한마디로 파란만장했다. 그는 어린 나이에 도망자의 처량한 신세가 되었고, 외삼촌이자 장인인 라반에게 20여 년의 세월 동안 사기당하면서 살았다. 동정심을 가지고 바라보게 하는 인생살이다. 야곱의 이런 인생은 오늘 현대인들에게도 많은 메시지를 던져 준다.

야곱에 관한 성서의 기록을 보면, 사냥에서 돌아와 허기진 형의 약점을 이용해 팥죽 한 그릇으로 장자권을 빼앗는가 하면, 눈이 어두워 앞을 보지 못하고 사람조차도 잘 분간하지 못하는 아버지를 속여 축복을 가로채기도 하였다. 참으로 비겁하고 교활한 모습으로 도덕적인 비난을 받아 마땅한 야곱이다.

한편 야곱은 이 속임수로 인해 형의 분노를 사게 되어 부모와 고향을 떠나 도피 생활로 접어들었다. 도피처로 선택한 곳이 하란에 있는 그의 외삼촌 라반의 집이었다. 여기서부터 성서 저자는 속인자의 삶이 어떻게 전개되는가를 독자들에게 생동감 있게 보여주려고 한다. 인간 세상에 인과응보의 법칙이 살아있음을 증언하는 것이다.

야곱은 라반의 집에서 봉사하면서 라반의 둘째 딸인 라헬을 사랑하게 되었다. 그런 야곱의 마음을 간파한 라반이 7년을 봉사하면 라헬을 아내로 주겠다고 제의하였다. 야곱은 그 약속을 믿고 7년을 수일같이 봉사했으나 돌아온 것은 라헬이 아니라 큰딸 레아였다. 야곱의 항의에 직면한 라반이 그들의 풍습을 들어 큰딸부터 보내야 한다고 강변했다.

앞을 잘 보지 못한 아버지를 속였던 야곱이 이제는 거꾸로 보이지 않는 캄캄한 밤중에 속은 것이다. 그래서 야곱은 다시 라헬을 얻기 위해 7년을 더 봉사했다. 야곱은 외삼촌의 두 딸과 양 떼를 위해 자그마치 20년을 봉사했으나 노동력 착취라는 아픔을 감수해야만 했다. 야곱의 고백을 들어보자.

> "내가 이와 같이 낮에는 더위를 무릅쓰고 밤에는 추위를 당하여 눈 붙일 겨를도 없이 지내었습니다. 그러나 외삼촌이 나를 속여 품삯을 열 번이나 바꿨습니다"(창세기 31:40-41).

약자의 설움을 지난 20여 년 동안 뼈저리게 체험하고 고백하는 순간이다. 속이는 자의 속는 인생은 여기서 끝나지 않는다. 야곱은 네 명의 여인들로부터 열두 명의 아들을 낳았는데, 그중에서도 라헬의 소생인 요셉을 특별히 사랑했다. 아버지의 편애와 요셉 자신의 꿈

이야기로 잔뜩 자존심과 질투심으로 마음이 상했던 형들이 요셉을 이집트의 노예로 팔아버렸다. 그리고는 요셉이 입었던 채색옷에 숫염소의 피를 바르고 아버지에게 요셉이 들짐승에게 잡아 먹혔다며 피 묻은 요셉의 옷을 증거물로 제시하였다.

야곱은 그들의 말을 믿고 음부로 내려가는 고통을 느끼며 슬피 울었다. 아버지와 형을 속여 아픔과 분노를 자아냈던 야곱이 이제는 아들들로부터 완벽하게 속아 넘어가는 순간이다.

별로 아름답지 않은 속이고 속는 이야기를 성서에 기록한 의도가 무엇일까? 성서 저자들이 이 이야기를 자세하게 보도하는 이유는 또 무엇일까? 남을 속이는 자는 언젠가 자신도 속는다는 교훈을 주기 위함이다. 즉 인간 세상에는 인과응보의 법칙이 존재한다는 사실을 알려 주기 위함이다.

세상에는 남을 속이는 사람들이 많다. 그러나 그도 언젠가는 또 다른 사람들로부터 속임을 당한다는 평범한 진리를 깨달아야 한다. 이 진리를 야곱의 인생살이가 우리에게 교훈으로 남기고 있다.

027

족장의 아내들

창세기는 원역사와 족장사로 구성되어 있다. 즉 창세기 1-11장은 인류 역사를 다루는 원역사이고, 12~50장까지는 이스라엘 민족의 역사를 알리는 족장사이다. 이스라엘 민족의 족장을 아브라함-이삭-야곱으로 보느냐, 아니면 아브라함-이삭-야곱-요셉까지로 보느냐의 문제는 학문적인 논쟁이 있다.

대부분의 구약 신학자들은 창세기의 이스라엘 역사를 알리는 부분이 아브라함으로부터 요셉까지를 기록하고 있으니까 요셉을 포함한 네 명의 족장을 말한다. 그러나 이스라엘이 그들의 조상을 말할 때 "아브라함의 하나님, 이삭의 하나님, 야곱의 하나님"까지만 언급했기 때문에 야곱까지만 족장이라고 주장하기도 한다.

한편 족장의 아내들인 사라와 리브가, 그리고 라헬은 공통점이 있다. 우연의 일치라고 보기에는 너무나도 일관되게 본래 생산능력이 없는 여인들이었다는 것이다. 아브라함의 아내 사라도 원래 아이가 없어서 이집트 여인 하갈을 통해서 아이를 낳도록 했다. 그 아이가 이스마엘이다. 아브라함의 아들 이삭도 리브가와 결혼했으나 20여 년이 지나도록 아이를 낳지 못하다가 쌍둥이 에서와 야곱을 낳았다.

3대 족장인 야곱도 그가 진정으로 사랑했던 라헬이 아이를 낳지 못하기는 마찬가지였다. 라헬은 자신이 생산능력이 없자 화가 나서 남편인 야곱에게 나도 아이를 낳게 해달라고 떼를 쓰기도 하였다. 불임증에 시달리는 자신이 너무 속상해서 투정을 부렸다고 할 수 있다. 자신의 불임을 현실로 받아들인 라헬이 그의 여종 빌하를 남편에게 주어서 아들을 낳게 하고는 대리만족을 느끼는 것으로 위안을 삼았다.

아브라함을 부르셔서 민족형성의 희망을 주셨던 하나님의 섭리 치고는 묘한 여운을 남기는 부분이다. 한 민족의 조상으로서 강력한 민족형성을 진행해야 하는 족장들이 하나같이 생산능력이 없는 불임 아내를 두었다는 것이 특이하다.

하나님은 아브라함에게 "네 후손을 하늘의 별처럼, 바다의 모래처럼 셀 수 없을 만큼 많이 주시겠다"라고 약속하셨다. 그런데 그 약속이 무색하리만큼 족장들에게 자식의 복이 없다. 참으로 난해한 상황이다.

그러나 여기에 이스라엘 신앙의 위대함이 있다. 현재의 불가능성에도 불구하고 희망적인 미래를 꿈꾸는 것이 이스라엘 신앙의 위대함이다. 불가능을 가능케 하시는 하나님의 위대함도 있다.

황무지에서 장미꽃을 피우시는 하나님, 광야에 길을 내시고 사막에 강들을 내어서 짐승들과 당신의 택한 백성들로 마시게 하시는 하나님, 불임의 여성들을 통해서 당신의 민족을 형성하시는 하나님의 섭리가 여기에서 빛을 발하고 있다. 우리는 여기서 불가능의 상황을 가능한 세계로 만드시는 하나님과 새 일을 행하시는 하나님의 능력을 발견해야 한다.

3년 6개월이란 긴 가뭄의 현실에서 손만한 작은 구름에 큰비의 희망을 걸게 하시는 하나님, 그 희망을 더 크게 성취하시는 하나님이시다. 인간이 보기에 기적인 일을 하나님은 너무나 보편적으로 행하신다. 이 하나님의 역사를 믿고 자신들의 역사를 일구어 온 이스라엘 백성들의 위대함도 평가되어야 할 것이다.

족장의 아내들인 세 여인 모두가 생산능력이 없다가 하나님의 특별하신 은혜로 아이를 낳았다는 성서의 보도는 하나님께는 불가능이 없다는 것을 말해 주고 있다. 하나님의 역사는 인간의 이성이나 상상을 초월하신다는 것을 증언하고 있다.

028

이집트를 정복한 힉소스 족

기원전 18세기에 접어들어 아시아까지 세력을 뻗쳤던 대제국 이집트는 국력이 약화되면서 아시아 지역의 소수민족이 이집트로부터 속속 독립하였다. 오히려 아시아 민족들이 이집트의 북부지역을 침투해서 세력을 확장해 나갔다. 따라서 이집트는 회복 불능의 상태로 빠져들게 되었다.

아시아계인 힉소스 족이 이 기회를 놓치지 않고 시리아-팔레스타인과 이집트의 델타지역을 정복하였다. "외국의 통치자들"이라는 의미의 힉소스 족은 세계 최초로 전차부대를 이용해서 전쟁을 수행한 호전적인 민족이다. 이집트를 정복한 힉소스 족은 나일 강 하류의 아바리스에 수도를 정하고 통치를 시작하였다.

고대 근동의 역사에서는 대체로 강대국이 직접 국경을 맞대고 있는 인접국만 공격해 왔으나, 힉소스 족은 국경을 초월하여 시리아-팔레스타인뿐만 아니라 이집트까지도 원정해서 정복하였다. 이집트의 역사가 마네토(Manetho)는 당시 이집트를 침공한 힉소스 족에 대한 공포를 이렇게 적고 있다.

> 그가 통치할 때 무슨 이유인지 모르지만 신은 우리에게 돌풍을 몰고 왔다. 뜻하지 않게 동방으로부터 이름도 알 수 없는 침입자들이 자신만만하게 우리의 땅으로 쳐들어온 것이다. 그들의 주력부대는 어떠한 반격도 받지 않고 쉽사리 침입해 들어왔다. 그들은 이 땅의 통치자들을 물리치고 우리의 도시를 무자비하게 불태우고 신들의 신전을 부수고 토착민들을 잔인하게 다루었다.

또한, 마네토는 힉소스 족이 멤피스에서 왕을 세우고 델타지역의 아바리스에 요새를 세웠다고 한다. 마네토의 보고를 종합하면, 힉소스 족의 침입 앞에 이집트는 속수무책으로 당했다는 당시의 정황을 읽을 수 있다. 이것은 세계 최초의 전차부대를 동원한 힉소스 족의 전투력이 탁월했다는 의미이다.

그러면 힉소스 족과 이스라엘은 어떤 연관성이 있을까? 구약 신학자들은 요셉이 이집트의 국무총리로 등용된 것은 힉소스 족의 바로에 의해서라고 한다. 야곱 가족의 이집트 이주도 힉소스 족의 통치 시기라는 데 대체로 일치하고 있다.

힉소스 족은 서부 셈족에 속한 민족인데, 같은 셈족으로 아시아계인 요셉을 등용한다는 것은 순리일 수도 있다. 실제로 힉소스 족의 통치시대에 아시아계 사람들이 고위 관직에 많이 등용되었다는 기록도 있다. 따라서 요셉은 같은 아시아계인 힉소스 족의 바로에 의해 국무총리로 등용되었다고 볼 수 있다.

대제국 이집트를 전차부대로 제압했던 힉소스 족의 통치는 예상과 달리 오래가지는 못하였다. 100여 년이 지난 후 이집트 18왕조의 창시자인 아모시스(Amosis)에 의해 북방으로 추방되었다. 아모시스의 등장은 당시 근동의 최강국 이집트의 전성시대가 동쪽 바다에서 태양이 떠오르듯 서서히 부상하고 있다는 징조였다.

출애굽기는 "요셉을 모르는 새 왕이 일어나서 이스라엘을 다스렸다"(1:8)라고 보도하고 있다. 요셉을 알지 못하는 새 왕이 히브리인들을 압제하였다고 한다. 이 왕이 힉소스 족을 추방시키고 이집트 제국을 재건한 18왕조의 바로이다.

결국, 힉소스 족의 바로들에 의해 부귀영화를 누렸던 히브리 민족은 같은 셈족인 힉소스 족이 추방당함으로 이집트의 토착왕조에 의해 고통이 시작된 것이다.

전차부대라는 막강한 군사력으로 혜성같이 등장해서 한 세기 동안 고대 근동 세계를 풍미했던 힉소스 족도 다시 일어선 대제국 이집트의 저항을 견디지 못하고 근동의 무대에서 사라지고 말았다. 인간이 누리는 권력이나 힘은 영원할 수 없다는 진리를 힉소스 족이 보여준 것이다.

029

신앙의 자유를 찾아서

창세기 46장부터는 요셉의 초청으로 이집트에 내려 온 70명의 야곱 가족 이야기를 다루고 있다. 여기서 야곱은 바로 왕과 대면하는데, 이 대면에 앞서 요셉은 바로를 만나는 형들에게 정착지로 고센 땅을 요구하라고 일러주었다.

고센 땅은 나일강 하류의 델타지역으로 물이 풍부하고 땅이 비옥하며 목초지가 많은 땅이다. 따라서 유목민인 야곱 가족의 생활근거지로는 아주 적합한 곳이다. 바로 왕에게 유목민이라는 이유로 이 땅을 요구하라는 것이 요셉의 주문이다.

그러면 고센 땅을 요구하게 된 배경이 순전히 목축을 위한 목적뿐일까? 여기에는 신앙적인 아주 중요한 의도가 숨겨져 있다. 이집트인들은 이스라엘이 제의에 사용하는 소나 양과 염소, 비둘기 같은 동물들을 신으로 숭배하는 나라다. 따라서 이집트인들과 동거하면서 그들의 신을 여호와께 제물로 드린다면, 신변의 위협은 물론이거

니와 추방당할 수도 있을 것이다.

그래서 요셉은 야곱을 통해서 이집트인들과 멀리 떨어진 나일강 삼각주의 고센 땅을 요구하게 되었던 것이다. 이스라엘만의 공동체를 이루면서 자유롭게 야웨 하나님께 희생 제사를 드리려고 했던 것이다. 사실 창세기에는 이런 의도에 대한 언급이 없지만, 출애굽기에는 그런 신앙적인 의도가 드러나고 있다.

출애굽기 8장에 보면, 모세가 바로 왕 앞에서 세 가지의 재앙(피, 개구리, 이)을 행하였을 때, 고통을 견디지 못한 바로가 절충안을 내놓는다. "너희들이 이 땅을 떠나지 말고 이 땅에서 너희 하나님께 희생 제사를 드리라 그러면 허용하겠다"(출 8:25)는 것이다.

그런데 모세는 바로의 제안을 단호히 거절한다. 거절 이유를 보면, 야곱 가족이 왜 고센 땅을 요구했는지, 그 의도를 짐작할 수 있다.

> "너희 이집트인들은 동물을 신으로 숭배하기 때문에 만일 우리가 동물로 희생 제사를 드린다면 그들이 우리를 돌로 쳐 죽일 것이다. 따라서 우리는 애굽을 떠나 광야에서 자유롭게 희생 제사를 드리겠다"(출 8:26).

야곱 가족이 처음 고센 땅에 정착했을 때에는 이집트인들이 거의 없었던 것으로 볼 수 있다. 그러나 430년이 지난 지금에는 고센 땅에도 이집트인들이 거주했다고 성서는 전하고 있다. 그래서 모세는 고센에서의 희생 제사를 거부하였던 것이다.

결국, 고센 땅이 목초지가 풍부해서 바로에게 요구한 것은 표면적인 이유에 불과하다. 진짜 의도는 이집트 땅에서도 여호와께 온전한 희생 제사를 드리겠다는 신앙이 자리하고 있었던 것이다. 어디를 가든지 이스라엘의 야웨는 나의 하나님으로 섬김을 받으셔야 한다는 믿음의 의지가 고센 땅을 요구하게 만든 것이다.

야곱 가족이 국무총리인 요셉과 함께 수도에서 정착한다면 많은 혜택을 누리며 살 수 있고, 보고 싶은 아들을 볼 수 있는 기쁨도 있다. 그러나 야곱과 그의 가족들은 그 유혹을 뿌리치고 고센 땅을 선택하였다. 이것은 물이 많고 목초지가 풍부하다는 표면적인 이유로 설명될 수 없다. 중요한 것은 하나님께 마음껏 희생 제사를 드릴 수 있는 곳을 선택했다는 것이다.

삶의 자리를 선택하는 데 있어서 신앙이 가장 우선적으로 고려되었다는 것이다. 이 이야기는 오늘날 그리스도인들이 어디로 가든, 무엇을 하든, 신앙적인 요소가 가장 우선적으로 고려의 대상이 되어야 함을 3700여 년 전에 야곱과 요셉이 가르쳐 주고 갔다.

030

요셉을 알지 못하는 새 왕

출애굽기 1장 8절에는 "요셉을 알지 못하는 새 왕이 일어나서 이집트를 다스렸다"라고 보도하고 있다. 출애굽기에 의하면, 이집트에서의 이스라엘 백성들의 고통은 요셉을 알지 못하는 새 왕의 출현과 더불어 시작되었다.

요셉을 알지 못하는 새 왕은 히브리 민족의 많음과 강함에 위기의식을 느끼고 무력화시키기 위한 정책을 펼쳤다. 우선 중노동과 고역으로 괴롭게 하여 세력팽창을 막고자 하였다. 그래서 시도한 것이 국고 성 비돔과 라암셋의 건축이다. 그러나 이런 정책의 추진에도 불구하고 여전히 히브리 민족은 강성해지면서 실패하고 말았다.

그다음으로 시도한 것이 히브리인의 자식으로 태어난 남자아이들은 모두 나일강에 던져 죽이라고 산파들에게 명령한 것이다. 그러나 이것도 하나님을 두려워한 산파들의 지혜로운 대처로 역시 실패로 돌아갔다.

성서의 기록을 종합해 본다면, 요셉을 알지 못하는 새 왕은 히브리 민족의 번창에 상당한 위기의식을 느끼고 무력화 정책을 시도했지만, 하나님의 개입으로 실패하고 만다. 실패한 주인공이 바로 왕이다.

우리의 궁금증은 여기서부터 시작한다. 그러면 실패의 당사자인 "요셉을 알지 못하는 새 왕"은 누구일까? 왜 성서 기자는 이집트에서의 이스라엘 백성들의 고통을 요셉을 알지 못하는 새 왕 때문이라고 기록하고 있는 것일까? 이것은 이집트 역사를 거슬러 올라가야 한다.

출애굽 당시 이집트의 정치적인 상황은 아모시스(Amosis)라는 사람이 일어나 100여 년 동안 이집트를 통치하던 북부 셈족 계통의 힉소스 족을 몰아내고 제18왕조(1570-1310)를 창건하여 태평세월을 누렸다.

그러나 18왕조 말엽에 아메노피스 4세(Amenophis Ⅳ) 바로가 이집트에서는 처음이자 마지막으로 "유일신 종교" 기치를 내걸고 종교개혁을 일으켰다. 종전의 태양신 아문(Amun)대신에 아텐(Aten) 신만을 섬길 것을 백성들에게 주문했다. 또한, 수도를 아마르나(Amarna)로 옮기면서 종교개혁을 단행하였다. 그러나 종교개혁과 수도를 이전하는 과정에서 국력은 쇠퇴하고 백성들은 지칠 대로 지쳐 버렸다.

오랜 세월 동안 다신교 문화에 젖어 있는 사람들을 하루아침에 유일신 종교로 개혁한다는 것이 얼마나 어려운 작업인가를 볼 수 있는 사건이다. 이스라엘 역사에서 종교개혁이 있을 때마다 국가의 부강과 백성들의 안녕을 가져왔던 것과는 대조를 이루고 있다.

한편 당시 고대 근동지역에서는 하비루들이 세력 확장을 꾀하면서 이집트의 쇠퇴를 더욱 가속화시키는 한 요인이 되기도 하였다. 이때가 저 유명한 이집트의 "아마르나 시대"이다.

이렇게 무기력해진 18왕조를 무너뜨리고 19왕조를 건설하여 그 위세를 새롭게 떨친 사람이 세토스 1세(Sethos Ⅰ)라는 바로이다. 세토스 1세는 즉위와 더불어 18왕조에서 상실했던 아시아 지역에 대한 지배권을 되찾기 위해 정복 전쟁에 나섰다.

그 결과 팔레스타인 전 지역을 확고하게 장악하는 데 성공하였다. 물론 헷 족속과 하비루들의 도전도 있었으나 그의 정복욕을 제압하지는 못했다. 구약 학자들은 이 세토스 1세가 출애굽기 1장 8절에 기록된 "요셉을 알지 못하는 새 왕"으로 보고 있다.

고대 근동 세계의 패권을 장악한 세토스 1세가 히브리 민족을 두려워한 것을 볼 때, 당시 히브리 민족의 강성함을 짐작할 수 있다. 한편으로는 출애굽을 위한 하나님의 계획된 프로그램이 차질 없이 진행되고 있음도 발견할 수 있다.

031

모세와 사르곤의 탄생 이야기

　출애굽기 2장은 모세의 탄생 이야기를 소개하고 있다. 모세가 출생할 당시 이집트의 바로 왕은 히브리인의 남자아이는 나일강에 던져 죽이라고 명령하였다. 히브리인의 강성함을 사전에 차단코자 하는 계략이었다.

　이러한 상황에서 레위인의 부모 밑에 한 사내아이가 태어났다. 부모는 아이가 워낙 준수하고 잘 생겨서 석 달 동안 숨겨서 키웠으나, 더 숨긴다는 것이 불가능함을 깨닫고 갈대 상자를 만들어 아기를 담아 나일강에 던졌다.

　마침 나일강에 목욕하러 나왔던 바로의 공주가 건져서 이집트의 왕궁에서 키웠다. 바로의 공주는 물에서 건졌다는 의미에서 이름을 "모세"라 짓고 자기의 양아들로 삼았다. 사실 모세가 바로의 공주에 의해 입양되었다는 성서의 보도는 고대 메소포타미아의 법문서와도 상당히 유사하다.

이 문서에는 아이를 젖먹이는 유모에게 맡겨 임금을 지급하고 그 다음 3년간 후견인의 보호 아래 있다가 율사의 교육을 받기 위해 입양되었다는 기록이 있다. 모세가 비천한 히브리인의 가정에서 출생하였으나 바로의 궁정에서 양육되었다는 전승은 당시 위인들의 출생에 대한 상상력에 부합되었다고 할 수 있다.

　그러나 무엇보다 모세의 탄생 이야기와 흡사한 것이 아카드(Akkad) 제국의 창건자였던 사르곤(Sargon)의 탄생 신화이다. 기원전 3천 년대 중반에 셈족들이 세계 최초의 대제국인 아카드 제국(B.C 2360-2180)을 건설하였는데, 이 제국의 창건자가 사르곤이다. 사르곤은 아카드라는 곳을 수도로 정하고 주변의 여러 소도시를 점령하여 세계 최초의 방대한 대제국을 건설하였던 사람이다.

　사르곤은 자신의 탄생 비밀을 그의 비문에 적었다. 비문에 의하면, 사르곤은 자신의 어머니가 자기를 몰래 낳았고, 역청을 바른 갈대 상자에 자신을 담아 강물에 띄워 보냈다고 한다. 그런데 사랑의 여신인 아키(Akki)가 구해 주어서 자신이 천하를 통일하게 되었다는 것이다.

　사르곤의 탄생 신화는 모세의 탄생 이야기와 비교해 보면, 흡사한 면이 아주 많다. 우선 두 사람의 출생이 다 비천하다. 두 사람의 어머니는 낳기는 했으나 키울 수 없는 환경이어서 갈대 상자에 역청을 바르고 강물에 띄워 보냈다는 것도 공통점이다. 또한, 둘 다 여인들이 구해서 자신의 양자로 양육하였는데, 후에는 한 민족의 지도자가 되었다는 것 또한 동일하다. 모세는 이스라엘 민족의 지도자가 되었고, 사르곤은 최초의 대제국 아카드의 지도자가 되었다.

그러면 이 두 사람의 탄생 이야기는 전혀 별개의 이야기인데, 우연히도 내용의 일치를 보이는 것일까? 아니면 서로의 영향이 있는 것일까? 결론적으로 말하면 후자의 가능성이 더 크다고 하겠다.

사르곤의 탄생 신화는 고대 근동지역에 전승되면서 많은 사람의 입에 회자되었다고 볼 수 있다. 위대한 지도자는 아주 독특한 상황에서 성장한다는 것을 보여주고자 하는 의도인 셈이다. 이것이 고대인들에게는 위대한 지도자들의 성장 과정으로 이해했다고 볼 수 있다.

하나님께서도 고대인들이 생각하는 위대한 지도자들의 성장 방법대로 모세를 이끄셨던 것이다. 그를 장차 이스라엘의 위대한 지도자로 세우기 위함이다. 결국, 하나님이 중앙에 자리하고 있는 모세의 출생 이야기는 태어날 때부터 하나님의 섭리와 보호가 있었다는 것과 비록 비천한 신분이었으나 하나님의 역사로 위대한 영웅이 되었다는 메시지를 전해주고 있다. 위대한 영웅의 비범한 출생과 성장 이야기를 통해서 일반인들과 구별을 시도했다고 볼 수 있다.

032

하나님과 이집트 신들의 결투

이스라엘의 하나님과 이방 신과의 결투는 갈멜산의 엘리야와 바알 선지자들과의 대결에 잘 나타나 있다. 이 결투는 엘리야의 하나님과 가나안의 주신인 바알 중에서 누가 참 신이냐는 문제로 귀결된다. 물론 이 결투에서 하나님이 승리함으로써, 하나님의 진가가 가나안 세계에 알려지게 되었다.

그러나 이보다 약 6세기 전, 이집트에서는 노예인 히브리인의 하나님과 세계를 호령했던 대제국 이집트 신들과의 결투가 있었다. 이 결투는 모세가 바로 왕 앞에서 이집트 신들을 무력화시켰던 열 가지 재앙이었다. 즉 하나님께서 열 재앙의 대상을 선정하신 것이 이집트인들의 신들이었다. 그 신들을 무력화시킴으로써 이스라엘의 하나님만이 참 신이심을 보여주신 것이다.

그러면 열 재앙이 구체적으로 이집트의 어떤 신들과 연관되어 있을까? 출애굽기 7-12장까지가 열 재앙을 통한 신들의 결투를 보도하고 있다.

첫 번째가 이집트인들의 생명의 젖줄인 나일강을 피로 물들인 피 재앙으로 나일강의 수호신인 크눔(Khnum)을 무력화시켰다. 두 번째는 개구리 형상의 신 헤크트(Heqt)를 친 것이며, 세 번째는 땅의 티끌을 쳐서 만들었던 이 재앙으로 땅의 신 셉(Sep)을 무력화시킨 것이다.

네 번째는 곤충의 신 하트콕(Hatkok)을 무력화시킨 파리 떼 재앙이며, 다섯 번째는 이집트의 모든 생축이 죽었던 악질 재앙으로 다산의 상징인 황소의 신 아피스(Apis)를 무력화시킨 것이다. 여섯 번째는 이집트인들과 짐승들에게 엄청난 고통을 안겼던 독종재앙으로 의술의 신인 임호텝(Imhotep)을 친 것이다.

일곱 번째는 짐승과 농작물을 초토화한 우박재앙으로 하늘의 신 누트(Nut)를, 그리고 여덟 번째는 우박재앙에서 간신히 피해를 면한 나머지 농작물을 초토화했던 메뚜기 재앙으로 곡물의 수호신 셋(Seth)을 무력화시킨 것이다.

아홉 번째는 이집트 전역을 암흑천지로 만들었던 흑암 재앙인데, 이것은 태양신 레(Re)를 무력화시킨 것이며, 열 번째는 바로 왕을 비롯한 이집트의 모든 사람의 장자와 가축의 처음 난 것까지 다 죽었던 죽음 재앙이다. 초태생의 죽음은 생명의 신인 오시리스(Osiris)를 무력화시킨 재앙이었다.

이집트인들은 이런 신들이 자신들의 생명을 보호해 주고 재산의 축적을 가져다준다고 믿었다. 그러나 열 재앙을 통해서 히브리인들의 하나님 앞에 철저하게 무력화되고, 무능한 존재라는 것을 깨닫게 되었다. 그들의 신들은 복이 아니라 재앙과 고통을 가져다준다는 것을 열 재앙을 통해서 체험했다.

갈멜산에서 엘리야가 바알 신을 하나님의 이름으로 완패시켰던 것처럼, 이집트에서는 모세가 열 재앙을 통해서 이집트의 각종 신을 하나님의 이름으로 완패시키고 무력화시켰던 것이다.

하나님의 승리를 목격한 이집트의 여러 잡족들이 출애굽할 때, 이스라엘 백성과 함께 탈출했다고 성서는 보도하고 있다. 잡족들이 함께 출애굽한 이유는 이스라엘의 하나님이 이집트 신들을 확실하게 제압하고 무력화시키는 현장을 목격했기 때문일 것이다.

히브리 민족은 노예로 살았지만, 모든 신을 제압하신 전능하신 하나님이 그들의 인도자와 보호자가 되셨기에 안전할 수 있었다. 마찬가지로 우리 그리스도인들의 삶이 때때로 무너지는 것 같을지라도, 대제국 이집트 신들을 무력화시키셨던 강하고 능하신 하나님이 나와 함께 계신다는 믿음을 가지고 살아야 한다.

033

이시스와 마리아

 기원전 4세기 말에서 기원전 1세기 중엽을 "헬레니즘 시대"라고 한다. 그런데 이 시기에 지중해 연안 지역에서 가장 많은 사람의 숭배대상이었던 신이 이집트의 어머니 신 이시스(Isis)였다. 이시스 숭배는 이집트를 넘어 소아시아 지역과 심지어는 그리스 본토에까지 널리 전파되었다. 이시스는 기존의 폭정 신들을 물리치고 사람들에게 자유와 해방을 가져다준 구원의 신이다.

 그리스 시대의 사람들은, 자신들은 신의 노예라는 운명으로 태어났다고 믿었다. 따라서 이들은 자유보다 더 위대한 것은 없다고 믿었다. 이러한 사상을 반영한 것이 고대 그리스 문학을 섭렵한 로마의 웅변가이며 비극작가였던 세네카(Seneca)의 "나는 자유롭게 태어났다. 그러나 운명의 뜻으로 나는 노예다"라는 말에 함축되어 있다.

 헬레니즘 시대에 이시스 숭배가 국경을 초월하여 성행하게 된 것은 당시 "모든 삶은 노예다"라고 외치는 대중에게 폭정의 신들과 맞서 싸워 승리함으로써 자유를 가져다준 이시스의 공로를 인정했기 때문이다.

죽음과 부활을 다루고 있는 「오시리스와 이시스 신화」는 고대 이집트를 비롯한 근동지역의 정신세계에 큰 영향을 끼쳤는데, 그 내용은 이렇다. 오시리스는 이집트에서 가장 잘 알려진 신이며, 또한 가장 인기 있는 신이었다. 그는 신들의 세계에서 부귀영화를 누리고 있었다. 그런데 형의 부귀영화에 질투를 느끼고 있었던 동생 세트(Seth)는 여러 신과 짜고 형인 오시리스를 죽이기로 한다. 세트와 그 일당들은 형의 체형에 맞는 관을 만들어 놓고 큰 잔치를 배설하고 손님들을 초대하였다.

손님들이 모인 연회 석상에서 세트는 이 아름다운 관을 몸집이 맞는 신에게 선물한다고 제안했다. 여러 신이 들어가 누웠으나 맞지 않았는데, 오시리스가 들어가자 정확하게 맞았다. 오시리스가 일어나려는 순간 세트와 공모자들이 무거운 납으로 된 뚜껑을 덮고 그를 죽인다. 그리고는 오시리스의 시체를 토막 내어 나일강에 던져버렸고, 강물은 그의 토막시체를 이집트 여러 곳으로 흘려보냈다.

오시리스의 아내인 이시스는 그녀의 여동생의 도움으로 남편인 오시리스의 시체를 되찾아 주문의 힘으로 부활시킨다. 오시리스와 다시 만난 이시스는 잉태하여 아들 호루스를 낳는다. 오시리스가 저승 세계로 내려가 지하세계의 통치자가 되어 있는 동안, 홀로 남은 이시스는 아기 호루스를 품에 안고 키운다.

이시스는 나일강 하류의 델타지역인 파피루스 숲에 숨어 살며, 아들이 장성하여 남편의 원수를 갚고 세트로부터 왕권을 되찾을 때까지 키운다. 아들 호루스가 훗날 원수들을 물리치고 대중에게 희망과 기쁨을 줄 것이라는 믿음을 가지고 말이다. 이러한 이시스의 신앙이 헬레니즘 시대 사람들에게 큰 감동을 주었다.

　아기 호루스를 무릎에 앉히고 젖 먹이는 이시스의 모습은 고대 이집트인들뿐만 아니라, 고대 지중해 세계에도 널리 알려졌다. 후대로 내려오면서 호루스를 젖먹이는 이시스의 모습은 자식을 보호하는 어미 신의 정형으로 인식되었다.

　그러면 이시스의 신상과 아기 예수를 품에 안고 있는 마리아상은 어떤 연관성이 있을까? 사실 로마의 박해시대에 가장 유행했던 그림은 아기 예수를 품에 안고 있는 마리아의 모습이었다고 한다. 비잔틴 시대에도 아기 예수를 무릎에 안고 있는 마리아의 그림이 유행한 것도 이런 맥락에서 이해할 수 있다. 결국, 신이 인간을 보호한다는 것을 가장 사실적으로 실감 나게 표현한 것이 이시스와 호루스, 그리고 마리아가 아기 예수를 안고 있는 그림이 아닐까 싶다.

　인간은 신으로부터 보호받기를 원한다. 따라서 보호해 줄 수 있는 신에게 자신의 삶을 의탁한다. 그런 의미에서 보호를 상징하는 두 그림이 당대의 사람들에게 큰 인기와 관심의 대상이 되었다고 할 수 있다.

0 3 4

이집트의 저승 세계와 성서

어느 민족에게나 그들이 믿고 전하는 저승 세계가 있다. 우리나라에서는 사람이 죽으면 저승사자가 와서 데리고 간다고 해서 초상집에서는 "사잣밥"을 놓아둔다. 저승사자에게 이 밥을 먹고 죽은 조상을 잘 모셔가 달라는 뜻이다.

거대한 피라미드를 건축했던 고대 이집트인들에 의하면, 저승은 아름답고 조용한 곳으로 죽은 자의 혼인 "바"(Ba)가 영원히 사는 곳이라고 한다. 이집트인들이 미라를 만드는 것도 "바"가 활동할 수 있도록 하기 위함이다. 즉 미라는 바의 거처인 셈이다.

새의 모습을 한 "바"는 미라가 안치된 무덤방에서 저녁에는 나갔다가 새벽에 다시 무덤방으로 돌아온다고 한다. 고대 이집트의 「사자의 서」라는 책의 그림에는 죽은 자의 바가 저녁에는 새처럼 날아다니기도 하고, 새벽에는 죽은 자의 미라가 안치된 무덤방에 앉아 시신을 지켜보기도 한다.

그런데 이집트인들은 아름다운 저승 세계로 들어가려면 반드시 거쳐야 하는 관문이 있다고 믿었다. 여러 관문을 통과하면 나타나는 마지막 관문이 지혜의 여신인 마아트(Maat)가 있는 곳이다.

마아트는 깃털과 죽은 자의 심장을 저울에 달아 무게를 측정하는데, 이것이 마지막 관문이다. 그런데 죽은 자의 심장이 깃털보다 무거워 저울이 기울어지면 죽은 자의 시신은 옆에 있는 악어의 밥이 되고 만다.

한 가지 흥미로운 것은 어떻게 심장의 무게가 깃털의 무게와 같아질 수 있느냐는 것이다. 그들의 사상에 의하면, 생전에 죄가 없다는 것이 입증되면 심장의 무게는 깃털만큼 가벼워진다고 한다. 역시 이집트인들에 의해 행복한 곳으로 상징되는 저승 세계도 의롭게 사는 사람들이 들어가는 곳임을 알 수 있다.

저승 세계에 관한 이집트의 사상과 성서를 연관시키면 흥미로운 것을 발견할 수 있다. 즉 이집트인들이 믿었던 저승 세계로 가는 마지막 관문인 심장과 깃털을 달아서 심판한다는 내용은 구약성서에도 나타난다.

잠언(16:2 ; 21:2 ; 24:12)에는 "심장을 저울로 달아보는 하나님"이라는 표현이 있다. 이것은 고대 이집트에서 볼 수 있는 죽은 자의 심장과 깃털을 저울에 달아 본다는 심판의 장면을 연상케 하는 말씀이다. 결국, 성서의 기록과 이집트의 시체심판 장면은 서로 간의 연관성을 추측게 한다.

그래서 바움가르텔(Baumgartel)을 비롯한 구약성서 학자들은 잠언에 나타난 "심장을 저울로 달아보는 하나님"이란 표현을, 이집트의 저승 세계의 영향을 받은 것이라고 주장하기도 한다. 이것은 이스라엘 역사에서 지혜의 활동이 가장 왕성했던 솔로몬 시대가 이집트와 활발한 문화적인 교류를 했다는데 기인하는 학설이다.

그러나 평화와 행복이 있다는 이집트의 저승 세계와 성서가 말하는 천국은 확연히 다르다. 이집트인들은 죽은 자의 시체에 향을 넣어 미라 상태로 보존하는데, 이유는 죽은 자의 혼인 바가 자유롭게 돌아다니다가 들어왔을 때 거할 처소를 제공해 준다는 의미이다.

그러나 성서에 의하면, 죽은 자의 혼은 자유롭게 돌아다닐 수 없다. 혼백이론이 말하는 대로 죽은 조상의 혼이 구천을 떠돌아다니다가 후손들이 제사음식을 차리면 와서 먹고 후손을 축복한다는 우리 민족의 유교적인 사상도 성서에는 없다.

성서는 죽은 자의 영혼은 예수 그리스도의 재림 때까지 잠을 잔다고 말할 뿐이다. 따라서 죽은 조상의 영혼이 연옥에서 활동한다는 천주교의 교리도 여기서 거부되고 있다.

035

메소포타미아의
저승 세계와 성서

고대 메소포타미아 사람들이 생각했던 저승 세계는 이집트인들의 저승 세계관보다는 더 현실적이었다. 「길가메시와 엔키두의 저승 여행」이라는 서사시에는, 고대 메소포타미아인들이 생각했던 저승에 관한 이야기가 나온다.

우르의 임금이었던 길가메시는 도시의 젊은이들과 어울려 "나무 공과 타봉 놀이"로 소일했다. 그런데 젊은 아낙네들의 원성으로 나무 공과 타봉이 저승으로 떨어지고 만다. 이 일로 매일 시름에 젖은 길가메시를 보다 못한 시종 엔키두가 목숨을 걸고 나무 공과 타봉을 찾아오겠다며 저승 세계로 간다. 그러자 길가메시는 저승 사람들을 흥분시키면 죽는다며 꼭 지켜야 할 주의 사항을 알려 주었다.

> 깨끗한 옷을 입지 말라. 그들이 너를 낯선 사람으로 취급할 것이다. 몸에 좋은 기름을 뿌리지 말라. 그 냄새로 그들이 너를 둘러

쌀 것이다. 창을 저승에서 흔들어 대지 말라. 창에 다친 사람들이 너를 둘러쌀 것이다. 네 몸에 막대기를 들지 말라. 유령들이 모여들 것이다.

그러나 엔키두는 그의 말을 무시하고 좋은 옷을 입고 손에 막대기와 창을 들고 저승 세계로 내려갔다가 붙잡혀 올라오지 못하게 되었다. 길가메시는 그를 살리기 위해 지하수의 신인 엔키에게 가서 엔키두의 구출을 부탁해서 구해낸다. 저승에서 올라온 엔키두는 저승에 있는 사람들의 모습을 이렇게 전하고 있다.

아이를 낳아 보지 못한 여자도 있고, 결혼하였으나 아내의 옷도 한번 벗겨보지 못한 젊은이가 있는가 하면, 지붕에서 자다가 떨어져 죽은 사람과 부모에게 저주받은 사람들도 있었다. 또한, 부둣가 말뚝에 부딪혀 바다에 빠져 죽은 사람이 있고, 제사를 지내줄 사람이 없는 혼들도 있었다.

이렇게 비운에 간 사람들의 혼이 악한 귀신으로 변해 밤마다 땅 위로 올라온다는 것이다. 그래서 밤거리를 돌아다니며 사람들을 괴롭히고 병들게 한다고 메소포타미아인들은 믿었다. 따라서 메소포타미아인들은 비운에 죽은 자들의 혼을 달래기 위해 날을 정하여 거룩한 언덕에서 곡을 했는데, 이곳을 "아라리"라고 불렀다.

고대 메소포타미아인들은 사람들이 악한 병에 걸리는 이유는, 비운에 죽어 저승 세계에 있는 사람들의 혼이 악한 귀신이 되어 올라와 사람들에게 붙음으로써 걸린다고 보았다. 그래서 종교적 행위의 의식으로 악귀를 퇴치하고 병도 고쳤다고 한다.

그런데 이런 사상은 김기동의 "귀신론"에도 등장한다. 김기동에 의하면, 사람들은 저마다 태어날 때 하나님으로부터 약속된 생명을 부여받고 태어난다고 한다. 그런데 그 약속된 기간 전에 죽으면 죽은 자의 혼이 귀신이 되어 약속의 기간이 찰 때까지 사람들에게 들어가 질병과 사고를 일으킨다고 주장한다.

예를 들어, 하나님으로부터 80세를 약속받고 태어난 사람이 60세에 죽으면 20년 동안 귀신이 되어 사람들을 괴롭히고 질병을 일으킨다는 것이다. 결국, 인간이 당하는 모든 악의 요소들은 제명에 죽지 못한 사람들의 혼이 귀신이 되어 인간에게 들어오기 때문이라고 설명한다. 비성서적이고 허무맹랑한 사상이다.

김기동의 귀신론은 고대 메소포타미아의 저승 세계 이야기와 상당히 흡사하다. 이런 고대인들의 신화적인 이야기를 마치 성서에 근거한 것인 양, 사람들을 미혹하고 있는 것이다. 조금만 관찰하면, 김기동의 귀신론은 성서에서 나온 것이 아니라, 고대 메소포타미아의 저승에 관한 이야기를 대충 자기 생각에 맞게 각색했음이 드러난다. 따라서 고대 메소포타미아의 저승 세계는 김기동의 귀신론을 이해하고 비판하는데 좋은 자료가 될 수 있다.

036

출애굽은 언제였을까?

출애굽의 연대에는 두 가지 학설이 있는데, 하나는 기원전 15세기로 보는 "전기 연대설"과 기원전 13세기로 보는 "후기 연대설"이다. 출애굽 연대가 후기로 내려오게 된 배경은 성서고고학의 발달과 관계가 크다고 할 수 있다.

우선 전기 연대설의 성서적 근거는, 열왕기상 6장 1절의 "이스라엘 자손이 애굽 땅에서 나온 지 사백 팔십 년이요 솔로몬이 이스라엘 왕이 된 지 사 년 시브월 곧 이월에 솔로몬이 여호와를 위하여 전 건축하기를 시작하니라"는 말씀이다.

이 학설은 솔로몬의 즉위를 기원전 970년으로 보기 때문에, 그의 통치 4년은 기원전 966년이 된다. 여기에 480년을 더해서 출애굽을 기원전 1446년이라 주장한다.

그러면 최근에 많은 공감을 얻고 있는 "후기 연대설"의 근거는 무엇일까? 그 중요한 근거는, 첫째 후기 연대설을 주장하는 학자들은 열왕기상 6장 1절의 신빙성에 대한 회의를 가지고 있다. 이들은 구약성서의 연대 기술의 오류적인 표현을 지적한다. 이를테면 우리 성서의 480년이 칠십인역 성서(Septuagint)에는 440년으로, 애굽의 노예 기간인 430년도 칠십인역 성서에는 215년으로 기록하고 있다.

또한, 우리 성서가 사울이 40세에 왕에 즉위했다고 기록하고 있으나, 어떤 영어 성서는 30세로, 칠십인역 성서는 아예 나이를 생략하고 있다. 이것은 원문을 명백히 변조하거나 누락시킨 예이다. 이러한 예들은 성서의 숫자 기록이 때때로 오류가 있음을 인정해야 한다는 의미이다.

따라서 후기 연대설을 주장하는 학자들은 성서의 480년을 문자적으로 받아들이지 않고, 12세대를 가리키는 대략 수로 이해한다. 즉 1세대를 25~28년 정도로 보고, 계산하면 150년이 줄어들어 기원전 13세기가 된다는 것이다.

둘째, 후기 연대설의 근거는 이집트의 역사기록과 고고학적인 증거에서 찾고 있다. 출애굽기 1장 11절에는 "이스라엘 백성들이 바로를 위하여 국고 성 비돔과 라암셋을 건축하는데 동원되었다"라고 한다. 그런데 이집트의 역사기록에 의하면, 이 두 개의 국고 성은 이집트 19왕조의 창시자였던 세토스(Sethos) 1세(B.C. 1305-1290)에 의해 시작되었으며, 그의 아들인 라암세스(Raamses) 2세 치하에서 완공되었다고 한다.

이 건축 현장에 하비루들이 동원되었으며, 그들 중 일부가 반란을 일으켜 도망갔다는 기록이 있다. 어원학적으로 볼 때 이스라엘을 가리키는 "히브리"라는 말은 고대세계에서 유랑하던 "하비루"와 연관성이 있다고 할 수 있다.

셋째, 프랑스의 고고학자인 에두아르 나빌(Edouard Naville)은 국고 성 건축 현장이었던 비돔과 라암셋에서 짚을 넣은 벽돌과 짚을 넣지 않은 벽돌 층, 그리고 라암세스 2세가 언급된 비문들도 몇 개 발굴하였다. 따라서 나빌은 출애굽의 연대는 기원전 13세기라고 결론을 내렸다.

넷째, 이스라엘 백성들은 광야를 지나면서 모압과 에돔과의 충돌을 피했다고 한다. 그런데 이들 나라는 기원전 13세기에 자리 잡은 나라들이다. 그뿐만 아니라 이스라엘이 공격했던 하솔(Hazor), 라기스(Lachish), 드비르(Debir) 등은 기원전 13세기에 파괴된 도성이라는 것이 고고학에 의해서 밝혀지게 되었다.

열왕기상 6장 1절의 기록을 제외하면, 성서 어디에서도 전기 연대설의 근거는 없다. 오히려 후기 연대설을 뒷받침할 수 있는 기록들과 고고학적 증거들이 풍부하다고 하겠다.

결론적으로 출애굽은 이집트 제19왕조의 세토스 1세와 그의 아들 라암세스 2세 치하에서 일어난 사건이라고 할 수 있다. 즉 출애굽은 기원전 13세기 초에 일어났고, 13세기 중엽에 가나안에 입성했다고 볼 수 있다.

037

아말렉을 도말하라

출애굽한 이스라엘 백성들이 광야를 지나면서 최초로 아말렉과 전투를 벌였다. 아말렉은 에서의 손자인 아말렉의 후예들(창 36:12)인데, 이들은 비가 많이 내리는 지역을 찾아 이동하며 유목 생활을 했다.

출애굽기 17장은 이스라엘과 아말렉의 르비딤 전투를 보도하고 있다. 이 전쟁의 총사령관은 여호수아이며, 전쟁의 특징은 산꼭대기에 선 모세가 손을 들면 이스라엘이 이기고, 모세의 손이 내려오면 아말렉이 이기는 독특한 형식이다. 그런데 모세의 팔에 힘이 빠지자 자꾸 내려와서 전황이 이스라엘에게 불리하였다. 그때 아론과 훌이 양옆에서 모세의 손이 내려오지 않도록 붙들었다. 그래서 이스라엘이 아말렉을 격파하고 승리를 얻었다.

한편 이 전쟁에서 승리한 모세에게 하나님은 "아말렉을 도말하여 천하에서 기억함이 없게 하라"고 명령하셨다. "도말하다"라는 것은

"완전하게 없앤다"라는 뜻이다. 이 명령은 히스기야를 거치면서 시므온 지파에 의해 성취되었다(대상 4:41-43).

사실 이스라엘은 가나안을 향하면서 모압이나 암몬, 바산 등과 전쟁을 치렀고, 가나안 정착 후에도 수많은 전쟁을 경험했다. 그런데 하나님은 아주 드물게 아말렉을 영원히 도말하라고 명령하셨다. 그 이유가 무엇일까?

아말렉의 소행이 비겁하고 야비했기 때문이다(신 25:17-19). 이스라엘 백성들은 오랜 광야행진과 르비딤에서의 물 문제로 지치고 피곤하였다. 자연히 행진 도중에 노약자와 부녀자, 그리고 어린아이들이 대열에서 뒤처질 수밖에 없었다. 이러한 상황에서 아말렉은 대열 후미의 연약한 자들을 공격했기 때문에, 큰 피해를 입었다.

하나님은 아말렉의 소행을 비겁하고 야비한 행동으로 보셨다. 따라서 그들을 진멸하라고 명령하신 것이다. 비겁하고 야비한 행동은 이스라엘과 이방인을 무론 하고 하나님의 진노의 대상이었다. 야곱의 가족이 하란에서 고향으로 돌아오던 중, 딸 디나가 하몰의 아들 세겜에게 성폭행당하는 사태가 벌어졌다. 이 사건이 있고 난 뒤, 세겜의 추장 하몰이 디나를 자기의 며느리로 줄 것을 요구하였다.

이때 누이의 성폭행 사건에 복수를 결심했던 시므온과 레위가 야비한 제안을 내놓았다. 만일 세겜의 모든 남자가 할례를 받는다면, 세겜의 아내로 주겠다는 것이다. 그 말을 믿었던 세겜의 모든 남자가 다 할례를 받았다. 할례의 고통으로 움직이지 못하는 제3일에, 시므온과 레위가 세겜의 모든 남자를 칼로 다 죽였다.

시므온과 레위는 하나님의 거룩한 예식인 할례를 많은 사람을 죽이는 데 악용하였다. 당연히 하나님의 진노가 임했다. 하나님의 진노는 장자권이 그들을 지나 넷째인 유다에게로 넘어가는 것이었다.

고대 근동의 신화 속에 등장하는 신들은 거의 비신사적이고 야비한 모습을 하고 있으나, 하나님은 아주 신사적이신 분이시다. 신약성서에서는 베뢰아 사람들이 아주 신사적이었다고 소개하고 있다. 그러므로 우리 그리스도인들도 하나님처럼 신사적이어야 한다.

우리 사회에도 전체 대열에서 낙오되는 힘없는 이웃들이 많이 있다. 자본주의 경제체제에서 필연적으로 양산될 수밖에 없는 생존경쟁의 낙오자들이 그 주인공이다. 이들의 약함을 이용해서 내 욕심을 채우려고 한다면, 이스라엘의 행진대열 후미를 공격했던 아말렉과 꼭 같은 사람들이다. 이런 사람들은 하나님의 진노의 대상임을 알아야 한다.

"아말렉을 영원히 도말하라"는 하나님의 명령은, 자본주의 사회의 생존경쟁의 낙오자들을 안고 가라는 하나님의 음성이다. 구약성서는 사회적인 약자들에 대한 배려와 보호가 있을 때 정의로운 사회로 보기 때문이다.

038

하나님께서 하산하셨습니다

출애굽한 백성들은 시내광야에서 하나님의 명령대로 회막을 지었다. 그런데 회막 건축에 관한 일련의 과정속에서 신학적인 중요한 의미를 발견할 수 있다.

"이스라엘 자손이 이집트 땅에서 나온 뒤, 셋째 달 초하룻날, 바로 그날, 그들은 시내광야에 이르렀다. 그들은 르비딤을 떠나서 시내광야에 이르러 광야에다 장막을 쳤다. 이스라엘이 그곳 산 아래에 장막을 친 다음에 모세가 산으로 올라가 하나님께로 가니 주께서 산에서 그를 불러 말씀하셨다. 너는 야곱 가문에게 이렇게 말하여라. 이스라엘 자손에게 이렇게 일러 주어라"(출 19:1-3).

이 말씀에 의하면, 하나님은 모세를 산 위로 불러서 말씀하신다. 만남의 장소가 산 위였다. 그런데 산 위로 모세를 부르신 하나님은

"내가 그들 가운데 머물 수 있도록 그들에게 내가 머물 성소를 지으라고 하여라… 내가 거기서 너를 만나겠다"(출 25:8,22)라고 하신다. 하나님은 이스라엘이 회막을 건축하면 산 아래로 내려오시겠다고 하셨다.

한편 출애굽기는 "울타리를 만들어서 성막과 제단을 둘러싸고, 동쪽 울타리에 낸 정문에는 막을 달아 가렸다. 이렇게 모세는 모든 일을 다 마쳤다"(출 40:33)라고 보도함으로써, 하나님의 명령대로 회막 건축의 완성을 선포하였다. 그렇다면 하나님은 하산하셨을까? 아니면 그대로 계셨을까?

레위기가 그 해답을 주고 있다. "주께서 모세를 회막으로 부르시고 그에게 말씀하셨다"(1:1). 하나님은 회막 건축이 완공되자 약속대로 하산하셔서 회막에서 모세와 말씀하셨다. 하나님의 하산에는 어떤 신학적인 메시지가 담겨 있을까?

구약성서를 보면, 하나님이 인간 세상으로 내려오신 것은 대개의 경우 심판이 그 목적이었다. 바벨탑을 쌓는 사람들을 흩어버리기 위해서, 또한 소돔과 고모라를 멸망시키시기 위해서 내려오셨지만, 회막에 내려오신 하나님의 의도는 다르다.

심판의 목적이 아니라, 당신이 선택하신 백성들과 함께 거하시기 위함이다. 비록 불순종으로 더러워지고 무지한 백성들이지만 사랑으로 감싸며 기쁨과 아픔도 함께 공유하고자 내려오셨다. 백성들과 함께하시는 하나님의 모습이다.

출애굽기를 보면, 모세가 하나님을 만나기 위해 산 위에 올라간 것이 모두 일곱 번이다. 그러나 이제는 모세가 산 위에 올라갈 필요성이 없어졌다. 왜냐하면, 하나님께서 친히 산 아래로 내려오셨기 때문이다. 이제부터는 산 아래 회막에서 하나님과의 만남이 이루어진다. 회막의 중요성을 보여준다.

회막은 하나님께 제사 드리는 곳으로 이스라엘 백성들의 삶의 중심이다. 이것이 후에 가나안에 정착한 다음, 솔로몬 시대에는 예루살렘 성전으로 발전했다. 그렇게 보면 회막은 성격상 오늘의 교회 기능을 담당했다고 할 수 있다. 왜냐하면, 교회도 회막처럼 그리스도인의 삶의 중심이고, 하나님께 예배드리는 곳이기 때문이다. 교회도 회막처럼 하나님이 계시면서 당신의 백성들을 만나신다.

세상 종교들은 인간이 그 신을 찾아가는 종교이지만, 우리 기독교는 신이신 하나님이 친히 인간을 찾아오신 종교이다. 하나님의 하산과 친히 인간의 몸을 입으시고 성육신하신 그리스도를 통해서 그 사실을 확인할 수 있다. "하늘을 두루마리 삼고 바다를 먹물 삼아도 그 크신 하나님의 사랑 다 기록할 수 없다"는 것을 다시 한번 깨달아야겠다.

039

성서 독자들이여!
피하지 말라

성서를 읽는 독자들은 한 번쯤은 읽지 않고 피해가고 싶은 본문이 있다. 그것이 주로 레위기의 제사 제도와 그 규례들, 그리고 역대상의 족보 이야기다. 그러나 제사 제도나 족보 이야기가 어떤 시대에, 왜 태동하게 되었는지를 이해한다면 오히려 더 큰 은혜와 감동을 받을 수 있다. 그러면 그 배경은 무엇일까?

우선 레위기의 제사 제도를 보자. 오경 문서설에 의하면, 레위기의 제사 제도는 P문서(제사 문서)에 속한다. 제사장 계열의 신학자들이 기록했다고 해서 붙여진 이름이다. 유다를 정복한 바벨론은 정복지의 반란 방지를 명목으로 국가의 엘리트 그룹을 모조리 포로로 잡아갔다. 다니엘서가 보여주는 대로 하나님을 섬기면 사자 굴이나 풀무 불에 던져지는 죽음의 시대이기도 하였다.

어디 그뿐인가? 에스겔서에는 이스라엘의 대표들이 에스겔을 찾아와서 하나님을 버리고 마르둑(Marduk) 신을 섬기자고 공식적으로 요청하였다. 하나님이 약속을 어겼다는 것과 또한 하나님이 마르둑에게 패배했기 때문이라는 것이 그 이유다. 결국, 바벨론 포로 시대는 외적으로는 바벨론의 박해와 내적으로는 야웨 신앙에 대한 회의감이 겹치면서 중대한 위기를 맞았다.

구약 종교의 핵심은 제사다. 그런데 제사를 드릴 수 없었던 포로지에서 제의의 방법을 잊어버리고 있었는가 하면, 관심조차도 두지 않았다. 이런 상황에서 신앙 유지를 위해 몸부림친 결실이 제사제도이다. 제의의 방법을 잊지 않는다면 야웨 종교도 소멸되지 않는다고 믿었기 때문이다. 이렇게 생겨난 것이 제사 제도이다.

다음으로는 족보 이야기이다. 인내심이 없으면 쉽게 뛰어 넘어버리는 본문인데, 왜 길게 수록하였을까? 족보는 포로 후기에 신명기 역사서를 모델로 이스라엘 역사를 새롭게 해석한 역대기 역사서에 기록되어 있다. 그런데 역대기 역사는 역사가들의 신학적인 의도에 초점을 맞추고 있다고 할 수 있다.

역대기 역사서는 포로 후기인 기원전 5~4세기 혼란했던 시대의 산물이다. 이 시대는 정치적으로는 페르시아의 속국이요, 사회적으로는 사마리아 사람들과 갈등을 겪는 시대이고, 종교적으로는 신앙에 회의감이 들던 시대이다. 현실에 대한 백성들의 환멸은 종교적 도덕적인 해이로 발전하게 되었다.

제사장들은 자신의 의무에 싫증이 나서 병들고 약한 짐승들을 제물로 드렸고(말 1:6-14), 안식일을 등한히 했으며(느 13:15-22), 십일조를 드리지 않아 레위인들이 생계 문제로 성직을 버린 일도 생겨났다(느 13:10). 신앙의 필요성을 느끼지 못했고, 선민의식도 망각하고 있었다. 이것은 분명 이스라엘의 신앙적인 위기였다.

이런 상황에서 역대기 사가는 아담으로부터 다윗에 이르는 족보를 길게 나열하고 있다. 이 족보의 특징은 유다 지파를 중심으로 이스라엘 역사를 서술하고 있다는 것이다. 이것은 두 가지 메시지를 담고 있다. 하나는 하나님의 선민은 절대 망하지 않는다는 것과 바벨론에 의해 무너진 다윗왕국이 재건된다는 것이다.

절망적인 상태에서 다윗왕국의 재건을 족보를 통해 보여줌으로써 고통받는 백성들을 위로하며, 미래의 희망을 주려고 했던 것이다. 사실 다윗왕국 재건에 대한 약속은 신약에 와서 다윗의 후손인 예수 그리스도에 의해 성취되었다.

결국, 제사 제도나 족보는 모두 역사의 위기와 종교적인 위기에서 태동하였다는 공통점을 가지고 있다. 이러한 위기에서 야웨 종교를 보존 전수하며, 한 민족의 미래를 열어가려고 하는 몸부림이 깃들어 있다. 그러므로 이 두 이야기를 읽으면서 당시로 돌아가서 생각해 볼 수 있어야 한다. 그러면 이 본문은 우리에게 새로운 은혜와 신앙적인 도전을 가져다줄 것이다.

040

줄을 잘 서야 합니다

　구약성서에 의하면, 이스라엘의 제사장직은 레위 지파 아론의 후손들이 계승하였다. 아론에게는 네 아들이 있었으나 장자와 차자인 나답과 아비후가 야웨의 명령을 어기고 다른 불을 향로에 담아 분향한 죄로 죽임을 당했다. 이제 남은 셋째와 넷째인 엘르아살과 이다말의 후손들이 제사장 직분을 수행하게 되었다.

　한편 제사장 계열은 왕정 시대, 특히 다윗과 솔로몬 시대를 거치면서 사독 가문과 아비아달 가문으로 양분되었다. 사독은 엘르아살의 후손이고, 아비아달은 이다말의 후손이다. 다윗의 통치시대에는 이 두 가문을 공평하게 대우해 주었다. 단지 인구수가 더 많았던 엘르아살 가문은 16개의 제사장 집단으로 조직하고, 이다말 가문은 8개의 집단으로 조직하였을 뿐이다(대상 24:11-18).

　두 제사장 가문의 균형이 깨진 것은 왕자의 난을 통해서 집권한 솔로몬에 의해서였다. 솔로몬은 다윗의 정실이 아닌 밧세바와의 불륜의 관계로 태어난 아들이었다. 형제들의 순서로 볼 때 솔로몬에게는 아홉 명의 형들이 있었다(대상 3:1-5). 장자 세습의 원칙에서 본다면, 결코 왕이 될 수 없었다.

이런 와중에서 암논과 압살롬이 일찍 죽자, 아도니야가 왕위 계승권을 주장하고 나섰다. 아도니야는 어느 날 사령관 요압과 제사장 아비아달의 후원을 등에 업고 에느로겔 샘 곁에서 스스로 왕임을 선포하였다. 성경은 아도니야를 가리켜 한 번도 아버지 다윗을 섭섭하게 하지 않았던 모범적인 아들로 묘사하고 있다(왕상 1:5-10).

그러자 또 다른 제사장의 한 가문이었던 사독이 예언자 나단과 용병대장 브나야 등과 합심하여 밧세바를 내세워 다윗을 설득하여 솔로몬이 다윗의 후계자임을 승낙받았다(왕상 1:11-37). 이렇게 하여 솔로몬은 다윗의 뒤를 이어 이스라엘 왕으로 즉위하게 되었다.

왕위에 오른 솔로몬은 정적들을 차례로 제거하기 시작한다. 우선 잠시나마 왕임을 선포했던 그의 형 아도니야와 그의 편에 있었던 사령관 요압, 그리고 사울 가문의 시므이를 처형했다. 제사장 아비아달은 제사장직을 박탈당한 채 고향인 아나돗으로 추방되었다. 아비아달은 아버지 다윗과의 인연으로 죽음만은 면할 수 있었다(왕상 2:26-27).

한편 반대파를 제거한 솔로몬은 자신을 왕으로 옹립했던 공신들에 대한 논공행상을 단행하였다. 논공행상의 핵심은 제사장 아비아달 가문의 퇴장과 사독 가문의 화려한 등장으로 요약될 수 있다. 물론 두 가문은 바벨론 포로지에서 일단 화해하고 연합했다고 볼 수 있다. 이것은 에스라가 두 가문의 대표자들을 대동하고 귀환한 데서 알 수 있다. 그러나 한번 기울어진 가문을 되돌릴 수는 없었다.

중간시대인 마카비 시대에 이르기까지도 이다말의 후손인 아비아달보다는 엘르아살의 후손인 사독 계열이 제사장으로서 더 큰 명성을 얻었고, 더 많은 지위를 누렸다. 대제사장은 언제나 엘르아살과 사독가문에서 선발된 데서 알 수 있다.

두 제사장 가문의 명암은 속된 말로 "줄을 잘 서야 한다"는 것을 교훈으로 남기고 있다. 열 번째 아들, 그것도 불륜에 의해 태어난 솔로몬이 왕이 되었다는 것은 하나님의 뜻이 아니고는 불가능하다. 그 위에는 여러 명의 형이 있었기 때문이다. 하나님의 섭리를 빨리 깨닫는 사람을 성경은 지혜롭다고 한다. 하나님의 섭리를 깨닫지 못하고 아도니야를 지지했던 아비아달의 가문은 쇠퇴하고 말았다. 그러나 하나님의 섭리를 발견하고 솔로몬의 편에 섰던 사독의 가문은 번창할 수 있었다.

그리스도인들은 모두 하나님의 섭리를 깨닫고 발견하는 신앙적인 지혜를 가져야 한다. 그럴 때 나의 인생과 가문, 그리고 일터도 번창한다는 것을 엘르아살과 이다말의 가문이 우리에게 메시지로 던져 주고 있다.

0 4 1

심증은 있으나 물증이 없다면

현대 국가의 모든 재판은 "증거주의"를 원칙으로 한다. 즉 심증은 있으나 물증이 없다면 무죄가 된다는 의미이다. 그렇다면 고대 근동 국가들이나 이스라엘에서 이러한 경우에 어떻게 했을까?

특히 아내가 간음한 것 같은데, 증거를 잡지 못한 경우가 여기에 속한다. 물론 간음하다가 현장에서 붙잡힌 여자처럼 뚜렷한 물증이 있다면 문제는 간단하지만 말이다. 그러나 이런 경우의 해결방법은 고대 근동과 이스라엘에도 있었다. 우선 고대 근동의 해결방법을 보자.

바벨론이나 앗시리아 등 근동의 국가들은 간음에 대한 심증은 가면서도 물증이 없을 경우에는, 그 여인을 깊은 바다에 던졌다. 던져진 여자가 살아나오지 못하면 간음한 죄로 바다의 신이 노하여 그녀를 벌하였다고 믿었다. 그러나 여인이 헤엄을 쳐서 살아나오면 바다의 신이 무죄를 선고한 것이라 하여 사면하였다.

이러한 방법에는 많은 변수가 있다. 즉 기후가 사납고 태풍이라도 불면, 아무리 수영을 잘해도 헤엄쳐서 살아나온다는 것은 불가능하다. 반면 바다가 잔잔하면, 평범한 수영 실력을 갖춘 여인도 생존할 확률이 높은 것이다. 이런 판결법은 유프라테스강이나 티그리스강변의 누지와 갈그미스 등에서 성행한 방법이었다.

과학주의에 빠진 현대인들의 시각에서 본다면, 참으로 원시적인 방법이고 수긍할 수도 없는 일이다. 그러나 고대인들은 이것을 신앙으로 받아들였다. 아무튼, 수영 실력을 길러 놓는 것이 고대세계의 여성들에게는 필수적이었다고 하겠다.

그러면 구약성서에서는 이런 경우에 어떻게 판결했을까? 민수기 5장을 보면, 이스라엘의 경우는 고대 근동과 조금 다르다. 이스라엘에서는 어떤 남편이 자기의 아내가 간음했다고 의심이 생기면, 일단 아내를 제사장에게로 데리고 갔다. 그러면 제사장은 물을 담은 그릇을 준비하고 그 그릇에다 성소의 티끌을 담고, 또한 저주의 말을 적은 두루마리를 그 그릇의 물에 빤다. 그리고는 그릇의 물을 의심받는 여인에게 마시게 하였다.

물을 마신 여인이 소화불량이나 잉태하지 못하면 간음한 것으로 간주되어 돌에 맞아 죽었다. 그러나 이 물을 마신 후에도 소화가 잘 되고, 정상적으로 임신하고 아이를 낳으면 무죄 선고를 받았다. 일단 무죄판결이 나면 아내를 의심했던 남편은 은 100 세겔을 장인에게 지급해야 한다. 은 100 세겔은 남자가 결혼을 위해 신붓집에 냈던 돈의 3배에 해당하는 거액이다(신 22:19).

이스라엘의 제도는 평소에 위가 좋지 않아 소화불량이 있거나 불임의 여성일 경우 방법이 없다. 즉 이런 여성들은 범죄의 유무를 떠나 억울하게 당할 수밖에 없는 제도이다. 만일 하나님의 개입이 없다면 억울한 사람은 수도 없이 나올 것이다. 다행히도 하나님은 억울한 사람의 양산을 막기 위해 개입하셨다.

공산주의 이론의 창시자였던 칼 막스(K. Marx)는 "인간의 평화와 행복을 위해서는 하나님을 추방하고 하나님의 개입을 막아야 한다"라고 했다. 그의 말대로 하면, 인간이 만든 부정확한 제도로 인해 양산되는 억울한 사람들을 어떻게 할 것인가? 해결 방법이 없다.

현대인들의 눈에는 황당하게 보이는 이런 제도가 이스라엘에서 시행되었음에도 억울한 사람이 없었다는 것은 하나님께서 개입하셨기 때문이다. 인류의 지상낙원을 꿈꾸었던 공산주의가 하나님을 추방하고, 그분의 개입을 막았기 때문에 역사의 쓰레기통에 들어갔던 것을 우리는 기억해야 한다.

우리는 하나님이 계시는 인생, 하나님이 계시는 가정, 하나님이 계시는 일터를 만들어야 한다. 하나님으로 하여금 개입하시도록 해야 한다. 그것이 축복이다.

042

모세의 가나안 입성 좌절
(자신의 죄인가? 백성들의 죄인가?)

　모세는 이스라엘의 지도자로 동족을 이집트에서 해방시켰지만, 애석하게도 꿈에 그리던 가나안 땅에 들어가지 못하고 가나안이 내려다보이는 느보산 정상에서 죽고 말았다. 왜 모세는 가나안 땅에 들어가지 못했을까? 구약성서는 모세의 가나안 입성 좌절의 원인을 두 가지로 설명하고 있다.

　하나는, 모세 자신의 죄 때문이다(민 20:7-13). 가데스에 도착한 백성들이 마실 물이 없다면서 하나님과 모세를 원망하였다. 그때 하나님은 모세에게 "반석을 명하여 물을 내라"고 하셨다. 그런데 화가 난 모세가 지팡이로 반석을 두 번이나 내리치면서 "우리가 이 반석에서 물을 내랴"고 하였다.

　이러한 모세의 행동은 두 가지 면에서 하나님의 진노를 사게 되었다. 하나는 반석을 쳐버린 것이고, 다른 하나는 물을 마치 자기가 내는 것처럼 말한 것이다. 이것 때문에 하나님은 모세의 가나안 입성 불가를 선언하셨다. 모세의 가나안 입성 좌절은 분명히 모세 자신의 죄에 기인하고 있다는 것을 보여주고 있다.

그런데 신명기는 또 하나의 원인을 제시하고 있다. "여호와께서 너희로 인하여 내게 진노하사 나를 요단을 건너지 못하며 네 하나님 여호와께서 네게 기업으로 주신 그 아름다운 땅에 들어가지 못하게 하셨다"(4:21). 이 말씀에 의하면, 모세의 가나안 입성 좌절은 백성들의 죄 때문이다. 모세는 백성들의 희생양이라는 것이다. 서로 다른 모세의 가나안 입성 좌절에 대한 원인을 어떻게 해석해야 할까?

오경 문서설에 의하면 민수기 본문은 제사문서(P)에 속한다. 제사문서는 바벨론 포로 후인 기원전 5세기경에 태동된 문서다. 포로 후기 이스라엘의 분위기는 역대기 사가에 의해 주도되었다고 볼 수 있다. 역대기 역사서인 역대기상하와 에스라, 느헤미야서가 이때 기록되었다.

역대기 역사서는 북왕국은 죄악시하는 반면, 남왕국에는 정통성을 부여하며, 다윗과 솔로몬을 이상화시키고 있다. 북왕국이 모세를 이상화시켰다면, 남왕국은 다윗을 이상화시킨 역사를 가지고 있다. 따라서 북왕국이 사라진 포로 후기에 이르러, 그들의 역사와 인물도 철저하게 남왕국 역사가에 의해 무시되었던 시대였다.

제사 문서를 태동시켰던 제사장 계열이 모두 남왕국 사람들이고 보면, 역대기 사가의 신앙과 사상에 제사장들도 동의했다고 할 수 있다. 그러므로 북왕국의 이상형이었던 모세도 남왕국의 시각에서는 그 비중이 떨어진다고 할 수 있다.

그러면 신명기의 설명대로 백성들의 죄로 모세가 가나안에 들어가지 못했다는 것은 어떻게 해석해야 할까? 역시 오경 문서설에 의하면, 신명기서는 신명기 문서(D)에 속한다. 그런데 신명기 문서는 북왕국에서 태동되었으며, 북왕국의 이상적인 인물은 모세였다.

따라서 신명기 저자가 자신들의 이상형인 모세를 죄인으로 몰아간다는 것은 상상할 수 없는 일이다. 이것은 남왕국의 역대기 사가와 같은 입장이다. 따라서 모세는 죄가 없으나 백성들의 잘못 때문에 희생되었다는 설명이다.

사실 성서 독자들의 입장에서는 당황할 수밖에 없다. "맞다, 틀렸다"라는 관점에서 접근할 수 없기 때문이다. 이는 단지 남북의 신학자들 간의 정치적인 이데올로기 싸움의 현상이라고 보아야 한다. 서로가 자신들이 이상형으로 추앙하는 인물을 감싸고 있기 때문이다.

다른 한편, 우리는 백성들의 정신적 지주와 같은 인물을 통해 난국을 극복하고자 했던 남북 신학자들의 정신과 의도를 주목해야 한다. 그런 의미에서 모세의 가나안 입성 좌절을 설명하는 서로 반대되는 이유도 타당성을 부여할 수 있다. 시대적인 상황과 성서 저자들의 신학적인 의도를 이해하면 된다는 의미이다.

043

왕의 대로
(King's Highway)

구약성서에서 이스라엘의 출애굽 이야기를 읽어 내려가면, 고대 세계에서 보기 드문 "왕의 대로"라는 고속도로가 나타난다. 왕의 대로는 아카바만이 위치한 에시온게벨에서 출발하여 시리아의 수도인 다마스쿠스까지 연결된 도로다.

구약성서를 통해서 이 도로를 구체적으로 살펴보면, 에시온게벨에서 출발하여 북쪽으로 모압을 지나 시혼 왕의 아모리 땅을 통과하고 암몬 왕국의 변경과 접하고 옥(바산) 왕국을 지나 시리아의 수도인 다마스쿠스까지 뻗어 있다.

성경에 기록된 왕의 대로는 고대 근동 세계에서 군사의 이동과 무역의 통로로 중요한 역할을 했을 뿐만 아니라, 오늘날까지도 이용되고 있는 도로이다. 왕의 대로는 이스라엘과도 밀접한 관계를 맺고 있는데, 특히 출애굽의 여정과 관계가 깊다.

우선 민수기에는 왕의 대로 통행 문제를 놓고 모세와 에돔 왕 간의 협상하는 장면이 있다(20:14-21). 가데스에 진을 치고 있었던 모세는 에돔 왕에게 사자를 보내 이스라엘 백성들이 왕의 대로를 통행할 수 있도록 허락해 달라고 공식적으로 그리고 정중하게 요청하였다.

왕의 대로를 통과하되 밭으로나 포도원으로는 지나가지 않고, 물도 공짜로 마시지 않을 것이며, 좌로나 우로나 치우치지 않고 앞으로만 가겠다고 약속하였다. 만일 이스라엘의 가축들이 에돔의 물을 마신다면 그 값을 치를 것이고, 손해를 입혀도 반드시 배상하겠다고 했다.

그러나 에돔 왕은 모세의 제의를 일언지하에 거절하였다. 이스라엘 백성들은 어쩔 수 없이 에돔의 서쪽 변경을 따라 올라가다가 세렛 시내에서 동쪽으로 진로를 바꾸어 모압의 변경을 끼고 다시 북상하였다.

북상하던 이스라엘이 아모리 족의 시혼 왕국에 이르렀을 때, 모세는 다시 사자를 보내 왕의 대로 통과를 허락해 달라고 요청하였다 (민 21:21-32). 모세는 에돔과 똑같은 조건을 제시하였다. 그런데 시혼 왕은 모세의 제의를 거절할 뿐만 아니라, 군대를 동원하여 이스라엘을 치러 나왔다. 이스라엘은 이 전쟁에서 승리한 후, 아모리 왕국 전체를 소유하게 되었다.

아모리와의 전쟁을 승리로 이끈 이스라엘이 계속해서 북진하여 엄청나게 크고 단단한 침대를 사용하는 것으로 소문난 옥(Og)이라는 이름의 바산 왕을 만나 또다시 전투를 벌였다. 이 전쟁에서도 승리한 이스라엘이 왕의 대로도 일정 부분 소유하게 되었다.

　이스라엘 역사에서 가장 부귀영화를 누렸던 시대는 솔로몬 시대라 할 수 있다. 솔로몬 시대의 풍요를 가능케 했던 요인은 몇 가지가 있다. 백성들의 세금징수와 여러 나라로부터 받은 조공과 왕의 대로에서 나오는 통행세를 통한 수입원이다.

　솔로몬은 부왕인 다윗의 군사적 업적으로 탄탄대로를 달렸다. 북쪽으로는 소바와 다마스커스를 지배하고, 남으로는 에돔과 모압 그리고 암몬을 지배하였다. 따라서 북부인 다마스쿠스에서 남부인 이집트나 아라비아를 왕래하거나 아카바만을 이용해서 해상무역을 하려면 왕의 대로를 지나지 않을 수 없었다.

　무역상들은 통행세를 내고 왕의 대로를 이용할 수밖에 없었고, 여기서 나온 통행세 수입이 솔로몬 시대의 부를 가져다준 중요한 수입원이었다. 그런 의미에서 왕의 대로는 솔로몬 시대를 부흥시키는 데 일조했다고 볼 수 있다.

044

코가 긴 하나님

구약성서는 하나님에 대해 "노하기를 더디 하시는 하나님"(출 34:6; 민 14:18; 시 86:15; 욘 4:2; 나 1:3)으로 소개하고 있다. 실제로 하나님은 노하기를 더디 하시며 오래 참으시는 분이라는 것은 성서를 통해 분명히 확인할 수 있다. 그런데 "노하기를 더디 하신다"라는 히브리 성서의 표현이 아주 재미있다.

히브리어 성서에는 "노하기를 더디 하신다"를 "에라카"(אֶרֶךְ)로 표기하고 있다. 에라카는 "코가 길다"라는 뜻이다. 노하기를 더디 하시는 것과 코가 긴 것은 무슨 관계가 있는 것일까? 히브리인들은, 코가 길면 콧물이 짧은 코에 비해 흘러내리는 시간이 더 오래 걸린다는 생각에서 이렇게 표현한 것이다. 재치 있는 히브리인들의 언어유희라고 할 수 있다.

코가 길어서 노하기를 더디 하시는 하나님을 확실하게 만날 수 있는 곳이 이스라엘 백성들의 사십 년의 광야 생활이다. 광야 생활 자체는 하나님의 축복으로 주어졌지만, 안타깝게도 이스라엘은 이 기간을 오히려 불순종으로 인한 실패로 얼룩지게 했다. 하나님이 주신 축복의 현장을 범죄의 자리로 만든 것이다.

그 구체적인 예로, 브올에서 바알을 섬김으로(민 25:1) 십계명의 제1계명을 범했다. 시내광야에서는 금송아지 우상을 만들어 섬겼는데, 이것은 우상 제조 금지명령인 제2계명을 어긴 것이다. 또한, 이스라엘 여인과 이집트 남자와의 사이에서 태어난 아들이 여호와의 이름을 훼방하고 저주함으로써(레 24:10-11) 제3계명인 "야웨의 이름을 망령되이 일컫지 말라"는 계명도 범하였다.

또한, 어떤 이스라엘 사람이 안식일에 나무를 하다가 돌로 쳐 죽임을 당하는 사건이 발생하였다(민 15:32-36). 이것은 "안식일을 기억하여 거룩하게 지키라"는 제4계명이 파괴되는 상황이다. 그러고 보면 이스라엘의 광야 생활은 십계명의 1~4계명을 모조리 무너뜨린 기간이었다고 볼 수 있다.

십계명을 두 부분으로 나눌 때, 1~4계명은 하나님과의 관계이고, 5~10계명은 인간과의 관계를 말하고 있다. 그런데 이스라엘 백성들은 광야에서 하나님과의 관계를 말하고 있는 계명을 모두 범하였다. 하나님의 사랑과 은혜로 인도를 받은 이스라엘 백성들에게는 심각한 문제가 아닐 수 없다.

하나님은 당신과의 계명이 다 무너지는 상황을 목격하시면서도, 노하기를 더디 하시고 오래 참으시며 용서하셨다. 그들의 표현대로 하나님의 코가 짧았다면, 이스라엘 백성들은 광야에서 다 죽었을 것이다. 어쩌면 이스라엘 백성들이 마실 물과 먹을 음식이 없어서 쏟아내었던 "이집트에는 매장지가 없어서 여기까지 데리고 나왔느냐?"는 그들의 불평이 현실화될 수도 있었을 것이다.

물론 하나님을 의인화시킨 표현이기는 하지만, 하나님의 코가 길다는 것은 우리에게도 참으로 다행이고 축복이다. 코가 긴 하나님의 혜택을 우리도 톡톡히 받으며 살고 있기 때문이다. 코가 짧아 오래 참지 못하시고, 속히 노하신다면 우리 가운데 구원받을 사람은 아무도 없을 것이다. 날마다 범죄하며 살아가는 우리는 하나님의 코가 더 길어지도록 기도해야 할지도 모르겠다.

그러나 하나님은 영이시기에 우리와 같은 육적인 모습을 가지고 있지는 않다. 이것은 히브인들의 재치 있는 표현 방법으로 "노하기를 더디 하시는 하나님"을 긴 코에 비유했을 뿐이다.

0 4 5

족장종교와 모세종교

창세기 12~50장까지를 "족장사"(아브라함-이삭-야곱-요셉)라고 한다. 족장들이 살았던 시대는 기원전 20세기~17세기까지로 규정할 수 있다. 왜냐하면, 이 시기의 상황을 반영하고 있는 고대 근동의 문서들(마리문서, 갑바도기아문서, 누지문서, 에블라문서, 이집트 중왕조 시대의 주문문서 등)과 족장사에 나타난 이야기들이 여러 면에서 연관성을 지니고 있기 때문이다.

족장종교라 하면 이들 네 명의 종교적인 모습이고, 모세종교라 함은 모세의 등장과 함께 율법을 통해 계시된 이스라엘의 종교를 의미한다. 그런데 족장종교와 모세종교는 여러 면에서 차이점을 보여주고 있다.

첫째, 족장종교에서는 다신교적인 색채가 있는 반면, 모세종교에서는 유일신 신앙이 확실하게 자리 잡고 있다. 족장종교에서 다신교적인 요소는 신 이름의 다양성에서 찾을 수 있다. 예를 들면 엘 샤

다이(El Shaddai), 엘 엘룐(El Elyon), 엘 올람(El Olam), 엘 로이(El Roi) 등이다.

이스라엘 역사의 권위자인 올브라이트(Albright)는 이러한 이름들은 서부-셈계통의 신들 이름이라고 한다. 또한, 야곱이 하란에서 귀향할 때, 라헬이 훔친 드라빔도 가나안의 종교적 요소를 가지고 있었다. 이것은 족장종교에는 다신교적인 요소가 가미되었다는 것을 의미한다. 족장종교에서는 제1계명이 배제되고 있는데 비해, 모세종교에서는 제1계명이 뚜렷하게 지켜지고 있는데서 알 수 있다.

둘째, 족장종교에서는 가나안에 대한 거부감이 없으나 모세종교에서는 가나안에 대한 거부감이 강하게 나타나고 있다. 멜기세덱은 가나안의 제사장임에도 불구하고 아브라함과 어울리며 서로 축복을 주고받는다(창 14장). 물론 이것은 아브라함이 메소포타미아에서부터 모시고 왔던 엘 신과 가나안의 주신인 엘의 이름이 동일한 것이 원인일 수도 있다.

그러나 모세종교에서는 가나안을 저주함으로써 가나안 종교에 대한 강한 거부감을 드러내고 있다. 가나안을 저주했다는 것은, 함의 넷째 아들인 가나안의 후손들이 사는 가나안 땅의 문화와 종교를 거부하고 저주했다는 의미이다.

셋째, 족장종교에서는 제의 장소의 다양화 현상이 나타나고 있는데 비해, 모세종교에서는 단일화 원칙이 적용되고 있다. 족장들은 가는 곳마다 제단을 쌓고 제사를 드리지만, 모세 종교에서는 제의 장소가 예루살렘으로 단일화되었다. 그래서 모세 이후의 종교에서는 지방의 모든 산당이 제거의 대상이 되었던 것이다.

넷째, 족장종교에서는 도덕성의 강조가 별로 없으나, 모세종교에서는 두드러지게 나타나고 있다. 아브라함과 이삭과 야곱의 거짓말은 모세종교에서는 커다란 죄악이었는데도 벌을 받지 않았다. 반면 모세종교에서는 시내산의 율법수여를 통해서 선민 이스라엘의 엄격한 도덕성을 요구하고 있다.

헤겔의 변증법적 철학과 다윈의 진화론을 기초로 역사 비평적 연구 방법이라는 새로운 성서 해석방법론을 창안했던 벨하우젠(J, Wellhausen)은 모든 종교사상은 진화한다고 하였다. 즉 초기의 하등종교에서 고등종교로 진화한다는 것이다.

그의 주장대로 족장종교와 모세종교를 비교해 보면, 진화의 과정을 거쳤다고도 볼 수 있다. 원시성을 내포하고 있던 족장종교가 모세를 거치면서 불순물과 찌꺼기가 제거되고 순수함만이 나타나고 있는 데서 유추해 볼 수 있다.

종교사상의 진화는 모든 그리스도인의 신앙에도 적용되어야 할 법칙이다. 족장종교에서 모세종교로 진화하듯이, 우리의 신앙도 하등신앙에서 고등신앙으로 진화되어야 한다는 메시지이다. 신앙은 진화하고 성장할 때 건강하기 때문이다.

목회자가 쉽게 풀어주는
구약성서 이야기

Chapter. **02**

역사 이야기

역사 이야기

이미 앞에서 언급한 대로 이스라엘의 역사 기원은 아브라함 때라고 할 수 있다. 아브라함을 이스라엘 역사의 기원으로 본다면, 성서 시대의 이스라엘 역사는 시대적으로 열 한 단계로 구분할 수 있다. 각 시대의 연대를 정확하게 확정한다는 것은 학문적으로도 어려우므로, 대체적인 연대임을 밝혀둔다.

1. 족장 시대(기원전 2000-1650)

족장이란 아브라함-이삭-야곱-요셉을 지칭하는 말이며, 족장 시대란 이들이 생존한 시대를 의미한다. 이스라엘 민족의 시조인 아브라함은 북부 메소포타미아의 하란에서 가나안으로 이주해 왔으며, 원래는 "아람사람"(신 26:5)이었다. 이들은 가나안과 이집트를 왕래하며 살았던 유랑민이었다.

2. 출애굽시대(기원전 13세기 초반)

"요셉을 모르는 새 왕조"(출 1:8)가 등장하면서 아시아계인 힉소스 족의 바로들을 추방하고 그들의 토착왕조를 세웠다. 요셉을 모르는 새 왕조에 의해서 히브리인들은 국고 성 비돔과 라암셋 건축 현장에 동원되어 강제노역에 시달려야 했다. 그러자 이스라엘을 선택하신 야웨는 모세를 세워 그들을 구원하셨다.

3. 가나안 정착시대(기원전 13세기 중반-후반)
모세가 죽은 후 새로운 지도자가 된 여호수아가 이스라엘 백성들을 인솔하고 가나안에 입성하였다. 물론 요단 동편 땅에 정착했던 르우벤과 갓, 므낫세 반 지파는 제외되었다.

4. 사사 시대(기원전 1200-1000)
이스라엘 백성들이 가나안에 정착한 후 약 200여 년 동안 계속된 사사 시대는 지파 동맹체제로 존속되었으며, 왕정을 거부하고 하나님이 다스리시는 신정체제를 고수하였다. 그러나 국가의 위기 때는 사사가 등장하여 난국을 수습하였다.

5. 통일왕국시대(기원전 1000-920)
사울-다윗-솔로몬으로 이어지는 시대를 통일왕국시대라고 할 수 있으나, 실제적인 통일국가는 다윗과 솔로몬 시대로 볼 수 있다. 그 이유는 역대기 사가가 다윗을 실제적인 이스라엘의 초대 임금으로 기록하고 있기 때문이다. 사울은 내부적으로는 다윗의 인기와 타 지파의 견제, 외부적으로는 블레셋의 침략으로 제한된 왕권만 행사하였다.

한편 다윗의 등장은 이스라엘을 가장 강력한 나라로 만들었으며, 수도를 헤브론에서 예루살렘으로 옮기면서 예루살렘이 정치와 종교의 중심지가 되었다. 아들 솔로몬은 무역을 통해 부를 축적했으며, 성전과 왕궁을 건축하였다. 그러나 그의 아들 르호보암 때 나라가 남북으로 분열되었다.

6. 분열 왕국 시대(기원전 920-587년)
여로보암을 중심으로 열 개 지파의 북왕국과 르호보암을 중심으로 한 유다와 베냐민 지파 중심의 남왕국으로 분열되었다. 경제나 국방력, 영토 면에서는 북왕국이 훨씬 유리한 조건이었으나 우상숭배로 인해 앗시리아에게 패망하고 말았다(기원전 721년). 남왕국은 외적인 조건이 열세임에도 불구하고 아사-여호사밧-히스기야-요시야로 이어지는 종교개혁으로 더 오래 지속되다가 바벨론의 느브갓네살에 의해 패망하였다(기원전 587년).

7. 바벨론 포로 시대(기원전 587-538년)
신흥 바벨론 제국을 외면하고 쇠퇴하는 이집트를 의지하였다가 망하는 비운을 겪었다. 그러나 모세오경의 확립과 에스겔과 제2 이사야의 활동은 포로지에서 얻은 큰 수확이라고 할 수 있다.

8. 페르시아 시대(기원전 539-333)
페르시아의 고레스가 바벨론을 무너뜨리고 유대인을 해방시켰다. 귀환한 유대인들은 학개와 스가랴의 지도하에 무너진 성전을 재건하고, 오경을 경전으로 수용함으로써 신앙의 정체성을 확립하였다. 또한, 역대기 역사가에 의해 이스라엘 역사가 새롭게 기술되었으며, 이스라엘은 이제부터 성전을 중심으로 한 신앙공동체라는 정체성도 확립하였던 시기였다.

9. 헬라 시대(기원전 333-142)
마게도니아의 알렉산더가 페르시아의 다리우스 3세를 격파하고 헬라 시대를 열었다. 그러나 알렉산더는 후계자가 없이 33세에 병사한 후, 그의 제국은 부하 장군들에 의해 4개로 분열되었다. 특히 팔레스타인을 통치하던 셀류코스 왕조에 의해 성전이 더럽혀지고 율법의 사본들이 파괴되며 신앙 행위가 봉쇄되었다. 이 시대에 다니엘서와 많은 구약 외경들이 등장하였다.

10. 하스몬 왕조시대(기원전 142-63)

셀류코스 왕조의 안티오커스 4세에 의한 종교적 박해와 성전모독이 극에 달하자, 마카비 일가를 중심으로 독립운동이 일어났다. 독립운동의 성공으로 하스몬 왕조시대가 열리고 약 80여 년 동안 자유를 누리기도 하였다.

11. 로마시대(기원전 63년 이후)

하스몬 왕조는 로마의 폼페이 장군에 의해 무너지고 로마의 통치를 받게 되었다. 주후 66년 또 한 차례의 독립전쟁을 일으켰으나 로마의 티투스에 의해 제압된 후, 1948년 지금의 팔레스타인에 이스라엘이 건국되기까지 세계를 유랑하며 살아야 했다. 예루살렘이 정복당하면서 맛사다로 피해 항전하던 유대인 960명의 장렬한 죽음은 지금도 유대인들 가슴속에서 살아있는 교훈이 되고 있다.

046

두 개의 역사관

구약성서에는 이스라엘 역사를 기술하고 있는 두 개의 역사서, 즉 신명기 역사서(Deuteronomistic History)와 역대기 역사서(Chronicler's History)가 있다. 신명기 역사서는 "여호수아, 사사기, 사무엘상하, 열왕기상하"까지 모두 여섯 권이며, 역대기 역사서는 "역대기상하와 에스라, 느헤미야"까지 네 권이다. 그런데 이 두 역사서는 저자와 시대적인 배경과 신학적인 의도가 다 다르다. 이제 두 역사서에 나타난 역사관의 특징을 살펴보기로 하자.

먼저 신명기 역사서를 보자. 신명기 역사서는, 신명기의 중심사상인 인과응보적 관점에서 역사를 해석하고 있기 때문에 붙여진 이름이다. 즉 율법에 순종하면 복을 받고, 율법에 불순종하면 저주를 받는다는 신명기적 공식에 근거해서 역사를 서술하고 있다. 또한, 신명기 역사는 죄-징벌-회개-구원이라는 네 단계의 해석적인 구조를 가지고 있으며, 왕정 시대로부터 여호야긴의 석방까지를 기술하고 있다.

 구약 신학자들은 신명기 역사서가 북왕국의 역사를 소상하게 기록하고 있기 때문에, 저자를 북왕국의 인물로 보고 있다. 신명기 사가는 남왕국에 의해 이상화되었던 다윗과 솔로몬에 대한 기사도 사실대로 기술하고 있으며, 남왕국에 의해 절대적 가치로 인정받던 예루살렘과 법궤에 대해서도 평가절하하고 있다.

 한편 신명기 역사서는 북왕국이 패망하면서 남왕국으로 전승되었는데, 후에 남왕국의 히스기야와 요시야의 종교개혁에 영향을 미쳤다고 할 수 있다.

 다음으로 역대기 역사서를 보자. 역대기 역사서는 철저히 남왕국 중심의 역사이며, 아담에서부터 에스라-느헤미야 시대의 유대주의의 태동에 이르는 이스라엘의 전 역사를 다루고 있다. 역대기 사가는 기원전 5~4세기, 즉 포로 후기 시대로 정치적, 종교적, 사회적 혼란기를 살았던 어떤 인물이며, 신명기 역사서를 새롭게 재해석하였다.

 이 시대는 정치적으로는 페르시아의 속국이요, 사회적으로는 사마리아인들과 갈등이 존재하고, 종교적으로는 희망이 절망으로 바뀌면서 야웨에 대한 강한 회의감이 일었던 시대였다(말 1:6-14; 느 13:15-22 등).

 기원전 539년 페르시아의 고레스는 티그리스 강변의 오피스(Opis)에서 바벨론의 나보니두스와 제국의 운명을 건 최후의 전투에서 승리한 후, 1년 뒤인 538년에 유대인들을 해방시켰다. 포로민들은 에스겔과 제2 이사야, 그리고 제사장 그룹의 회복에 대한 환상을 믿고 귀환했지만, 그 환상이 현실의 벽에 부딪히면서 절망으로 바뀌었다. 역대기 사가는 이런 절망적 상황에서 이스라엘 역사를 새롭게 해석함으로써, 백성들에게 희망과 용기를 주고자 했다.

역대기 역사서의 특징은, 첫째 다윗-솔로몬 부자의 모든 부정적인 모습을 생략함으로써 그들을 이상화시키고 있다. 둘째, 다윗 왕조와 예루살렘 성전이 역대기 사가를 떠받치는 두 기둥이다. 다윗 왕조에 정통성을 부여하고 있으며, 예루살렘 성전이 하나님이 인정하시는 유일한 합법적인 제의 장소라는 것이다. 셋째, 북왕국을 불법적인 집단으로 보고 있다. 그래서 언급 자체를 하지 않음으로써, 그들의 역사를 철저하게 무시하고 있다.

지금까지 살펴본 대로, 역대기 사가는 포로 후기에 와서 북왕국에서 태동된 신명기 역사서를 참고해서 이스라엘 역사를 새롭게 재해석하였다. 사실적인 역사기술이라는 면에서는 미흡한 점이 있으나 포로 후기 시대적인 상황과 백성들의 삶의 자리를 감안한 신학적인 역사를 기술했다는데, 의의를 두어야 할 것이다.

즉 역대기 사가는 역사적인 사실의 보도보다는 신학적인 메시지를 당시 백성들에게 주고자 했던 것이다. 따라서 성서를 읽는 독자들은 이 두 역사가의 역사관의 특징을 숙지하고 본문을 대한다면 훨씬 이해가 빠를 것이다.

047

반항문학으로서의 룻기

룻기의 역사적 배경은 사사 시대인 기원전 1150년경이다. 가나안의 기근으로 베들레헴 사람 엘리멜렉이 아내 나오미와 장남 말론, 차남 기룐을 데리고 모압으로 피난하였다. 두 아들은 거기서 모압 여인 오르바와 룻을 각각 아내로 맞이했다.

그런데 아버지와 두 아들은 모압 땅에서 일찍 죽고 말았다. 그러자 시어머니 나오미는 베들레헴으로의 귀향을 결심하고 두 며느리에게 친정으로 돌아갈 것을 권하였다. 맏며느리 오르바는 시어머니의 설득으로 모압 땅에 남게 되지만, 둘째 며느리 룻은 시어머니의 강권에도 불구하고 베들레헴으로 함께 돌아왔다.

베들레헴에 온 룻은 시어머니의 친척인 보아스의 밭에서 이삭을 줍다가 보아스와 결혼을 하게 된다. 보아스와 룻 사이에서 오벳이 태어나고, 오벳에게서 이새가 태어나고, 이새에게서 다윗이 태어났다.

다윗의 족보를 보면, 이방 여인인 룻이 다윗 왕의 증조모가 되었다. 즉 룻기는 다윗 왕의 증조부가 이방 여인과 결혼하였으나 그 후손이 크게 축복을 받았다는 것을 보여주고 있다.

전통적으로 룻기는 시어머니를 정성스럽게 섬기는 효성스러운 며느리의 관점에서 이해됐다. 그러나 구약 신학계에서 룻기에 대한 새로운 이해가 제기되면서 흥미 있는 해석이 등장하였다.

룻기에 대한 새로운 이해를 위해서는 이스라엘의 포로 후기인 에스라-느헤미야의 개혁정책을 짚어 보아야 한다. 즉 룻기는 에스라-느헤미야 시대에 태동된 저항문학이라는 것이다.

룻기가 왜 저항문학일까? 느헤미야는 페르시아의 아닥사스다 1세 때, 왕궁에서 임금에게 술을 따르는 관직에 있다가, 기원전 5세기 말에 유대 총독으로 부임하였다. 느헤미야와 함께 개혁을 이끌었던 에스라는 그보다 조금 후인 아닥사스다 2세 때 활동한 것으로 볼 수 있다.

먼저 부임했던 느헤미야는 이스라엘의 참담한 현실을 목도하고 개혁 작업을 서둘렀다. 안식일에 평일처럼 장사하는 것을 막기 위하여 예루살렘의 성문을 온종일 닫아 두도록 하였다. 그러나 느헤미야 개혁의 핵심은 이방인과의 결혼 문제였다.

느헤미야는 이방인과 결혼한 자들을 저주하며 구타하고 턱수염을 쥐어뜯으며 이혼할 것을 강권하였다. 물론 느헤미야의 개혁정책에 순응해서 이혼한 사람들도 있었으나, 그중에는 저항한 사람들도 있었다.

느헤미야의 이혼 정책에 반기를 들고 저항한 자들이 누구일까? 저항한 인물 중 하나가 룻기를 기록한 익명의 저자라는 것이다. 룻기의 저자를 비롯해서 반항한 자들은 다윗의 조상인 보아스와 룻의 결혼이야기를 근거로 느헤미야를 압박했다.

느헤미야가 이스라엘의 회복지연과 고통의 원인을 이방인과의 결혼에 두고 이혼을 명령하였다. 그러자 일단의 무리가 다윗의 증조부도 이방 여인 룻과 결혼했으나 다윗이라는 걸출한 인물이 나왔다는 것을 제시하면서 반기를 들었다. 즉 느헤미야가 이스라엘의 고통의 원인을 이방 여인과의 결혼에 두고 있는데 비해, 반대파들은 다윗의 조상인 보아스와 이방 여인 룻이 결혼했으나 큰 축복을 받았다는 것을 근거로 느헤미야의 정책에 반항하며 항거하고 있다는 것이다.

결과적으로 룻기는 느헤미야와 반대자들의 팽팽한 긴장감이 감도는 책이다. 이런 시각에서 본다면, 룻기는 사사 시대의 작품이 아니라 포로 후기인 기원전 5세기 말에서 4세기 초의 작품이라고 할 수 있다. 이방인들과 결혼했어도 얼마든지 하나님의 축복을 받을 수 있고, 또 잘 살 수 있다는 것을 보여주려는 의도가 룻기에 담겨 있다고 할 수 있다.

0 4 8

여리고 성을 재건하지 말라

　여리고에 관한 이야기는 구약성서와 신약성서에 자주 등장하고 있다. 여리고는 이스라엘 백성들이 가나안에 입성하면서 제일 먼저 점령한 곳이고, 키가 작은 삭개오가 돌무화과나무에 올라가 예수님을 보고자 했던 곳이기도 하다.

　지형적으로 보면, 여리고는 해저 250m에 위치한 무더운 곳으로 해발 750m의 예루살렘과는 무려 1,000m의 고도차이가 난다. "선한 사마리아인 비유"에서 강도 만난 사람이 예루살렘에서 여리고로 내려갔다는 성서의 표현은 두 도시의 고도차를 잘 보여준다고 하겠다.

　현재 아랍인들이 거주하고 있는 여리고에는 종려나무가 많고, 분당 4,000리터 이상의 물이 솟아나는 "엘리사의 샘"도 있다. 또한, 입구에는 20m 높이의 "삭개오 나무"라고 불리는 무화과나무가 있다. 전설에 의하면, 이 나무가 삭개오가 예수님을 보려고 올라갔다는 무화과나무라고 한다.

여리고에 대한 고고학적 발굴 작업이 본격적으로 시작된 것은 1950년대 영국의 여성 고고학자인 캐들린 케년(Kathleen Kenyon)에 의해서다. 이 발굴팀의 보고에 의하면, 여리고는 세계에서 가장 오래된 도성으로 기원전 7000년대에 이미 도시를 형성하고 있었으며, 8m 높이의 망대가 세워졌다고 한다. 유구한 역사와 전통을 가진 도시라는 의미이다.

한편 여호수아 6장을 보면, 이스라엘 백성들이 요단강을 건너 여리고로 접근해 오자, 그들은 두려워서 성문을 굳게 닫고 출입을 하지 않았다. 이는 이스라엘의 명성을 이미 듣고 있었다는 것을 입증하는 것이다.

하나님의 명령대로 이스라엘 백성들은 하루에 성을 한 바퀴, 마지막 일곱째 날은 일곱 바퀴를 돈 후, 제사장들이 나팔을 불고 백성들은 환호성을 질렀다. 그러자 견고하던 세계 최초의 도성이 와르르 무너지고 말았다.

전쟁을 끝낸 여호수아가 "이 성을 누구든지 재건하지 말라. 만일 재건하는 자는 야웨 하나님으로부터 저주를 받을 것이다. 그 기초를 쌓을 때 장자를 잃을 것이고, 문을 세울 때 계자를 잃을 것이라"(수 6:26)고 경고하였다.

그런데 이 경고를 무시하고 북왕국 아합 시대에 벧엘 사람 히엘이 여리고 성의 재건 작업에 뛰어들었다. 그러자 기초를 쌓을 때 그의 맏아들 아비람이 죽었고, 문을 세울 때 말째 아들 스굽이 죽었다

(왕상 16:34). 성서 기자는 "야웨께서 여호수아에게 하신 말씀과 같이 되었다"라고 보도한다. 하나님 말씀의 성취를 확인시키고 있다.

그러면 왜 하나님은 여리고 성 재건을 금하셨을까? 앞에서 설명한 대로, 여리고는 세계에서 가장 오래된 도시이며, 견고한 성벽으로 무장되어 있었다. 따라서 하나님의 도우심이 없었다면, 이스라엘의 힘으로는 정복이 불가능하다. 이것은 이스라엘과 그 후손들을 교훈하기 위한 하나님의 의도로 해석할 수 있다.

이스라엘 백성들에게 무너진 여리고를 볼 때마다 하나님의 도우심을 기억하게 하고, 하나님을 대적하면 나라든 개인이든 여리고처럼 무너진다는 것을 보여주기 위한 교육용이다. 아무리 견고한 성이라도 하나님의 능력 앞에서는 결코 안전하지 못하다는 메시지가 여리고 성 재건금지에 담겨 있다고 하겠다.

현재 여리고에는 유대인들은 없고, 모두 아랍인들이다. 재건할 수 없는 도시라면 살 필요가 없었을 것이다. 오늘도 유대인들이 여호수아의 경고를 기억하고 있을 수도 있다.

0 4 9

축복의 땅인가?
저주의 땅인가?

　구약성서에서 "가나안"으로 소개된 땅은 오늘에 와서는 "팔레스타인"이라는 이름으로 불린다. 역사적으로 보면, 오늘의 이스라엘이 살고 있는 팔레스타인은 그들의 철천지원수였던 블레셋(Philistines)이라는 말에서 유래하였다.

　역사의 아버지라는 그리이스의 헤로도투스는 기원전 5세기에 이곳을 "팔라이스티나"(Palaistina)라고 명명했다. 그리이스어 팔라이스티나는 라틴어를 거쳐 영어로 오면서 팔레스타인(Palestain)이라는 말로 고정되어 오늘에 이르렀다.

　한편 하나님으로부터 이스라엘 선조들이 약속받았던 가나안 땅은 긍정적인 면과 부정적인 면을 동시에 가지고 있다. 우선 긍정적인 면에서, 가나안은 축복의 땅이다. 하나님은 상부 메소포타미아인 하란에 거주하던 아브라함을 불러 가나안으로 인도하시면서 "이 땅을 너와 네 후손에게 주시겠다"라고 약속하였다.

물론 가나안은 지중해변의 평야 지대를 제외하면 대부분 중앙 산악지대로 사람 살기에 좋은 환경은 아니다. 그러나 야웨 하나님이 주신 땅이기에 "젖과 꿀이 흐르는 땅", "축복의 땅"이라며 감격하였다. 정탐꾼들의 "가나안은 포도 한 송이를 두 사람이 어깨에 메고 다닌다"(민 13:23)는 보고는 가슴을 벅차게 하였다.

이스라엘 백성들은 이집트의 430년 노예 생활도, 광야 40년의 고통도 가나안에 입성한다는 꿈이 있었기에 참고 견딜 수 있었다. 주후 70년 로마와의 유대 전쟁에서 패하고 전 세계를 유랑하면서도 가나안 땅에 대한 희망을 지니고 견뎌냈다. 이것은 가나안을 축복의 땅이라고 믿었던 결과이다.

다른 한편, 가나안은 저주받은 땅이라는 사상도 구약성서에 나타나고 있다. 하나는, "가인과 아벨의 제사" 이야기다. 오경 문서설에 의하면, 이 이야기는 기원전 10세기 다윗과 솔로몬 시대에 태동한 야웨 문서다. 솔로몬 시대에는 가나안의 타락한 문화와 종교로 인해 극심한 혼란의 시대였다. 따라서 야웨 기자는 가나안이 저주받은 땅이라는 것을 알리기 위하여 가인과 아벨의 이야기를 등장시켰던 것이다.

하나님께서 왜 아벨의 제사는 열납하시고, 가인의 제사는 거부하셨을까? 여기에는 숨은 뜻이 있다. 원래 유목민이었던 이스라엘은 가나안에 정착하면서 농경문화를 이루었다. 그런데 가인의 곡식 제사는 가나안의 농경문화를 상징하고 있다.

가나안에 정착한 이스라엘 백성들은 농경 신으로 숭배를 받던 바알을 섬겼다. 농사를 잘하기 위한 목적이었다. 결국, 솔로몬 시대에 가나안의 우상 종교를 거부하시는 하나님의 의도가 "가인과 아벨 이야기"에 담긴 의도라고 할 수 있다.

가나안이 저주받은 땅이라는 것은, 함의 넷째 아들인 "가나안의 저주 이야기"(창 9:25)에도 나온다. 사실 죄는 아버지 함이 지었음에도 저주는 그의 넷째 아들인 가나안이 받았다. 그런데 가나안이 정착한 곳이 가나안 땅이다(창 10:19).

저주받았던 가나안의 후손들이 사는 가나안도 역시 저주의 땅이라는 것이다. 그러므로 저주받은 땅에서 사는 저주받은 사람들의 종교나 문화, 그들의 생활방식을 추종해서는 안 된다는 강력한 메시지가 담겨 있다고 하겠다.

그러면 우리는 가나안 땅을 "축복의 땅으로 믿을 것인가? 저주의 땅으로 믿을 것인가?"라는 문제를 가지게 된다. 분명한 것은 어느 땅이든 처음부터 축복과 저주의 땅으로 구분되는 것은 아니다. 어디가 되었든 하나님을 섬기면 축복의 땅이고, 하나님이 없으면 저주의 땅이다.

그러므로 가나안이 "축복의 땅이냐? 저주의 땅이냐?"는 전적으로 이스라엘 백성들의 믿음에 달려 있다고 하겠다. 이것은 오늘 우리가 살고 있는 삶의 자리도 마찬가지이다. 하나님을 잘 섬김으로 우리의 삶의 자리를 축복의 땅으로 만들어야 한다.

050

세겜에서 세겜까지

북왕국의 사마리아 산지에는 두 개의 유명한 산이 있는데, 하나는 저주를 선포했던 에발 산이고, 다른 하나는 축복을 선포했던 그리심 산이다. 이 두 산봉우리 사이에 있는 도시가 북왕국 최초의 수도였던 세겜이다. 세겜은 기원전 2000년대 초부터 형성된 가나안의 도시국가이며, 성안의 광장에는 로마 시대 이전까지는 가장 큰 신전으로 밝혀진 "바알브릿"(삿 9:4) 신전이 있었다.

그런데 세겜은 신학적으로 상당히 중요한 위치를 점하고 있다. 즉 세겜은 구약 신학자 폰 라트가 주창한 "육경설"(Hexateuch)의 배경을 이루고 있다. 육경설이란, 기존의 창세기에서 신명기를 하나로 묶는 "오경설"(Pentateuch)을 거부하고, 창세기로부터 여호수아 서까지 여섯 권을 하나로 묶는 학설이다. 그 이유는 창세기에서 이스라엘의 족장들에게 약속하셨던 땅에 대한 약속이 여섯 번째의 책인 여호수아 서에 와서 성취된다는데 착안한 학설이다.

이스라엘 민족의 조상인 아브라함이 하란에서 출발하여 가나안의 세겜에 왔을 때, 하나님은 그 땅을 아브라함과 그의 후손들에게 주시겠다고 약속하셨다. 그러자 아브라함은 세겜에서 제일 먼저 하나님께 감사의 제단을 쌓았다(창 12:6-7). 또한, 세겜은 여호수아와 백성들이 가나안 정착을 완료하고, 오직 야웨 하나님만을 섬기기로 결단했던 곳이었다(수 24:16-18). 세겜의 약속이 세겜에서 성취된 것이다.

"세겜에서 세겜까지." 이런 이유로 폰 라트는 구약성서의 처음 여섯 권을 하나로 묶어 보고자 했던 것이다. 이 외에도 구약성서는 세겜에서 있었던 중요한 일들을 전하고 있다.

우선 세겜은 야곱의 딸 디나가 성폭행을 당했던 곳이다(창 34:1-13). 세겜에는 여성들이 화려한 옷을 입고 춤을 추는 사교 문화가 있었다. 같은 여성으로서 궁금한 마음이 있었던 디나가 구경 나갔다가 세겜의 추장에게 성폭행당하는 불미스러운 일이 발생하였다. 결국, 시므이와 레위가 "할례"를 빙자한 보복 공격으로 세겜의 모든 남자를 죽이는 끔직한 일이 벌어진 곳이기도 하다.

또한, 하란으로부터 가나안으로 향하던 야곱 가족이 세겜에 이르러 모든 우상을 땅에 묻고 하나님만을 섬기겠다고 결단한 장소였고(창 35:4), 출애굽한 백성들이 요셉의 유언대로 애굽에서 가지고 나온 요셉의 뼈를 묻었던 장소이기도 하다(수 24:32).

세겜은 우리 신앙인들에게 중요한 메시지를 주고 있다. 첫째, 세겜은 하나님의 약속이 성취된 곳이다. 아브라함이 가나안에 처음

들어와서 이 땅을 주시겠다고 약속하신 하나님께 제단을 쌓았던 곳이다. 그런데 바로 그 자리에서 가나안 정복을 완수한 여호수아에 의해서 다시 한번 제사가 드려졌다. 약속의 하나님을 체험할 수 있는 현장이다.

둘째, 세겜은 우상을 버린 곳이다. 야곱 가족이 세겜에 와서 오직 하나님만을 잘 섬기겠다고 다짐하면서 하란에서 가지고 왔던 모든 우상을 땅에 묻었다. 바로 그 자리에서 여호수아는 백성들을 향해 "모든 우상을 버리고 오직 주 야웨 하나님만을 섬기라"고 고별설교를 하였다.

셋째, 세겜은 축복을 선포하는 그리심 산과 저주를 선포하는 에발 산의 중간에 위치하고 있다. 이는 이스라엘 백성들이 무엇을 바라보고 살아야 할 것인가에 대한 방향 제시를 하고 있다. 그리심 산을 바라보면서 하나님의 축복을 얻는 삶이 무엇인지를 늘 깨닫게 하는 현장이다.

"세겜에서 세겜까지"는 약속과 성취의 관계를 상징하고 있다. 그런 의미에서 세겜은 하나님의 살아계심과 당신이 선택하신 백성들을 위해 왕성하게 활동하시는 하나님을 발견할 수 있는 현장이다.

0 5 1

쿠데타에는 성공이 없다

우리나라는 20세기에 들어와서도 몇 번의 쿠데타가 있었다. 혹자들은 성공한 쿠데타에 대해서는 정통성을 부여해야 한다고 주장하기도 한다. 과연 그래야 할까? 기독교인들은 이 문제를 성서로 풀어 보아야 한다. 구약성서에도 쿠데타로 정권을 탈취한 경우가 종종 있었다. 이럴 경우 구약성서는 어떻게 평가하고 있을까?

사사기를 보면 300명의 군사로 미디안 대군을 격파했던 기드온이라는 걸출한 사사가 있었다. 백성들은 기드온을 왕으로 추대하려고 했지만, 왕은 오직 하나님뿐이라며 거절하였다. 그러나 그의 71명의 아들 중, 권력에 눈이 멀었던 아비멜렉이 쿠데타로 정권을 잡았다. 그의 쿠데타 과정을 살펴보면, 오늘날의 우리 정치판에서 벌어지고 있는 방법과 너무나도 흡사하다는데 놀라울 따름이다.

1) 거짓 선동: 아비멜렉은 세겜 사람들을 선동하면서 "여룹바알(

기드온)의 아들 일흔 명이 여러분들을 다스릴 것이라"(삿 9:2)고 하였다. 이것은 거짓 선동이다. 기드온과 그의 아들들은 모두 이스라엘의 왕이 되지 않겠다고 하였다(삿 8:23). 그런데도 아비멜렉은 70명의 아들이 모두 왕이 되겠다고 나서면 나라가 큰 혼란에 빠진다며 자신이 홀로 왕이 되어야 한다는 것이다. 완전한 거짓 선동이다.

2) 지역감정 조장: 아비멜렉의 외갓집은 세겜이다. 기드온의 아들 중에서 세겜 출신은 아비멜렉이 유일하다. 세겜은 과거 야곱의 딸 디나가 세겜의 추장에게 성폭행당하자, 오라버니인 시므온과 레위가 할례를 빙자해서 세겜의 모든 남자를 죽인 비극의 현장이다. 따라서 그들은 이스라엘에 대한 피해 의식과 복수심에 불타고 있었다. 세겜 출신의 아비멜렉이 이런 지역감정을 교묘하게 이용해서 쿠데타를 일으켰다. "나는 여러분들과 한 혈육입니다"(삿 9:2)라는 말이 입증한다.

3) 불법적인 정치자금: 아비멜렉은 외삼촌과 세겜 사람들에게 정치자금을 요구하였다. 그의 거짓 선동과 지역감정 조장에 넘어간 세겜 사람들이 그들이 섬기는 바알브릿 신전의 돈을 갖다 바쳤다. 쿠데타에 필요한 자금을 손쉽게 모금했던 것이다.

4) 정치깡패 동원: 바알브릿 신전의 돈을 취한 아비멜렉은 그 돈으로 정치깡패라고 할 수 있는 건달들을 사 모았다. 정치깡패란 후

진 사회에서 분별력을 상실하고 돈을 따라 움직이는 무리이다. 우리 정치사에도 많이 있었던 사람들이다.

5) 정적 암살: 아비멜렉과 정치깡패들이 70명의 형제를 오브라에 있는 넓은 바위에서 다 죽였다. 물론 기드온의 말째 아들인 요담은 스스로 숨어서 살아났지만 말이다. 70명의 형제를 자신의 도전 세력으로 간주하고 제거하였던 것이다.

쿠데타를 성공시킨 아비멜렉은 세겜 사람들의 추대를 받아 왕위에 올랐다. "왕"이란 히브리어로 "멜렉크"(מלך)다. 멜렉크는 아비멜렉에게 처음으로 사용되었지만, 이스라엘의 역사기술 어디에서도 그를 왕이라고 호칭하지 않는다. 비록 쿠데타는 성공했지만, 하나님과 백성들로부터 정통성을 인정받지 못했기 때문이다. 이것은 북왕국 아합 왕의 딸 아달랴가 남왕국에 시집와서 손자들을 죽이고 6년간이나 통치했음에도 왕의 반열에 오르지 못한 것과 같은 경우이다.

두 사람 모두 쿠데타를 성공시켰으나 하나님과 백성들의 지지를 받는 데는 실패하였다. 즉 정통성을 인정받지 못한 것이다. 따라서 구약성서는 "쿠데타에는 성공이 없다"라고 선언한다.

이것은 역대기 사가의 관점이기도 하다. 그는 여로보암이 정치적인 쿠데타로 북왕국을 창건했으나, 아예 무시하였다. 역대기 역사서 어디에서도 북왕국에 관한 기술을 찾을 수 없다. 여로보암의 성공한 쿠데타임에도 불구하고 불법적인 집단으로 규정하고 있을 뿐이다. 역대기 사가의 법칙이 우리의 역사에도 적용되어야 할 것이다.

052

사울을 재평가합시다

사람들은 역사를 승자들의 기록물이라고 한다. 이 말은 구약성서의 이스라엘 역사기록에서도 입증되고 있다. 이스라엘의 역사서인 신명기 역사서와 역대기 역사서에는 패자인 사울은 몹시 부정적으로 묘사하고 있는데 비해, 승자인 다윗은 이상적인 왕으로 묘사하고 있다. 두 인물을 비교해 보면 더욱 두드러진다.

실례로 사울은 악령에 시달리면서 우울 증세와 정신병적 증세를 보이는 불완전한 사람으로 등장하지만, 다윗은 성령이 충만하여 사울의 병을 치료하는 사람으로 나타나고 있다. 다윗이 골리앗을 죽이고 개선할 때 불렀다는 "사울이 죽인 자는 천천이요 다윗이 죽인 자는 만만이로다"라는 군중들의 찬가도, 다윗의 유능함과 사울의 무능함을 대조시키고 있다.

이 일을 계기로 사울은 다윗을 죽이려고 추적하는 못된 사람인 반면, 다윗은 자신의 생명을 노리는 사울을 죽일 수 있었음에도 죽이지 않는 의로운 사람으로 묘사하고 있다. 또한, 사울을 엔돌의 무당을 찾아가서 조언을 구하는 모습을 보여줌으로써, 야웨를 배반한 악한 왕으로 전락시켰다.

사울에 대한 부정적인 평가는 신명기 역사서보다 역대기 역사서가 더 노골적이다. 이를테면 사울의 죽음 이야기를 보면, 신명기 역사서는 "그날 사울과 세 아들과 무기 당번 병사가 이렇게 죽었다. 사울의 부하도 그날 다 함께 죽었다"(삼상 31:6)라고 기록한다. 그러나 역대기 역사서는 "사울과 그의 세 아들과 그의 온 가족이 함께 죽었다"(대상 10:6)라고 고쳐서 기록하였다.

신명기 역사서를 참고한 역대기 사가는 "사울과 그의 온 가족이 다 죽었다"라고 기록을 변조한 것이다. 이것은 사울 가문에는 더는 왕권계승자가 없기에, 다윗이 왕이 되는 것은 왕권찬탈이 아니라 자연스러운 현상임을 보여주려고 했던 것이다. 또한, 역대기 사가는 신명기 역사서에는 없는 이야기를 첨가하면서 사울을 부정적으로 그리고 있다.

> "사울이 주님을 배신하였기 때문에 이렇게 죽었다. 그는 주의 말씀을 지키지 않았고, 오히려 점쟁이와 상의하여 점쟁이의 지도를 받았다. 그는 주께 지도를 받으려 하지 않았다. 그래서 주께서 그를 죽이시고 그의 나라를 이새의 아들 다윗에게 맡기셨다"(대상 10:13-14).

이것은 첨가된 이야기다. 우리는 사울과 다윗의 이야기를 보면서, "왜 하나님은 용서에 차별을 두셨을까"라는 의문을 가질 수 있다. 가령 다윗은 밧세바와의 불륜 사건이나 인구조사 후 하나님의 진노를 받고 회개하였을 때, 하나님은 그를 용서하셨다. 그러나 사울은 블레셋과의 전쟁에서 진멸법을 어긴 후, 사무엘의 질책을 듣고 즉시 회개하였지만, 용서를 받지 못하였다.

왜 하나님은 다윗과 달리 사울에게는 용서 없이 왕권 박탈이라는 초강수의 형벌을 내리셨을까? 이 문제는 역사가의 관점을 이해해야 한다. 역대기 사가는 다윗의 부정적인 모습은 삭제하거나 수정함으로써, 그를 이상적인 왕으로 묘사하였다. 이것은 왕위 계승에 정통성을 부여하기 위함이다. 즉 찬탈이 아니라 합법적임을 보여주기 위해서 사울은 부정적으로, 다윗은 긍정적으로 묘사했던 것이다.

그뿐만 아니라 사울 가문의 사람들이 다 죽었다고 밝힘으로써, 다윗의 왕위 계승은 순리였다는 것을 입증하려고 하였다. 그러나 사울 가문에는 왕위계승자가 분명히 있었다는 데 문제가 있다. 결국, 역대기 사가는 사울을 다윗의 희생양으로 삼았던 것이다. 역대기 사가의 신학적인 의도에 의해 부정적인 모습으로 비친 사울을 재평가하는 것도 흥미 있는 일이라고 할 수 있을 것이다.

053

다윗은 몇 번째 아들일까?

예루살렘의 남방 9km 지점에 베들레헴이라는 작은 마을이 있다. 물론 지금은 아랍족들이 살고 있는 지역이다. 베트(집)와 레헴(떡)이 합쳐진 베들레헴은 "떡집"이라는 의미를 지니고 있다. 작은 촌락이지만 이스라엘의 위대한 성군 다윗과 예수 그리스도의 탄생지이다.

일찍이 선지자 미가는 "베들레헴 에브라다야 너는 유다의 여러 족속 가운데서 작은 족속이지만 이스라엘을 다스릴 자가 네게서 내게로 나올 것이라"(미 5:2)고 예언하였다. 이 예언대로 그리스도가 베들레헴에서 탄생한 것이다. 떡집이 암시하듯이 그리스도는 "생명의 떡"으로 세상에 오셨다.

한편 베들레헴에서 출생했던 다윗에 대한 성서의 기록을 보면, "그가 이새의 일곱째 아들인가? 아니면 여덟째 아들인가?"에 대해서 궁금증을 유발한다. 물론 구약성서는 분명히 양쪽을 다 기록하고 있다.

이런 식으로 이새가 자기 아들 일곱을 모두 사무엘 앞으로 지나가게 하였으나 사무엘은 이새에게 "주님께서는 이 아들들 가운데 어느 하나도 뽑지 않으셨소"하고 말하였다. 사무엘이 이새에게 "아들들이 다 온 겁니까"하고 물으니 이새가 대답하였다. "막내가 남아 있기는 합니다만 지금 양 떼를 치러 나가고 없습니다." 사무엘이 이새에게 말하였다. "어서 사람을 보내 데려오시오. 그가 이곳에 오기 전에는 제물을 바치지 않겠소"(삼상 16:10-11).

이 본문에 의하면 다윗은 분명히 여덟째 아들이다. 사무엘이 이새의 일곱 아들을 면접한 후에 막내인 다윗이 아직 남아 있다는 이새의 말이 이를 증명한다. 그러나 역대상의 기록은 다르다.

"이새는 그의 맏아들 엘리압과 둘째 아비나답과 셋째 시므아와 넷째 느다넬과 다섯째 랏대와 여섯째 오셈과 일곱째 다윗을 낳았다"(2:13-15).

역대기 사가는 신명기 사가와 달리, 다윗을 일곱째라고 밝히고 있다. 어떻게 기록이 상반될까? 이것은 맞고 틀림의 문제로 접근할 것이 아니라, 역대기 사가의 신학적인 메시지를 들어야 한다. 왜 300여 년 앞서 기록된 신명기 역사서가 여덟째라고 하는데, 후대의 역대기 사가는 일곱째라고 바꾸었을까?

역대기 서는 이스라엘의 바벨론 포로귀환 후에 신명기 역사서를 참고로 해서 그들의 역사를 새롭게 재해석한 책이다.

　포로민들은 부푼 꿈을 안고 귀환했지만, 현실은 암울하였다. 꿈이 절망으로 바뀐 시대였다. 이런 상황에서 국론을 통일할 수 있는 이상적인 인물을 내세울 필요성이 대두되었다. 역대기 사가는 그 인물로 다윗을 선정했던 것이다.

　이렇게 선정된 다윗은 역대기 사가에 의해서 부정적인 이야기들은 다 제외되고 긍정적인 모습들만 기록하게 되었다.

　그런데 7이라는 숫자는 유대인들에게 완전수였기에 여덟째의 다윗이 일곱째로 변신했던 것이다. 다윗은 출생부터 완전한 모습이었다는 것을 보여주기 위한 역대기 사가의 신학적인 의도였다고 할 수 있다.

　물론 일곱째와 여덟째는 분명히 다르다. 그러나 이러한 기록의 배경에 담긴 시대적 상황과 역대기 사가의 신학적인 의도를 이해한다면, 조금도 이상하지 않을 것이다. 우리는 성서 저자들의 신학적인 의도를 발견하는 지혜가 있어야 한다. 그럴 때 우리는 성서를 통해서 더욱더 생생한 하나님의 음성을 들을 수 있다.

054

약속의 땅을 빼앗은 블레셋

　이스라엘 백성들이 여호수아의 인도로 가나안에 정착하고 얼마 뒤인 기원전 13세기 후반에 가나안의 남부 해안지역에는 일단의 해양 족(Sea People)이 상륙하였다. 이 해양 족은 크레타섬을 중심으로 한 에게해(Aegean Sea)로부터 배를 타고 지중해를 건너와 가나안의 남부 해안지역에 정착하였다. 이들은 이스라엘이 하나님께 받았던 선민의 땅을 빼앗아 새롭게 둥지를 틀었다. 이 무리를 구약성서는 "블레셋"(Philistines)이라고 부른다.

　한편 블레셋은 아스돗, 아스켈론, 가사, 에그론, 갓 등 다섯 개의 도시를 중심으로 그들의 국가 공동체를 형성하였다. 이렇게 가나안의 남부지역에 거점을 확보한 블레셋은 점차 가나안의 내부로 침투하여 세력 확장을 꾀하면서, 약 50여 년 전에 미리 정착해 있었던 이스라엘과 충돌하게 되었다. 그러나 이 양자 대결에서 이스라엘은 대부분 당하는 신세였다.

이스라엘을 비롯한 가나안 원주민들이 청동기 시대(Bronze Age)에 머물러 있을 때, 그들은 이미 철기 시대(Iron Age)의 혜택을 누리고 있었다. 블레셋은 가나안에서 철기 시대의 문을 연 사람들이다. 호전적이었던 이들은 철기를 이용해서 칼과 창을 만들고 철병거까지 생산하였다. 이스라엘에게는 무적이었던 셈이다.

타고난 호전성과 우수한 무기로 무장했던 블레셋은 이스라엘을 점령한 후, 이스라엘의 모든 철공을 없애고 제철 생산을 독점하였다. 이스라엘을 군사적, 경제적으로 무력화시키기 위한 정책이었다. 이스라엘은 농기구를 만들려고 해도 블레셋으로 가야만 했을 정도로 철이 귀한 시대였다.

당시 이스라엘은 전쟁 중에도 사울과 그의 아들 요나단 외에는 칼이나 창을 든 자가 없었다. 이런 상황에서 아벡 전투가 벌어졌다(삼상 4장). 1차에서 패한 이스라엘이 실로에 있던 법궤를 옮겨와서 2차 전쟁을 시도하였지만, 이번에는 법궤까지 탈취당하는 처참한 패배를 맛보아야 했다.

그 결과 이스라엘에는 신정체제가 무너지고 왕정체제가 들어섰다. 이스라엘은 블레셋에 연패하면서 그 원인을 사사 시대의 산물인 지파 동맹체제에서 찾았다. 따라서 주위 열강을 이기기 위해서는 왕정체제가 되어야 한다고 믿었다. 그래서 사무엘의 경고를 무시하고 왕정체제를 수용하고 말았던 것이다.

다음으로는 경제적으로 블레셋에게 종속되는 결과를 낳았다. 이것은 블레셋이 가나안의 모든 제철을 독점한대 기인하고 있다. 농기구 하나까지 블레셋에 가서 구해야 하는 관계로 이스라엘의 경제는 낙후될 수밖에 없었다. 결과적으로 블레셋의 등장은 이스라엘로 하여금 신정체제를 버리고 왕정체제를 도입하게 하였으며, 이로 인한 정치적인 혼란과 경제적인 퇴보를 감수해야만 했다.

가나안의 이런 정치적인 상황에서 우리는 신앙적인 교훈을 얻어야 한다. 하나님께서 이스라엘의 선조인 아브라함 때부터 주시겠다고 약속하셨던 가나안 땅을 그들은 약속대로 받았다. 그런데도 어떻게 이방 민족이 마치 주인처럼 선민의 땅을 유린할 수 있단 말인가? 선민들은 왜 힘 한번 써보지 못하고 당하고만 있었는가?

축복의 땅에서 축복받을 일을 하지 못 하였던 것이다. 사사 시대로부터 사울에 이르기까지 그들은 선민다운 모습이 없었다. 그것이 블레셋에게 철저하게 농락당했던 이유이다. 이 현상은 다윗 시대에 이르러 반전되었다. 선민다운 모습으로 축복받을 신앙과 삶을 살았던 다윗에 의해 블레셋은 이스라엘에게 제압되었다.

우리의 삶의 자리는 하나님이 주신 축복의 장소이다. 세상의 악한 것들로부터 유린당하지 않기 위해서는 다윗처럼 축복받을 일을 해야 한다. 즉 하나님의 백성답게 살아야 한다는 것이다. 그럴 때 우리의 삶의 자리는 축복의 땅이 될 수 있다.

055

다윗을 배신한 십 사람들

사무엘상 21장에는, 다윗이 사울을 피해 도망 다니다가 제사장들이 살고 있는 놉 땅으로 숨어들었다는 이야기가 있다. "놉"은 예루살렘 북방 4km 지점에 있는 성읍으로 제사장들이 주로 거주하던 도시였다(삼상 22:9).

엘리 제사장 시대에 블레셋의 공격을 받아 법궤를 빼앗기고 중앙 성소였던 실로가 파괴되자 제사장들이 에봇을 가지고 놉으로 갔던 것이다(삼상 4:11). 따라서 놉에는 제사장과 제의 장소인 성소가 있었다.

다윗은 제사장 아히멜렉에게 떡을 구하여 허기진 배를 채웠다. 그런데 아히멜렉이 다윗에게 준 떡은 "진설병"(Showbread)이었다. 진설병은 이스라엘의 12지파를 상징하는 떡으로 일주일에 한 번씩 교체하였으며, 율법의 규례에 따라 제사장 외에는 아무도 먹을 수 없었다(레 24:9). 따라서 다윗의 행위는 분명히 율법을 범하는 것이다. 그러나 예수님은 훗날 바리새인과의 안식일 논쟁에서 다윗의 행위에 정당성을 부여하셨다(마 12:3,4,7).

한편 다윗이 놉 땅의 아히멜렉을 비롯한 제사장들의 도움으로 피신하고 있다는 정보를 입수한 사울이 추격하였으나 실패하고 말았다. 이 일을 계기로 사울은 놉 땅의 제사장 85명과 그 거민을 모두 진멸하였다(삼상 22:11-19). 그러자 다윗은 이스라엘에서의 마지막 도피처로 십(Ziph)을 선택하고 거기로 숨어들었다.

십은 헤브론의 남동쪽 6km 지점에 위치한 지금의 "텔지프"(Tellzif)로서 사울이 거주하고 있었던 기브아와는 상당한 거리가 있었다. 무엇보다 십 사람들은 다윗과 같은 유다 지파 사람들이다. 그뿐만 아니라 블레셋의 침략으로부터 여러 번 구해 주기도 했던 곳이다.

그래서 다윗은 나름대로 안정성을 고려하여 십을 도피처로 선택한 것이다. 그러나 십 사람들이 다윗을 밀고함으로써 다윗의 예상은 빗나가고 말았다. 믿었던 십 사람들의 배신을 지켜보면서 다윗은 또 다른 곳으로 피신하지 않으면 안 되었다.

그러면 왜 십 사람들은 자신과 같은 유다 지파이며, 자신들에게 은혜를 베풀었던 다윗을 사울에게 밀고했을까? 이것은 사울의 포악성과 보복에서 찾아야 할 것이다. 이미 십 사람들은 놉 땅의 제사장들과 거민들이 다윗을 숨겨 주었다가 탄로 나서 몰살당했던 끔찍한 사건을 익히 알고 있었다. 그런데 다윗에게 은신처를 제공했다가는 또다시 제2의 놉 사건이 터질 수 있었다. 그래서 다윗을 배신하고 밀고하였던 것이다.

세상에서는 자신들의 편리함과 유익함에 따라 인간관계가 형성된다. 십 사람들처럼 나에게 유익이 없고 위험성이 예상되면 배신도 하게 된다. 예수님의 제자들조차도 그러했다. 그래서 "믿는 도끼에 발등 찍힌다"라는 우리 속담도 생겨났다. 그러나 절대로 유익성과 이기심에 따라 움직이지 않는 분, 절대로 배신하지 않는 분이 예수 그리스도이시다.

십 사람들의 모습은 오늘 우리 자신의 모습일지도 모른다. 우리가 매일 삶 속에서 만나는 현대인의 모습이기도 하다. 그러나 예수 그리스도는 아니다. 예수 그리스도를 신뢰하고 살아야 한다. 거기에 안정이 있고, 행복이 있으며, 배신감으로 아픔을 당하는 일도 없기 때문이다.

056

블레셋 무대에 펼쳐진
다윗의 연기력

다윗은 안전을 예상하고 자기와 같은 유다 지파의 십에 숨어들었으나 십 사람들의 밀고로 엔게디 동굴로 피하였다. 그런데 다윗을 추격하던 사울 일행이 엔게디 근처에 진을 치고 잠이 들었다. 왕에 대한 경호 부실로 다윗은 사울을 죽일 수 있는 절호의 기회를 맞았으나 사울의 머리 곁에 있던 창과 물병만 가지고 나왔다.

이 일 후에 다윗은 이스라엘에는 더는 사울을 피할 수 있는 안전지대가 없다는 것을 깨닫고 자신의 추종자 600명을 거느리고 블레셋의 아기스에게 투항하였다. 그러자 사울도 추격을 멈추었다. 이때부터 블레셋을 무대로 한 다윗의 연기가 흥미롭게 펼쳐지게 된다.

다윗이 아기스에게 투항하자, 아기스는 다윗을 믿고 시글락(Ziklag) 성읍을 선물로 주었다(삼상 27:6). 이제는 다윗이 블레셋의 아기스나 지도자들에게 자신이 이스라엘을 버리고 완전히 블레셋화 되었다는 것을 보여 줄 필요가 있었다. 의심의 눈초리로 바라보는 블레셋 사람들을 안심시켜야 하는 과제가 남은 것이다.

여기서부터 블레셋을 무대로 펼치는 다윗의 연기력이 빛을 발한다. 우선 시글락에 정착한 다윗은 그술 사람과 기르스 사람과 아말렉 사람들을 습격하여 약탈한 수많은 전리품을 아기스 왕에게 진상하였다. 아기스가 어느 지역을 약탈했느냐고 물으면, 다윗은 이스라엘의 남부지역을 습격했다고 보고했다(삼상 27:8-10). 아기스의 의심을 불식시키기 위한 공작이었다.

그런데 한 가지 특이한 것은, 전승 국가는 패전국의 백성들을 포로로 잡아 와서 노예로 부리는 것이 고대 근동의 일반적인 관례였다. 하지만 다윗은 모조리 죽였다. 왜 그랬을까? 아기스에게 이스라엘의 남부지역을 습격했다고 보고한 다윗으로서는, 이들을 포로로 잡아갔다가는 자신의 거짓이 들통나기 때문이다. 따라서 좀 잔인하지만, 습격지역의 사람들을 모조리 죽였던 것이다. 아기스는 동족을 습격했다는 다윗의 보고를 받고는 다윗을 더욱 신뢰하게 되었다.

다윗의 연기력은 이스라엘을 점령하려는 블레셋의 군대 앞에서 또 한 번 빛을 발한다. 아기스는 다윗에게 부하들을 이끌고 이 전쟁에 참전하라고 명령하였다. 다윗에게는 큰 위기이다. 동족인 이스라엘과 전쟁을 한다면 승패와 관계없이 민족 반역자로 낙인찍혀서, 이스라엘의 왕이 될 기회는 사라지게 된다. 그렇다고 출정을 거부하면, 본색이 드러나 처형될 것이다. 진퇴양난의 위기이다.

그런데 출정에 앞서 다윗을 발견한 블레셋의 지휘관들이 항의하였다(삼상 29:3). 그러자 아기스는 자신이 지난 2년간 다윗을 지켜

본 결과, 신뢰할 수 있다며 다윗을 옹호하였지만, 지휘관들의 불안을 해소하기에는 역부족이었다. 결국, 아기스는 지휘관들의 요구에 따라 다윗을 시글락으로 돌려보냈다.

이번에는 다윗이 아기스에게 "왜 나의 충정을 이해해 주지 않느냐"(삼하 29:8)며 섭섭한 감정을 드러내자, 오히려 아기스가 다윗을 달래는 형국이 되었다. 절체절명의 위기를 벗어나는 순간이기에 춤이라도 추어야 하지만, 다윗은 속마음을 감추고 정색하며 아기스에게 항의하였다. 탁월한 연기자의 재능을 확인하는 순간이다.

이스라엘 역사에서 가장 위대한 성군 다윗! 그에게 이런 위기의 순간도 있었다. 그의 고백대로 "사망의 음침한 골짜기를 지나는 순간"(시 23:4)이었다. 그러나 블레셋을 무대로 펼쳐지는 그의 침착한 연기력으로 위기를 극복하고 훗날 이스라엘의 왕이 되었다. 그를 이스라엘의 왕으로 이미 선택하셨던 야웨 하나님의 도우심이다.

이 이야기는 하나님이 진정 쓰시고자 하는 사람은 어떤 위기에서도 구원하신다는 것을 보여준다. 그러므로 하나님의 쓰임을 받는 그릇이 되도록 신앙의 성숙을 도모해야 한다. 그것이 하나님의 보호를 받는 가장 확실한 방법이다.

057

예루살렘의 등장

"평화의 터전"이라는 의미의 예루살렘은 여호수아 서(10:1)에 처음으로 등장하고 있다. 예루살렘은 해발 750m의 고원지대에 자리하고 있으며, 유다와 베냐민 지파의 경계 선상에 위치하고 있다. 구약성서는 예루살렘의 명칭을 다양하게 묘사한다. 시온 산의 이름을 따라 "시온성", 다윗이 수도로 정했다고 "다윗성", 고라 자손들은 "하나님의 성", 하나님의 성전이 있다고 "거룩한 성"이라고도 불렀다.

예루살렘이 구약성서에서 주목받으며 등장한 것은 다윗 시대이다. 헤브론에서 유다 지파의 추대로 7년간 통치했던 다윗이, 이스라엘 전 지파의 추대로 통일왕국의 왕이 된 후, 수도를 헤브론에서 예루살렘으로 옮기기로 결정하였다.

그런데 당시 예루살렘은 여부스족이 차지하고 있었다. 워낙 고지대의 성읍인지라, 여호수아 시대에도 점령에 실패한 곳이다. 그런데 다윗은 예루살렘 성을 정복하기 위해서 군사들을 이끌고 가서 여부스 족속에게 항복을 권유하였다.

그러나 험준한 산 위에 요새화된 도성을 가진 여부스족들이 쉽게 항복할 리 없었다. 오히려 다윗에게 "너는 여기에 들어 올 수 없다. 눈먼 사람이나 다리를 저는 사람도 너쯤은 물리칠 수 있다"(5:6)라고 조롱하였다.

결국, 다윗은 이 성을 점령한 후 "다윗성"이라고 명명했으며, 수도로 삼았다. 이때부터 예루살렘은 이스라엘의 역사와 성서에 화려하게 등장하였으며, 정치와 종교의 중심지가 되었다. 종교적 중심지는 오벧에돔의 집에 있던 법궤가 예루살렘으로 옮겨지고 솔로몬이 성전을 건축하면서 인식되게 되었다.

왜 다윗은 굳이 여부스족의 예루살렘을 빼앗아 수도로 삼았을까? 우선 군사적인 면에서 예루살렘은 요새 지역이다. 근동지역의 패권을 꿈꾸었던 다윗에게 수도는 우선 안전지역이어야 했다. 또한, 예루살렘은 어느 지파에도 소속되지 않은 중립지역이기도 했다. 헤브론에서 유다 지파 중심의 통치를 했던 다윗에게 예루살렘은 지역적인 갈등을 차단할 수 있는 최적지였다.

종교적으로는, 하나님의 살아계심과 능력을 보여 줄 수 있는 곳이다. 예루살렘은 고원 산악지대라 풀 한 포기, 나무 한 그루 자랄 수 없는 척박한 땅이다. 이러한 불모지에 식물이 자라고 인간이 산다는 것은 하나님의 도우심이 아니면 불가능하다. 따라서 여기에서 생존하며 번영할 수 있는 민족은 하나님을 섬기는 이스라엘밖에 없다는 것을 보여주기 위한 신앙의 결단이다.

또한, 평화를 갈망하는 의지가 담긴 곳이다. 역사적으로 보면, 평화를 상징하는 예루살렘이 오히려 가장 많은 전쟁에 시달렸다. 이것은 지금도 동일하다. 유대교, 이슬람교, 기독교, 이 3대 종교의 성지로서 모두의 관심 지역이다. 특히 유대교와 이슬람교는 성지탈환에 대한 꿈을 아직도 버리지 못하고 갈등하고 있다.

"평화의 터전"이라는 이름과는 거리가 있는 현장이다. 그러나 예루살렘은 분명 모든 인류에게 평화의 메시지를 전하고 있다. 전쟁이 없어서 고요한 평화가 아니라, 전쟁으로 인한 파괴와 폐허 속에서 평화의 소중함을 전하고 있는 것이다.

다윗이 이런 점을 의도하고 예루살렘으로 수도를 옮겼다는 이야기는 성서에 없다. 그러나 예루살렘의 3000년 역사를 볼 때, 그러한 하나님의 섭리가 있었음을 발견할 수 있다. 하나님의 섭리가 그 어디보다 강하다고 믿기에 유대인들은 지금도 팔레스타인 사람들에게 절대 양보 불가를 외치고 있는지도 모른다. 평화의 터전이란 예루살렘이 진정 평화가 오는 날, 지구상의 모든 인류도 평화를 누리게 될 것이다.

전쟁 무기를 녹여서 농기구를 만드는 시대(사 2:4), 그것이 성서가 꿈꾸는 평화의 시대요, 인류가 소원하는 행복의 시대일 것이다. 예루살렘을 두고 대결하고 있는 이스라엘과 팔레스타인에 먼저 이 성서의 말씀이 적용되어야 할 것이다.

058

다윗은 겁쟁이였다(?)

사무엘상 4장은 이스라엘과 블레셋의 아벡 전쟁 이야기를 보도하고 있다. 이 전쟁에서 이스라엘은 군사 4천 명을 잃고 패배한 후, 2차 복수전을 준비하였다. 이번에는 승리를 담보할 방법으로 실로에 있던 법궤를 모셔와 선두에 세우고 나갔다. 그러나 2차 전투에서도 이스라엘의 보병 3만 명이 전사하는 쓰라린 패배를 맛봄과 동시에 법궤도 탈취당하고 말았다.

한편 블레셋은 빼앗은 법궤를 다곤 신전에 보관하였다. 그런데 다음 날 아침에 보니 다곤 신이 법궤 앞에 쓰러져 얼굴을 땅에 묻고 있었다. 그들은 다곤 신을 일으켜 제 자리에 세웠는데, 다음날에는 더 처참하게도 다곤 신의 머리는 전날처럼 법궤 앞에 얼굴을 박고 있었으며, 다리와 두 팔과 몸통은 부러져서 따로 나뒹굴었다. 이 처참한 현장을 목격한 블레셋은 법궤를 돌려보내기로 하였다.

블레셋에 7개월 동안 머물렀던 법궤는 벧세메스를 거쳐 기럇여아

림의 아비나답의 집에 모셔졌다. 다윗은 아비나답의 집에 있던 법궤를 다윗성으로 옮기기로 하였다. 아비나답의 아들인 웃사와 아히요가 새 수레에 법궤를 싣고 운반하는데, 나곤의 타작마당에 이르러 소가 뛰자 법궤가 떨어지려고 하였다. 이때 웃사가 법궤를 손으로 잡았는데, 하나님의 진노로 웃사는 그 자리에서 죽고 말았다.

이 소식을 듣고 겁에 질린 다윗이 법궤 운반 계획을 취소하였다. 대신 가드 사람 오벧에돔이 자기의 집에 석 달 동안 모셨다. 석 달이 지난 후, 다윗은 법궤를 다시 다윗성으로 운반하기로 하였다. 그런데 무서워서 거부했던 다윗이, 왜 다시 옮기기로 마음을 먹었을까? 이 상황을 기록하고 있는 두 개의 본문은 성서 독자들의 관심을 끌고 있다. 우선 신명기 사가의 기록을 보자.

"누군가가 오벧에돔의 집에 하나님의 궤를 보관하였기 때문에 주님께서 오벧에돔의 집과 그에게 딸린 모든 것에 복을 내려 주셨다는 소식을 다윗에게 전하였다. 그리하여 다윗은 기쁜 마음으로 가서 하나님의 궤를 오벧에돔의 집에서 다윗성으로 가지고 올라왔다. 궤를 옮길 때 그는 큰 축제를 벌였다"(삼하 6:12).

이 본문에 의하면, 웃사의 죽음을 보고 겁에 질린 다윗이 법궤의 운반을 거부하였지만, 법궤를 모셨던 오벧에돔이 큰 복을 받았다는 소식을 듣고 다시 운반하려고 한 것이다. 다윗 자신도 복을 받고 싶은 충동을 느꼈다고 볼 수 있다.

한편 위의 본문과 평행을 이루고 있는 역대기 사가의 기록은 조금 다르다. 역대기 사가는 위의 본문에 대한 변경을 시도하고 있다.

"다윗과 이스라엘 장로들과 천부장들이 오벧에돔의 집에서 주님의 언약궤를 옮겨 오려고 기쁜 마음으로 그리로 갔다. 하나님께서 주님의 언약궤를 운반하는 사람들을 도우셨으므로 그들이 수송아지 일곱 마리와 숫양 일곱 마리를 제물로 잡아서 바쳤다"
(대상 15:25-26).

신명기 역사서와 다른 점은, 오벧에돔이 복을 받았다는 것과 그의 복 받은 소식을 들은 후 법궤를 옮기려고 했던 이야기들이 생략되었다. 이유가 무엇일까?

역대기 사가가 이스라엘 역사서를 새롭게 기술하던 기원전 5세기는, 다윗을 경건한 왕으로 이스라엘의 영웅화 작업을 추진하던 때였다. 그런 다윗이 거부했던 법궤를 복 받는 것을 보고 옮겼다고 한다면, 명예에 치명타가 될 수 있기 때문에 생략한 것이다. 실의와 고뇌에 찬 백성들에게 희망과 꿈을 주려고 했던 역대기 사가의 마음을 읽을 수 있는 대목이다.

059

다윗은 바빠서 성전건축을 못 했다(?)

역대상 22~29장까지는 성전건축을 준비하는 다윗의 이야기가 길게 서술되어 있다. 사실 이 이야기는 원본인 신명기 역사서에는 없는 이야기들이다. 역대기 사가에 의하면, 다윗은 성전건축에 소요될 재정으로 "금 10만 달란트와 은 백만 달란트, 그리고 놋과 철을 그 중수대로 셀 수 없을 만큼 많이 준비했다"(22:14)라고 한다. 그런데 솔로몬 시대의 국가 세입예산이 "금 666달란트"(왕상 10:14)였다.

여기에 기준 한다면, 적어도 다윗은 세입예산을 한 푼도 쓰지 않고 저축해도 150년을 모아야 하는 막대한 금액이다. 현실적으로 불가능한 일이다. 따라서 역대기 사가는 성전의 웅장함과 화려함을 보여주기 위해 과장법을 동원했다고 할 수 있다.

비록 과장이 가미되었다 하더라도, 성전건축에 대한 열정과 준비는 하나님을 감동시키기에 충분했을 것이다. 이제 기공식을 하고 공사에 들어가는 일만 남았다. 그런데 이게 웬 마른하늘에 날벼락인가? 하나님은 나단 선지자를 다윗에게 보내어 "너의 뒤를 이을 아들이 내게 집을 지어 줄 것이라"(대상 17:12)고 하셨다. 성전건축의 꿈에 부풀어 있던 다윗에게는 엄청난 충격이었다.

우리는 여기서 다윗이 왜 성전건축을 야심 차게 추진했는지 고대근동 신화와 비교해 보면 흥미로운 것을 발견할 수 있다. 일반적으로 고대신화에서는 전쟁에서 승리한 신은 보좌가 있는 신전을 예물로 받는다.

예를 들면 우가릿 신화에서는 바알이 얌(Yamm)을 정복한 후 신들의 왕으로 군림하였고, 바벨론 신화에서도 마르둑(Marduk)이 티아맛(Tiamat)을 정복한 다음에 신전을 예물로 받았다. 이러한 고대의 종교적 관습과 비추어 볼 때, 다윗도 자신에게 전쟁 승리를 안겨 주었던 하나님께 성전을 예물로 드리고 싶었던 것이다.

한편 성전건축에 대한 다윗의 뜨거운 열정은 하나님에 의해 거부되었다. 그런데 나단은 다윗에게 하나님의 명령대로 성전건축을 금지했으나, 금지의 이유에 관해서는 설명을 하지 않는다. 엄청난 명령임에도 설명을 생략하고 있으니 참 답답한 일이다. 그런데 우리는 나단에게서 들을 수 없는 설명을 신명기 사가와 역대기 사가에 의해서 다르게 들을 수 있다.

우선 신명기 사가는 "다윗은 주위의 나라들과 전쟁하기에 분주하여 성전을 지을 수 없었다"(왕상 5:3)라고 한다. 그러나 역대기 사가는 "다윗이 전쟁을 하여 피를 너무나 많이 흘렸기 때문에 성전을 지을 수 없었다"(대상 22:8;28:3)라고 다르게 진술한다.

다윗이 전쟁하기에 바빠서 성전을 지을 수 없었다는 신명기 사가의 판단을 역대기 사가는 수용할 수 없었다. 이렇게 되면, 다윗은 성전건축보다 전쟁에 더 많은 관심을 가진 사람이 된다. 이것은 가장 경건한 다윗이 성전건축을 등한히 했다는 것으로 다윗에 대한 모독이다.

그래서 역대기 사가는 "다윗이 전쟁에 바빠서 성전을 건축하지 못한 것이 아니라, 피를 너무 많이 흘렸기 때문에 하나님이 막으셨다"라고 정정한 것이다. 소중한 성전을 경건한 다윗이 다른 일로 바빠서 미루었다는 것을 피하기 위함이다. 성전건축이 우선되어야 함을 보여주려는 의도라고 할 수 있다.

> "이제 이곳에서 드리는 기도를 내가 눈을 뜨고 살필 것이며 귀담아듣겠다. 내가 이제 내 이름이 이 성전에 길이길이 머물게 하려고 이 성전을 선택하여 거룩하게 하였으니 내 눈길과 마음이 항상 이곳에 있을 것이다"(대하 7:15,16).

성전은 하나님께서 선택한 곳이고, 하나님의 눈길과 마음이 항상 머무는 현장이다. 그러므로 성전건축은 무엇 보다 우선되어야 한다는 것이 역대기 사가의 믿음이다.

060

솔로몬의 숙청작업

역대기 사가는 솔로몬을 "평화의 사람"(대상 22:9)이라고 한다. 솔로몬이라는 이름도 평화를 뜻하는 히브리어 "샬롬"(שלום)에서 유래하였다. 그렇다면 그의 이름대로 솔로몬은 과연 평화의 사람이었을까? 사실 아버지 다윗과 달리 그는 전쟁을 별로 하지 않았기 때문에 평화의 사람이라고 할 수 있다. 그러나 그의 국내 통치를 보면, "평화의 사람"이라고 말하기 어렵다. 왜냐하면, 숙청작업, 즉 정치보복을 사정없이 단행하였기 때문이다.

솔로몬은 정상적인 왕위 계승이었다면 결코 왕이 될 수 없었다. 그의 위에는 아홉 명의 형들이 있었고(대상 3:1-5), 무엇보다 밧세바와 다윗과의 불륜에서 태어난 아들이다. 다윗의 아들 중 암논과 압살롬이 일찍 죽자, 그다음 서열인 아도니야가 왕위계승권을 주장하고 나섰다. 아도니야는 지금까지 한 번도 아버지를 섭섭하게 한 적이 없었다고 성경이 기록할 만큼 모범적인 아들이었다.

법적으로 왕위 계승의 일 순위였던 아도니야가 "왕자의 난"을 일으키게 된다. 아도니야는 군사령관인 요압과 대제사장 아비아달의 후원으로 에느로겔 샘 곁에서 스스로 왕임을 선포하였다(왕상 1:5-10).

그러자 솔로몬도 예언자 나단과 또 한 사람의 대제사장인 사독, 용병대장 브나야와 의기투합하여 밧세바로 하여금 다윗을 설득하여 솔로몬이 후계자라는 승낙을 얻어낸다(왕상 1:11-37). 이렇게 하여 왕자의 난은 솔로몬의 승리로 막을 내린다.

이제 왕이 된 솔로몬이 숙청작업, 즉 정치보복을 단행한다. 왕자의 난에서 패배한 아도니야는 밧세바를 통해 다윗에게 수종 들었던 아비삭이라는 여인을 자신의 아내로 달라고 솔로몬에게 요청한다. 일언지하에 그의 청을 거절한 솔로몬은 오히려 이 일로 아도니야를 죽이고 만다.

구약 신학자인 피웰(Fewell)과 건(Gunn)은 아비삭을 아내로 달라는 아도니야의 요구에 대하여 솔로몬은 무서운 정치적인 음모가 숨어 있다고 보았다는 것이다. 왜냐하면, 아비삭은 항상 다윗의 곁에서 시중들었던 여인이다. 따라서 왕위계승권을 놓고 밧세바와 다윗이 흥정하는 것을 옆에서 지켜보았다는 것이다. 그 비밀을 알아내기 위하여 아도니야가 아비삭을 요구했지만, 지혜로운 솔로몬은 그의 계략을 간파하고 처형했다는 것이다.

다음으로는 대제사장 아비아달이다. 사실 다윗 시대부터 대제사장은 아비아달과 사독, 두 사람이었다. 그런데 솔로몬은 아도니야

편에 섰던 아비아달의 대제사장권을 박탈하고, 그의 고향인 아나돗으로 추방하고 말았다. 이렇게 해서 대제사장권은 쌍두체제가 무너지고 사독이 전권을 가지게 되었다.

그다음 숙청대상자는 군사령관인 요압이다. 아도니야의 죽음과 아비아달의 파면 소식을 들은 요압은 주의 장막으로 도망하여 제단 뿔을 잡았다. 이 소식을 들은 솔로몬은 브나야를 보내 제단 뿔을 잡고 있는 요압을 죽였다.

이렇게 해서 솔로몬은 자신의 반대파들을 모두 숙청 혹은 추방하고, 자신의 신복들로 왕권을 공고히 하였다. 아버지 다윗은 자신을 저주하는 시므이도 용서한 것에 비하면, 솔로몬은 아버지와 같은 이해와 관용이 없었던 사람이다. 따라서 평화의 왕이라는 성서 기자의 평가는 좀 주관적이라는 생각이 든다.

다윗-솔로몬을 가장 이상적인 왕으로 묘사하는 역대기 사가의 관점에서는 당연한 평가이겠지만, 그의 정치행태를 객관적으로 분석한다면, 부적합한 평가라고 할 수 있다. 너무 지나친 생각일까?

061

산헤립의 「실록」

앗시리아의 산헤립이 유다의 히스기야를 향해 항복을 종용하였지만, 히스기야는 거부하고 항쟁을 다짐하였다(왕하 18~19장). 그러자 산헤립은 즉시 예루살렘으로 진군하여 성을 포위하고 위협하였다. 산헤립의 부관 랍사게도 히브리어로 "항복"을 요구하였다. 이때 히스기야는 성전에서 기도하였는데, 아침에 성 밖을 보니 앗시리아 군대의 시체만 널려 있었다. 신명기 사가는 "야웨의 천사가 앗시리아 군대 185,000명을 죽였다"(왕하 19:35)라고 한다.

이 이야기는 고대 그리스의 역사가 헤로도투스의 산헤립과 이집트에 관한 역사기록에도 나온다. 산헤립이 이집트의 여러 도시를 정복하고 왕의 도성으로 진격하는 순간, 이집트의 왕은 신전에 들어가 기도하다가 잠이 들었다. 그런데 신이 꿈에 나타나 "걱정하지 말라"고 안심시켰다. 아침에 일어나 보니 앗시리아 군대는 모두 퇴각하고 없었다고 한다.

그날 밤에 들쥐 떼가 앗시리아 진영에 들어가 창 자루, 방패 손잡이, 활, 화살 등을 갉아 먹어 버렸고, 또한 수많은 군사가 들쥐에 물려 쓰러져 있었다고 한다. 물론 전설 같은 이야기일 수도 있으나 당시에는 공공연하게 떠돌던 이야기이다.

이집트에서 쥐 떼의 공격으로 퇴각해야 했던 산헤립이 이번에는 예루살렘 공격에서 하나님의 천사들에 의해 군사 185,000명을 잃고 역시 퇴각해야만 했다. 그러면 하나님의 천사는 어떻게 이들을 물리쳤을까?

역대하 32장의 기록에 의하면, 히스기야는 앗시리아 군대가 진격해 오자 병력을 동원하여 성 밖의 모든 샘과 우물을 흙으로 덮어 버렸다. 결국, 물 공급이 끊긴 상태에서 수십만의 앗시리아 군대는 견딜 수 없었던 것이다.

한편 늦은 봄에는 팔레스타인에 가끔 남동쪽에서 황사를 동반한 35~40도를 넘나드는 열풍이 불어 닥친다고 한다. 하나님께서 그날 밤 찜통 같은 열풍으로 병사들이 탈진해 쓰러지도록 만들었다고 짐작할 수 있다. "야웨는 메마른 땅의 폭염과 같으며 당신은 외국인들의 소란을 수그러 뜨립니다. 폭염이 그들로 사라지게 하며 포악자들의 노래를 그치게 합니다"(사 25:5).

결국, 앗시리아 왕들이 가나안의 여러 도시를 정복하고 신전을 파괴했지만, 하나님이 보낸 열풍 앞에 패퇴했다고 볼 수 있다. 그러면 이 사건을 앗시리아의 역사는 어떻게 기록하고 있을까? 산헤립의 「실록」을 보자.

나 산헤립의 멍에에 굴복하지 않은 유다인 히스기야 때문에, 나는 경사로 공법과 투석포와 보병 진군과 참호와 파성퇴(성벽을 부수는 무기)와 사다리 공격으로 그의 견고한 성곽 46개와 그 주변의 수많은 작은 마을들을 포위하고 정복했다. 나는 전리품으로 모든 계층의 남녀 20만 150명과 말, 노새, 나귀, 낙타, 소와 양 등을 얻었다. 나는 히스기야 자신을 그의 수도 예루살렘에 새장의 새처럼 가두었다. 나는 정찰부대로 그를 포위하고 누구도 그의 도성에 드나들지 못하게 했다.

"새장 안에 갇힌 새"와 같은 처량한 신세였던 히스기야에 관한 기록은 여기서 끝난다. 그런데 새장 안에 갇힌 새를 왜 잡지 못하고 철수했는지는 언급이 없다.

당시 근동에서 최고의 신으로 군림했던 앗슈르의 휘장을 앞세우고 예루살렘을 공격했던 산헤립 군대를 하나님께서 격퇴하셨다. 이것은 하나님이 그 어떤 대제국의 신들보다 우월하다는 것을 입증하는 사건이었다.

근동의 패권 국가인 대제국 앗시리아의 수호신인 앗슈르가 이스라엘의 하나님께 패배했다는 것을 받아들이기에는 너무나 큰 충격이었다. 그래서 산헤립의 「실록」에서는 전쟁의 결과를 생략하였던 것이다. 마지막 자존심을 세우는 처량한 모습이다.

062

출애굽의 신으로 둔갑한 금송아지

구약성서는 금송아지에 관한 이야기를 두 번에 걸쳐서 크게 보도하고 있는데, 그때마다 야웨 하나님의 준엄한 심판이 따랐다. 즉 금송아지는 이스라엘 백성들에게 큰 고통을 안겨주었던 셈이다. 금송아지를 처음 만든 것은 시내광야였다.

출애굽기 32장에 보면, 모세는 십계명을 받기 위해 시내 산으로 올라갔는데, 오랫동안 내려오지 않았다. 불안한 백성들이 아론에게 "우리를 인도할 신을 만들어 달라"고 요구하였다. 그러자 아론은 백성들에게 금귀고리를 가져오게 하고 그것을 부어 녹여서 "금송아지"를 만들었다. 그리고는 "이스라엘아, 이 신이 너희를 이집트 땅에서 이끌어낸 너희의 신이다"라고 선포하였다. 다음 날 아침에 백성들은 금송아지 앞에서 번제와 화목제를 드리며 즐거워했다.

한편 산 위에 올라간 모세는 십계명이 기록된 석판 두 개를 가지고 내려오다가 이 광경을 보고 석판을 던져 깨버리며 분노했다. 그리고는 송아지 형상을 불에 태우고 가루를 만들어 참여한 백성들로 마시게 하였다. 또한, 금송아지 신상을 만드는 일에 가담한 사람 3천여 명을 처형하였다.

금송아지에 관한 두 번째 이야기는 북왕국의 초대 왕인 여로보암과 관련되어 있다. 북왕국을 창건한 여로보암에게는 큰 고민거리가 있었다. 비록 분열은 되었으나 종교적으로는 분열이 되지 못하고 절기 때만 되면 북왕국의 백성들이 예루살렘 성전제의에 참여하기 위해 예루살렘으로 갔던 것이다.

여로보암은 예루살렘을 방문한 북왕국의 백성들이 다윗의 후손인 르호보암에게 관심을 가지게 되면, 북왕국은 무너지게 된다는 위기의식을 가지게 되었다. 그래서 궁리한 끝에 벧엘과 단을 제의 장소로 지정하고, 거기서 제사를 드리도록 하였다. 벧엘은 아브라함과 야곱이 제단을 쌓았던 곳이고(창 12:8;28:19), 단은 사사 시대 때부터 성소로 알려진 곳이기 때문이다(삿 17~18장).

여로보암은 이 두 곳을 성소로 지정한 다음, 거기에 금송아지 형상을 만들어 백성들에게 "예루살렘으로 올라가는 것은 너희에게 너무 번거로운 일이다. 이스라엘 백성들아 너희를 이집트에서 구해 주신 신이 여기에 계신다"라고 외쳤다. 여로보암은 금송아지를 이집트에서 해방시킨 야웨 하나님과 일치시키고 있다. 이에 대하여 신명기 사가는 "금송아지는 우상"이라며 신랄하게 비판하고 있다(왕하 10:29;17:16).

왜 성서 저자들은 금송아지 우상에 대하여 신랄하게 비판하고, 하나님의 징벌을 크게 보도할까? 물론 하나님의 형상을 만들지 말라는 십계명을 어긴 것이 원인이지만, 더 현실적인 문제는 가나안의 신 바알과의 관계 때문이다. 즉 가나안이 섬기는 바알의 여신 아낫이 암송아지로 상징되고, 또한 가나안 만신전의 주신인 엘이 황소로 상징되고 있기 때문이다.

야웨의 상징으로 만든 금송아지가 결과적으로 아낫과 엘과 혼동을 일으켜서 이스라엘 백성들의 신앙에 심각한 타격을 주기 때문이다. 실제로 호세아 시대에는 하나님과 바알의 구별이 없어지는 참담한 상황이 되기도 하였다. 따라서 성서의 저자들은 금송아지 사건을 크고도 심각하게 보도하고 있는 것이다.

또한, 갈멜산에서 엘리야가 바알 선지자들을 죽인 이야기, 북왕국의 예후가 혁명을 일으켜 바알 숭배자인 아합 가문과 전국의 바알 숭배자들을 처형하고 바알 신전을 파괴시킨 이야기도 실감 나게 보도하고 있다. 이것은 바알 숭배의 심각성과 우상 종교로부터 백성들의 신앙을 보호하려는 성서 저자들의 신학적 의도이다.

공산주의자들은 "하나님을 하나님의 자리에서 끌어내려야 인류가 행복하다"라고 한다. 그래서 그들이 하나님을 끌어내린 결과가 어떠한가? 지상의 낙원이 아니라, 지상의 지옥으로 바뀌었다. 인류의 행복은 하나님의 자리에서 우상을 끌어내리고, 하나님을 본래의 자리로 다시 올려드릴 때, 누릴 수 있다.

063

축복의 자리에서 저주의 자리로

야곱은 팥죽 한 그릇으로 장자권을 샀다가 형 에서의 노여움으로 외가인 상부 메소포타미아의 하란으로 도피하였다. 야곱은 도피 길에 벧엘에서 돌베개하고 잠을 자다가 하나님의 보호를 약속받고 힘을 얻어 자기의 길을 갈 수 있었다.

한편 야곱은 20년 만에 하란 생활을 청산하고 고향으로 돌아오는 길에 "일어나 벧엘로 올라가라"는 하나님의 음성을 들었다. 벧엘의 은혜와 축복을 잊지 말라는 하나님의 메시지이다. 여기까지 보면, 벧엘은 축복의 자리임이 틀림없다.

그런데 벧엘이 저주의 자리로 둔갑하는 사건이 있다. 북왕국의 창건자인 여로보암이 예루살렘 성전제의를 거부하고 벧엘과 단에 제단을 만들고, 거기서 하나님께 제사를 드렸다. 이때부터 벧엘은 축복의 장소가 아니라, 저주받는 장소로 바뀌었다. 저주의 장소가 된 벧엘 이야기가 열왕기상 13장에 나온다.

야웨는 이름이 밝혀져 있지 않은 유다의 어떤 하나님의 사람에게, 북왕국의 벧엘에 가서 예언하라고 명령하셨다. 그가 벧엘에 도착했을 때, 마침 여로보암은 벧엘의 단에서 분향 중이었다. 하나님의 사람이 여로보암에게 "벧엘 단이 갈라지고 그 위에 재가 쏟아지며 저주가 임할 것이라"고 예언하였다.

그러자 여로보암이 하나님의 사람을 잡으려고 손을 내미는 순간, 손이 마비되었다. 고쳐 달라는 왕의 요청에 하나님의 사람이 기도하여 회복시켜 주었다. 여로보암이 은혜를 갚기 위해 자기의 집으로 초청하였으나 하나님의 사람은 정중히 사양하였다.

그런데 벧엘에는 한 늙은 선지자가 있었는데, 그의 아들이 이 소식을 아버지에게 다 고하였다. 이때 하나님의 사람은 자기의 소임을 다하고 남쪽 유다로 향하고 있었는데, 벧엘의 늙은 선지자가 뒤쫓아 와서 자신의 집으로 정중하게 초청하였다.

하나님의 사람은 "벧엘에서는 누구의 집에도 들어가서는 안 되며, 누구의 대접도 받아서는 안 된다. 이것을 어기면 죽는다"는 하나님의 말씀을 전하면서 정중히 사양하였다. 그러자 늙은 선지자는 "나도 당신과 같은 선지자입니다. 하나님께서 나에게 당신을 집으로 초청하여 대접하라"고 했다는 것이다. 그런데 성서 기자는 늙은 선지자의 말은 거짓이라고 밝히고 있다(왕상 13:18).

이 거짓말에 속은 하나님의 사람이 그를 따라가서 음식을 먹는 순간, 하나님의 말씀이 그 늙은 선지자를 통해서 하나님의 사람에게 임하였다. "내가 너더러 벧엘에서는 떡도 물도 마시지 말고 누구의 접대도 받지 말고 오던 길로 다시 돌아오라고 했는데, 네가 이것을 어겼으니 곧 죽을 것이다." 결국, 하나님의 사람은 접대를 받고 돌아가다가 길에서 사자에게 찢겨 죽었다.

이 이야기는 우리에게 중요한 신앙의 교훈을 준다. 첫째, 축복의 자리였던 벧엘이 이제는 저주의 자리로 바뀐 것이다. 아무리 축복의 역사와 전통을 자랑하는 자리라도 하나님의 명령을 거역한다면, 언제든지 저주의 자리가 될 수 있다는 것을 보여준다.

둘째, 벧엘의 늙은 선지자는 자신의 영역을 침범 당한 데 대한 분풀이로 장래가 촉망되는 하나님의 사람을 사지(死地)로 몰아넣었다. 하나님의 일을 우선하지 않는 어리석은 인간의 전형이다.

셋째, 하나님의 사람은 잠깐 방심하고 긴장을 늦추었다가 돌이킬 수 없는 수렁으로 떨어지고 말았다. 아무리 사람의 말이 합리적이라도 하나님 말씀보다 우선될 수 없다는 것을 잠시 망각한 결과이다. 신앙생활에 있어서 방심하거나 긴장을 풀어서는 안 된다는 사실을 교훈하고 있다.

0 6 4

북이스라엘의 오므리

구약 신학자 허버트 돈너(H. Donner)는 북왕국의 왕 중에서 가장 위대한 왕은 아합 왕의 아버지인 "오므리"라고 하였다. 돈너의 말은 역사적으로도 증명되었다. 그런데도 신명기 사가는 오므리의 업적에 대해서는 침묵하고, 가장 악한 왕으로 평가한다. 따라서 성서 독자들에게 오므리는 그저 무능하고 악한 왕으로 인식될 뿐이다. 오므리의 업적과 신명기 사가의 의도를 탐구해 보자.

첫째로, 열왕기상 16장에 나타난 오므리의 왕위 쟁탈사를 보자. 바아사라는 인물이 북왕국의 창건자인 여로보암 왕조를 무너뜨리고 그의 집안을 몰살하고 왕이 되었다. 그러나 바아사는 자연사하고 아들 엘라가 왕위를 계승하였으나, 역시 얼마 가지 않아 그의 병거대장 시므리에 의해 암살당하고, 그의 식솔들도 숙청당했다.

그런데 깁브돈에서 블레셋과 전쟁 중이던 이스라엘 병사들이 시므리의 쿠데타 소식을 접하고, 그들의 군사령관인 오므리를 왕으로 추대하였다. 오므리는 즉시 시므리가 거주하던 디르사성을 포위하였다. 상황이 절망적임을 직감한 시므리는 스스로 불 속에 들어가서 목숨을 끊었다.

이런 왕의 공백 상태에서 백성들은 디브니를 지지하였고, 군사들과 일부 백성들은 오므리를 지지하였다. 그런데 군사력을 등에 업고 있던 오므리가 디브니를 살해함으로써 자신이 왕위에 올랐다.

둘째로, 오므리의 정책을 보자. 북왕국의 초대 왕이었던 여로보암의 정책은 폐쇄적이었다. 대표적으로 개방에 대한 두려움 때문에 벧엘과 단에 금송아지 우상을 만들어 놓고 백성들의 예루살렘행을 원천적으로 차단하였다. 그러나 오므리는 개방정책을 통해서 국제적으로도 널리 알려지게 되었다.

사실 오므리의 시대는 북쪽으로는 앗시리아의 팽창과 다메섹의 위협이 있었고, 남쪽으로도 블레셋의 급증한 위험이 계속되고 있었다. 국내적으로도 쿠데타를 경계해야 했고, 왕권의 권위상실과 모래알처럼 된 백성들의 마음을 하나로 통합하는 일도 시급한 과제였다.

이 시급한 과제를 해결하기 위하여 오므리는 외국과의 관계개선을 시도하였는데, 그것이 정략결혼이었다. 두로 왕의 딸 이세벨과 자기 아들 아합의 결혼이 대표적이다. 또한, 오므리는 내부 결속을 위해서 백성들이 섬기는 어떤 종교, 어떤 신도 배척하지 않고 용인해 주었다. 과정이 어찌 되었든 결과적으로는 오므리의 시대가 다윗 시대에 견줄 만큼 경제, 군사, 정치적으로 부강하고 평온한 시대였다. 그런 의미에서 오므리는 북왕국의 가장 위대한 왕이라고 할 수 있다.

셋째로, 오므리에 대한 평가를 보자. 그에 대한 평가는 정치적인 면과 종교적인 면으로 나누어진다. 전자의 경우, 블랙 오벨리스크(black obelisk)를 보면 앗시리아의 살만에셀 3세(ShalmaneserⅢ)가 "오므리의 아들 예후에게 조공을 받았다"라는 기록이 있다. 위대한 왕의 아들로부터 조공을 받았다는 것을 자랑한다. 그리고 앗시리아의 역사 서문은 이스라엘을 "오므리의 집"으로, 모압의 비문은 "오므리가 모압을 오랫동안 지배했다"고 기술하고 있다. 정치적으로는 훌륭했다는 평가다.

그러나 성서의 평가는 냉혹하다. "오므리가 악을 행하여 그 전의 모든 사람보다 더욱 악을 행했다"(왕상 16:25). 왜 신명기 사가는 오므리의 정치적이고 경제적인 업적은 모조리 생략한 채, 그 전의 어떤 왕보다 악했다고 평가하였을까?

신명기 사가의 역사 평가 기준은 야웨 하나님에 대한 신앙이 최우선이다. 그는 하나님과의 신앙적인 관계가 바르지 못하면 위대한 업적에도 불구하고 "저가 느밧의 아들 여로보암의 길로 갔다"며 부정적인 평가를 한다. 신명기 사가가 오므리의 인본주의 정책에 철퇴를 가했다고 할 수 있다. 오므리 이야기는 하나님과의 신앙적인 관계가 올바르지 못하면, 곧 실패라는 것을 메시지로 주고 있다.

0 6 5

북이스라엘의 멸망사

북이스라엘은 여로보암 2세라는 훌륭한 왕의 통치하에서 40년간 태평성대를 누렸지만, 그가 죽은 후 25년도 안 되어 역사의 무대에서 사라지는 비운을 겪었다. 특히 여로보암의 사후 10년 동안에는 무려 다섯 명의 왕들이 바뀌었다. 그중에 세 명은 쿠데타로 왕위를 찬탈하였다. 이러한 정치적인 혼란과 북이스라엘의 멸망사를 통해서 하나님이 주시는 신학적인 메시지를 들어야 한다.

여로보암 2세가 죽은 후, 그의 아들 스가랴가 6개월 집권 후 살룸에 의해 암살되었고, 살룸은 한 달 후에 므나헴에게 피살되었다. 므나헴은 앗시리아에 조공을 바치며 권좌를 유지하였으나, 그의 아들 브가야는 반앗시리아 깃발을 든 군대 장교 베가에게 암살되고 왕권도 베가에게 넘어갔다.

앗시리아와의 주전론자였던 베가는 다메섹 왕 르신과 동맹을 맺은 후, 남유다의 아하스 왕에게도 동참을 요구하였으나 거부당하였다. 그러자 베가와 르신의 동맹군이 예루살렘을 공격하였다. 이것이 그 유명한 시리아-에브라임 전쟁이다. 다급해진 아하스는 앗시리아에 원병을 청했고, 앗시리아의 디글랏빌레셀은 시리아로 진격하여 르신을 처형하고 그 영토를 속국으로 만들었다.

한편 북이스라엘에서도 호세아가 베가를 암살하고 왕권을 장악한 후, 앗시리아에 조공을 바치면서 간신히 국가의 명맥을 유지하였다. 그러나 호세아는 앗시리아의 디글랏빌레셀이 죽자, 친이집트 정책으로 돌변하면서 조공을 끊었다. 분노한 디글랏빌레셀의 아들 살만에셀 5세는 북이스라엘을 침공하였다.

호세아는 이집트에 지원군을 요청하였으나 이미 국력이 쇠약해진 이집트는 도와줄 힘을 상실하였다. 결국, 호세아는 앗시리아의 포로가 되었고, 2년 이상 버티던 사마리아 성은 살만에셀의 후계자인 사르곤 2세에 의해 기원전 722년에 패망하고 말았다.

북이스라엘이 왜 망했을까? 우선 북이스라엘은 출발이 잘못된 나라이다. 창건자인 여로보암은 북이스라엘 백성들이 남왕국의 예루살렘 성전제의에 참여하는 것을 못마땅하게 생각하였다. 예루살렘으로의 순례가 계속된다면, 국가의 정체성과 왕정의 붕괴를 초래할 수도 있다는 불안감에 젖어 있었다. 그래서 벧엘과 단에 금송아지 우상을 만들어 놓고, 섬기도록 하였다(왕상 12:28). 이처럼 북이스라엘은 우상의 터 위에 건국된 나라이기에 멸망은 필연적이라고 할 수 있다.

둘째로, 사회적인 부패를 들 수 있다. 아모스 서를 보면, 북이스라엘의 빈부격차는 극에 달하고 있다. 입에 풀칠도 겨우 하며 살았던 일반 서민들의 운명은 고리 대금업자들의 손에 달려 있었다.

재판관들은 돈에 매수되어 가진 자들의 손을 들어 주었고, 부자들도 가짜 도량형기를 만들어 서민의 재산을 탈취하였으며, 재산을 갈취당한 서민들은 노예로 전락했다. 그러나 부자들은 여름별장, 겨울별장을 지어 놓고 살았으며, 송아지 고기를 먹고, 상아 침대에 누워 잠을 자는 초호화판 생활을 하였다.

셋째로, 종교적인 부패이다. 사마리아의 수기용 토기 편들에 적혀 있는 이름을 보면, "야웨"라는 이름과 "바알"이라는 이름의 수가 거의 같게 나타나고 있다. 이것은 이스라엘의 야웨와 가나안 원주민들의 주신인 바알이 혼합되어 있다는 증거다. 그래서 선지자 호세아는 북왕국 백성들을 향해 "너희들은 바알을 섬기듯이 야웨를 섬긴다"(호 2:16)며 비판했던 것이다.

결론적으로 북이스라엘은 우상을 기초로 건국되었고, 사회적으로는 부정과 불의가 난무했으며, 종교적으로도 야웨의 순수 신앙은 사라지고 혼합적인 종교로 변질되었다. 이것이 북이스라엘을 멸망케 한 요인이었다. 개인도 가정도 교회도 국가도 하나님의 말씀 위에 세워질 때, 견고하다는 메시지를 주고 있다.

066

개혁만이 살길이다

　남북 왕국을 통틀어 가장 오래 통치한 왕은 남왕국을 55년 통치한 므낫세다. 그는 부왕인 히스기야의 종교개혁을 무위로 돌렸고, 이방 제의와 종교적인 매음 행위를 방치하였으며, 야만적인 인신 제사를 도입하였다. 신명기 사가는 므낫세가 "죄 없는 사람을 너무 많이 죽여서 예루살렘 이쪽 끝에서 저쪽 끝까지 죽은 자들의 피로 흠뻑 젖었다"라고 한다.

　위경인 "이사야 승천기"(Ascension of Isaiah)에 실린 전설에 의하면, 이사야는 므낫세에 의해 톱으로 두 동강 나서 죽었다고 한다. 포악하고 잔인했던 므낫세로 인해 야웨 종교가 위기로 내몰리는 상황이었다.

　그러던 중 므낫세가 죽자 그의 아들인 아몬이 즉위했으나 2년 만에 왕족들에 의해 암살되고, 여덟 살이던 요시야가 왕으로 옹립되었다. 요시야는 침체의 늪에 빠졌던 이스라엘에 희망의 불씨를 제공하였다. 학자들은 요시야를 다윗 이래 가장 훌륭한 임금이라고 평가한다. 그의 진가는 "오직 개혁만이 살길이라"며, 개혁을 국정 최고의 지표로 삼았다는 데 있다. 그러면 요시야의 개혁의 동기는 무엇일까?

우선 요시야의 개혁은 성전 수리 중에 발견한 율법 책에서 시작한다(왕하 22:1-7). 요시야는 발견한 율법 책을 서기관 사반이 낭독하자 통곡하며 옷을 찢고 회개하였다(왕하 22:8-13). 이 율법 책에 도대체 어떤 내용이 수록되었기에 요시야가 경악했을까?

구약성서 학자들은 이 율법 책이 신명기라는데 동의하고 있다. 물론 지금의 신명기와는 조금 다른 전승의 신명기이지만 말이다. 왜 신명기가 요시야로 하여금 옷을 찢게 만들고, 종교개혁의 고삐를 당기게 했을까?

이스라엘 백성들은 다윗 이래로 안이한 안보관, 즉 거짓 안보관에 스스로 속고 있었다. 다윗과 계약을 맺으신 하나님은 다윗에게 "너의 나라와 너의 위를 영원히 보존해 주겠다"(삼하 7:16)라고 약속하셨다. 이러한 다윗계약은 백성들로 하여금 타락의 현장에서도 막연하게 하나님의 보호를 확신케 했다.

이런 거짓 안보관에 안주하는 상황에서 신명기 서가 발견되었다. 신명기의 주제는 "율법에 순종하면 나가도 들어가도 복을 받지만, 불순종하면 나가도 들어가도 저주를 받는다"라는 것이다.

요시야는 신명기를 통해서 하나님은 무조건 이스라엘의 안보를 책임져 주시는 분이 아니라, 순종할 때에만 국가를 보위하신다는 사실을 깨달았다. 그동안 거짓 예언자들의 거짓 안보관에 속아 안주했던 죄와 어리석음에 대하여 요시야는 옷을 찢고 통곡하였다. 그리고 지금까지 왜곡된 신앙을 바로 잡기 위해 개혁의 기치를 높이 들었던 것이다.

한편 요시야의 종교개혁은 두 가지로 요약할 수 있다. 하나는 "제의 장소의 단일화"이다. 그동안 제의는 예루살렘뿐만 아니라, 각 지방의 성소와 산당에서도 드려졌다. 이것이 결과적으로 신학적인 왜곡과 이방 종교와의 혼합을 가져오는 폐단이 된 것이다. 그래서 요시야는 지방의 모든 성소와 산당을 폐쇄하고 제사장들은 예루살렘으로 불러올렸다. 야웨 종교의 순수성을 지키기 위한 목적이었다.

다음으로는 성대한 유월절 행사였다(대하 35:1-19). 이 유월절은 남북이 하나가 되어 사무엘 이래로 가장 성대하게 치러졌다. 국가의 안보는 하나님께 달려 있다. 요시야 시대처럼 왜곡되고 변질된 신앙을 개혁하고 순수한 신앙, 말씀의 신앙으로 돌아올 때, 하나님께서 개인도 가정도 나라도 튼튼하게 지켜 줄 것이다. 그런 의미에서 "개혁만이 살길이라"는 것을 우리도 외쳐야 한다.

067

이집트와 유다,
메소포타미아와 북이스라엘

고대 근동지역에서 유구한 역사를 자랑하며, 찬란한 문화를 꽃피웠던 나라가 이집트와 메소포타미아다. 쌍벽을 이루었던 두 제국은 각기 이집트와 메소포타미아 문화를 태동시켰다. 여러 방면에서 확연한 차이점을 지닌 두 제국의 문화는 이웃하고 있었던 남북 왕국에 지대한 영향을 미쳤다. 즉 남왕국은 남쪽의 이집트 영향을 받았고, 북왕국은 북쪽의 메소포타미아 영향을 받았다.

이집트 문화는 기원전 4500년경부터 나일강을 중심으로 태동하기 시작하였고, "두 강 사이"라는 의미를 가진 메소포타미아 문화는 기원전 3000년경부터 유프라테스강과 티그리스강 사이를 중심으로 형성되어 인류 역사에 공헌하였다. 그러면 이 두 문화의 특징은 무엇일까?

첫째로, 홍수에 대한 시각이 정반대였다. 즉 홍수로 인한 강의 범람을 이집트에서는 신의 축복으로 믿었으나, 메소포타미아에서는

"신의 저주"로 이해하였다. 이집트에서는 홍수로 인한 범람은 점차적이고 예측 가능했으며, 땅을 비옥하게 만들어 풍년을 가져다주었다. 따라서 홍수는 이집트인들에게는 신의 축복이었다.

그러나 메소포타미아 문화를 형성했던 티그리스강과 유프라테스강은 급류가 강하며 범람의 시기도 예측할 수 없을 정도로 갑자기 일어나 인명과 재산에 막대한 피해를 줬다. 그래서 메소포타미아인들은 홍수를 신의 저주로 이해하게 되었다.

둘째로, 성격에 있어서 이집트인들은 낙천적인 데 비해, 메소포타미아인들은 염세성을 가지고 있었다. 이집트인들은 나일강이 주는 축복으로 삶이 낙천적이고 풍요로웠지만, 메소포타미아인들은 불안한 자연현상이 신들의 비이성적이고 포학성에 기인한다고 보았다. 따라서 불안과 염세성을 가지게 되었던 것이다.

셋째로, 왕권의 개념에서도 이집트에서는 바로가 곧 신으로 믿어졌으나, 메소포타미아에서는 왕은 신의 대변자에 불과하였다. 따라서 이집트에서는 쿠데타가 거의 없는 반면, 메소포타미아에서는 빈번한 쿠데타가 발발하였다.

넷째로, 이집트인들의 낙천적인 성품과 메소포타미아인들의 염세적인 성품은 그들의 내세관에도 그대로 반영되어 있다. 즉 이집트인들은 사람이 죽으면 현세와 꼭 같이 태평한 생활을 한다고 믿었다. 그러나 메소포타미아인들은 죽은 자는 진흙과 먼지를 먹고 더러운 물을 마시며 사는 가련한 신세라고 믿었다.

지금까지 살펴본 대로, 두 제국의 문화는 상당히 이질적인 요소를 내포하고 있다. 이러한 이질적인 두 문화는, 먼저 남왕국과 북왕국의 정치적인 면에 영향을 미쳤다. 이집트의 영향을 받았던 남왕국은 세바와 압살롬의 반란을 제외하고는 쿠데타가 없이 다윗 왕조가 세습되었다. 왕을 신으로 믿는 이집트의 영향 때문에 감히 다윗 왕조를 전복하려고 시도하지 못했다고 볼 수 있다.

그러나 북왕국은 200년이 채 못 되는 역사에서 무려 19명의 왕이 등장하였다. 10년에 한 번꼴로 왕이 바뀌었는데, 주로 쿠데타에 의해 왕조가 전복된 경우이다. 이것은 왕을 신으로 보지 않는 메소포타미아의 영향이라고 볼 수 있다.

물론 이것은 성서의 해석과 다를 수 있다. 구약성서에 의하면, 다윗 왕조의 세습은 "네 나라와 네 위가 영원할 것이라"(삼하 7:16)는 하나님의 약속에 기반하고 있다. 그러나 역대기 사가에 의하면, 애당초 태어나지 말았어야 할 북왕국의 왕조는 하나님의 보호를 받을 수 없었다. 그 결과 정변이 잦았고, 역사도 짧았던 것이다.

역사적인 의미와 성서적인 의미는 분명히 다르다. 즉 구약성서는 남북 왕국의 상황을 이집트나 메소포타미아와 연결해서 보도하지는 않지만, 성서의 배경이 되는 당시 고대 근동의 상황을 무시할 수도 없다. 그러므로 당시의 정치적인 상황을 이해한다는 것은 성서의 의미를 발견하는 데 도움이 될 것이다.

068

다윗 왕조, 역사에서 사라지다

다윗 이후 유다의 희망이었던 요시야 왕은 이집트의 왕 바로 느고 군대의 북상을 므깃도에서 저지하다가 전사하고 말았다. 고요하고 평온하던 유다는 요시야의 죽음으로 극심한 혼란의 상태로 빠져들었다. 요시야가 죽은 후, 유다 왕실은 이집트를 섬길지, 아니면 바벨론을 섬길지 선택의 갈림길에서 자중지란에 빠졌다. 하루아침에 국가의 운명이 절체절명의 위기를 맞은 것이다.

유다 말기의 근동의 정치적인 상황을 보면, 그동안 유다에 대한 지배권을 이집트가 쥐고 있었으나 나중에는 바벨론으로 넘어갔다. 이 국가적인 혼란기에 패망에 일조했던 왕들이 여호야김과 여호야긴, 그리고 최후의 왕 시드기야이다.

당시 근동 상황은 이렇다. 기원전 605년 바벨론의 느브갓네살 군대는 갈그미스(Carchemish) 전투에서 이집트 군대를 대파하였다. 그러나 느브갓네살은 때마침 나보폴라살의 죽음의 비보를 듣고 왕위에 오르기 위해 군대를 철수하고 바벨론으로 돌아갔다.

바벨론의 승리를 확인한 여호야김은 이집트를 버리고 친바벨론 정책을 추진하였다. 그러나 기원전 601년 왕위에 오른 느브갓네살은 국경 부근에서 이집트의 바로 느고 군대에 참패를 당하였다. 그러자 여호야김이 다시 바벨론에 반기를 들었다. 이것은 여호야김의 큰 패착이었다.

이에 대한 보복으로 느브갓네살은 598년에 유다를 공격하여 여호야김을 암살하고 그의 18세 된 아들 여호야긴을 왕위에 앉혔다. 그러나 3개월 후에 여호야긴은 바벨론에 포로로 잡혀가고 그의 숙부인 시드기야가 유다 최후의 왕좌에 올랐다.

시드기야가 왕위에 오르면서 유다 조정은 친이집트파와 친바벨론파로 양분되어 큰 혼란에 빠졌다. 이런 혼란기에 시드기야는 친이집트 정책을 추진하였지만, 이집트의 도움을 받지 못하였다. 588년 예루살렘은 완전히 바벨론 군대에 포위되어 버티다가 587년에 완전히 패망하고 말았다.

시드기야는 예루살렘의 함락을 보면서 군사 몇 명과 밤중에 요단 쪽으로 도망하다가 여리고 부근에서 체포되어 리블라 사령부로 끌려갔다(왕하 25:3; 렘 52:7). 그는 여기서 자기 아들이 처형되는 장면을 목격해야 했고, 자신도 두 눈이 뽑힌 채 쇠사슬에 묶여 바벨론으로 끌려가 거기서 죽었다(왕하 25:6; 렘 52:9-11). 이렇게 해서 그 화려했던 유다와 다윗 왕조는 역사의 무대에서 사라지게 되었다.

영원하리라던 다윗 왕조가 왜 이렇게 허무하게 무너졌을까? 신명기 사가는 유다의 멸망에 대하여 "주께서 보시기에 악을 행하여 주의 진노로 멸망하게 되었다"(왕하 24:19-20)라고 한다.

또한, 신명기 사가나 역대기 사가 모두 공통적으로 시드기야가 바벨론의 느브갓네살에게 반항했기 때문에 멸망은 필연적이라고 진단했다(왕하 24:20; 대하 36:13).

무엇보다 시드기야는 바벨론에 항복해야 한다는 예레미야의 권고를 무시하였다(렘 28:12-14). 대신 바벨론에 반기를 들도록 선동한 거짓 예언자들의 말을 들었다(렘 28:2-3). 분별력을 잃은 지도자의 우매함이 나라의 패망을 초래한 것이다. 하나님으로부터 영원한 세습을 보장받았던 다윗 왕조는, 이렇게 해서 역사의 무대에서 사라지고 말았다.

그러면 하나님은 약속을 파기하신 것일까? 그렇지 않다. 다윗의 후손인 예수 그리스도에 의해서 다윗 왕조는 지금도 계속되고 있고, 하나님의 약속대로 다윗의 후손인 예수의 나라는 영원할 것이다. 물론 영적이지만 말이다. 정치적인 다윗 왕조가 예수에 의해서 영적인 왕조로 변화되어 영원히 계속된다는 뜻이다. 하나님은 약속을 지키시는 신실하신 하나님이시기 때문이다.

069

느헤미야의 개혁

　느헤미야를 말할 때면 항상 따라오는 사람이 에스라이다. 두 사람의 활동 시기가 거의 동시대이고 메시지가 많이 중복된 결과라고 볼 수 있다. 이들에 의해 포로 후기 유대인 공동체가 새롭게 재편되었다고 할 수 있다. 두 사람의 활동이 중복되면서도 약간의 차이가 있다. 느헤미야가 정치적 지위를 부여하고 행정상의 개혁을 단행했다면, 에스라는 정신적 부분을 개혁했다고 할 수 있다.
　구약 신학자들에 의하면, 느헤미야의 활동 연대는 확실한 반면, 에스라의 활동 연대는 확실하게 알 수 없다고 한다. 단지 느헤미야와 비슷한 시기로 추정할 뿐이다. 여기서는 느헤미야의 활약상에 초점을 맞추고 살펴보고자 한다.
　느헤미야는 페르시아의 아닥사스다 궁궐에서 왕에게 술을 바치는 임무를 맡고 있었다. 그래서 환관이었을 것으로 짐작한다. 비록 환관이었지만 왕의 술을 맡았다는 것은 절대적인 신뢰가 전제되어야 한다. 성서는 그가 꽤 활동적이고 시시비비를 잘 가리고, 동족의 일에는 헌신적인 사람으로 소개하고 있다.

한편 느헤미야가 아닥사스다 왕의 허락을 받아 유대에 와서 활동한 시기는 아닥사스다 1세의 재위 20년(기원전 445년)~32년(기원전 433년) 이후의 얼마 동안으로 볼 수 있다(느 13:6). 느헤미야는 예루살렘에서 온 대표자를 통해서 예루살렘의 비참한 상황을 전해 듣고 고민한 끝에, 아닥사스다 왕에게 간청해서 예루살렘 재건을 위한 방문을 허락받았다.

유다의 총독으로 임명받고 예루살렘을 방문한 느헤미야는 대적들의 많은 방해 공작에도 불구하고 성벽 재건 공사를 52일 만에 완공하였다(느 6:15). 그리고 부임한 지 12년 후인 아닥사스다 1세 32년에 다시 페르시아로 돌아갔다가, 얼마 후에 다시 유다의 총독으로 임명받고 예루살렘에 왔다. 이때가 제2차 재임기간이다.

그가 떠나 있는 동안, 유대 공동체의 상황은 크게 악화되어 있었다. 이런 상황을 확인한 느헤미야는 개혁의 필요성을 느끼고, 두 가지 큰 개혁에 착수하였다.

첫 번째 개혁은, 종교적인 개혁으로 성전에 거주하던 암몬 사람 도비야의 축출로 시작하였다. 대제사장 엘리아십의 특별한 혜택으로 성전 안에 거주하던 도비야는 예루살렘의 지도층과 혼인 관계를 맺고 사마리아 총독인 산발랏과 함께 느헤미야의 임무 수행을 극단적으로 방해하였다. 느헤미야는 도비야를 즉각 성전 밖으로 쫓아냄으로써 성전에서의 이방적인 요소를 제거하고자 했다.

또한, 포로귀환 후에 어려운 경제적인 여건으로 백성들이 안식일과 절기를 지키지 않음으로 성전의 제사장과 레위인들이 생계의 위협을 받았다. 그 결과 제사장들과 레위인들이 생계를 위해 성전을 버리고 뿔뿔이 흩어지고 말았다.

그래서 느헤미야는 백성들에게 안식일과 절기의 준수를 권면했고, 흩어졌던 제사장들과 레위인들에게는 곡물과 포도주와 기름의 십일조를 그들의 수입으로 보장해 줌으로써 다시 돌아오게 하였다.

느헤미야의 두 번째 개혁은, "이방인과의 결혼금지 및 이혼정책"이다. 당시 유대인 남자들은 이방 여인들과 결혼하였고, 그 자녀들이 이방의 언어를 사용하는 사태가 벌어졌다. 이에 느헤미야는 때리기도 하고 머리털을 뽑는 징계를 가하면서 이방인과의 결혼을 금지했다. 이미 결혼한 사람에 대해서는 이혼을 강력히 요구하였다. 대제사장 엘리아십의 한 손자가 사마리아 총독인 산발랏의 딸과 결혼했다는 사실을 알고 그들을 국외로 추방해 버리기도 했다.

느헤미야의 개혁은 순수한 야웨 신앙과 순수한 선민의 혈통을 보존하려는 몸부림으로 볼 수 있다. 포로 후의 절망적인 상황에 대한 극복의 길을 순수한 야웨 신앙과 혈통에서 찾은 것이다. 혼합종교로 멸망했던 북왕국의 역사를 되풀이하지 않으려는 느헤미야의 결단이었다.

070

가나안의 종교

출애굽한 이스라엘은 꿈에도 그리던 가나안을 정복하고 사사 시대를 열었다. 그런데 가나안의 신들을 섬김으로 고난의 삶을 살았다. 애굽의 노예에서 해방되어 광야의 고된 삶을 경험한 이스라엘에게 있어서 가나안은 경이로운 땅이었다.

그런데 그 경이로움의 배경에 존재하는 가나안의 신들을 보게 되었다. 이로 인해 가나안 종교에 빠져들게 되었고, 그것이 이스라엘에게는 가장 큰 위협과 올무였다. 그렇다면 이스라엘을 수렁으로 몰아넣었던 가나안에는 어떤 신들이 있었을까?

첫째로, 엘이다. 엘은 명목상 가나안 만신전의 최고의 자리에 있지만, 적극적인 역할은 별로 없다. 우가리트(Ugarit) 문헌에 따르면, 엘은 만신전에서 70신들의 아버지로 나타난다. 또한, 엘은 "지고의 신이며 늙고 백발의 수염을 하고 있으며 자비롭고 백성을 긍휼히 여기는 신"으로 묘사되어 있다.

그런데 "엘"은 하나님의 이름과 동일한 관계로 사사 시대에 이스라엘 백성들이 바알 종교에 동화되는 원인이 되기도 하였다. 동일한 이름이 이스라엘 백성들에게는 큰 올무가 되었던 것이다.

둘째로, 바알이다. 바알은 가나안의 만신전에서 실제적인 신들의 왕으로 군림하였으며, 구약성서에 가장 많이 등장하고 있다. 엘이 명목상 가나안의 만신전 최고의 신이었다면, 바알은 실제적인 힘에서 최고의 자리에 있었다. 또한, 바알은 가나안에서 가장 인기 있는 다산의 신이며, 구름과 비를 움직여 가나안에 생명을 주는 것으로 알려져 있다.

우가리트 토판에 의하면, 7년을 주기로 생명과 풍요의 신 바알과 죽음과 흉작의 신 모트가 치열한 싸움을 벌인다고 한다. 이 싸움에서 바알이 이기면 7년간 풍년이 들고, 모트가 이기면 7년간 기근이 든다고 한다.

구약성서에서 바알과 관련되어 시선을 끄는 이야기로는, 갈멜산의 대결과 아합왕의 아내였던 이세벨이 바알 종교를 이스라엘에 도입한 것이다. 이로 인해 호세아는 바알 숭배에 빠진 이스라엘을 강하게 질책하였다. 하여튼 바알은 이스라엘, 특히 북왕국 백성에게 가장 큰 고통을 안겨 주었던 신이다.

셋째로, 아세라다. 우가리트 문헌에 따르면, 여신인 아세라는 가나안 만신전의 모신이며 남편인 엘과의 사이에서 70명의 신을 낳았다고 한다. 때때로 아세라는 바알과 짝을 이루기도 했는데, 이것 때문에 바알의 아내라고 생각하는 경우도 있다. 하지만 이것은 제의에서 바알이 엘을 대신하는 경우가 있었기 때문에 생긴 오해다. 갈멜산 대결에서 바알과 아세라 선지자들이 한 팀을 이루었던 것도 오해를 일으킨 하나의 요인이었다.

넷째로, 다곤 혹은 다간(Dagan)신이다. 다곤은 히브리어와 우가리트어서 "곡식"을 가리키는 보통명사였으며, 우가리트 문헌에는 바알의 아버지로 등장한다. 구약성서를 보면, 풍작의 신인 다곤은 블레셋 사람들의 신으로 소개되어 있다.

사무엘상 5장을 보면, 블레셋이 이스라엘과의 아벡 전투에서 승리한 후, 법궤를 탈취하여 아스돗의 다곤의 신전에 두었다. 그런데 이틀에 걸쳐 다곤 신이 분해되어 여기저기 널려 있었고, 아스돗 사람들에게 독한 종기 재앙으로 지역 자체가 망하게 되었다. 결국, 법궤는 가드와 에그론으로 보내졌는데, 가는 곳마다 독한 종기 재앙으로 일곱 달 만에 다시 이스라엘로 돌아오게 되었다.

가나안은 위의 신들 외에도 많은 신을 섬기는 다신교 지역이었다. 결과적으로 이스라엘은 직간접적으로 가나안의 신들과 연관성을 가질 수밖에 없었고, 그로 인하여 많은 고통을 당하기도 하였다. 어느 시대나 우상숭배의 유혹을 물리치지 못하면, 고통과 괴로움이 동반된다는 것을 보여주고 있다.

목회자가 쉽게 풀어주는
구약성서 이야기

Chapter. 03

예언 이야기

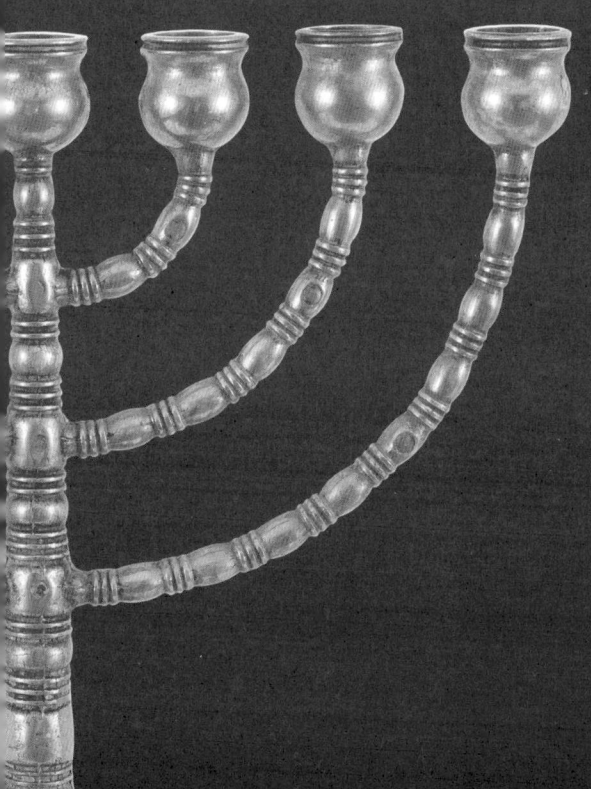

예언 이야기

"예언" 혹은 "예언자"라는 말은 한국의 교회 현장에서 많이 왜곡되고 오해를 불러일으켰다. 이런 잘못된 이해는 무수한 부작용을 초래하였고, 그 폐단은 지금도 계속되고 있다. 그러므로 이 용어에 대한 올바른 이해가 한국교회와 성도들을 바른 신앙과 신학적인 토대 위에 세울 수 있다.

성서에서 말하는 예언이란 일반적으로 이해하고 있는 것처럼 "장래에 되어 질 일을 미리 알아맞히는 것"이 아니라, "하나님이 내게 맡겨주신 말씀을 전하는 것"이다. 점쟁이나 무당들이 점을 쳐서 장래에 되어질 일을 알아맞히는 것과는 분명히 다르다는 의미이다.

예언자라는 말의 영어 "Prophet"는 헬라어 "Prophetes"에서 유래하였다. 이 단어는 "Pro"라는 접두어와 "말하는 자"(Phetes)라는 말의 합성어다. 즉 미리 말하는 사람이라는 뜻이다. 그런데 "Prophetes"라는 말은 세 가지 의미를 내포하고 있다.

첫째는 대체적 의미로 하나님을 대신해서 말하는 사람을 가리키고, 둘째는 장소적 의미로 어느 특정한 자리에서 말하는 사람을 가리킨다.

그리고 셋째는 시간적 의미로 다른 사람들보다 미리 말하는 사람이다.

종합하면 예언자란 "하나님을 대신해서 백성들 앞에서 미리 말하는 사람"이다. "내일 일을 미리 말하기"(foretelling)가 아니라, "앞장서서 말하기"(forthtelling)이다. 그러므로 예언자란 백성들보다 미리 하나님의 말씀과 뜻을 전달받고 그것을 백성들에게 알리는 역할을 하는 사람인 것이다.

한편 예언자는 그 기능에 따라 세 부류로 나눌 수 있다. 첫째는 성전에서 예언했던 성전 예언자이다. 이들은 제사장의 영향권 하에 있었기 때문에 소신 있게 예언을 하지 못하고 제사장들과 적당히 타협하는 태도를 취했다. 둘째는 궁궐에서 예언했던 궁중 예언자인데, 이들도 왕의 그늘 아래 있었던 관계로 권력과 타협하기도 하였다.

셋째는 개인 예언자들로, 이들은 어디에도 소속되지 않았기 때문에 소신껏 예언 할 수 있었다. 구약성서에서 부도덕한 권력과 타락한 종교를 향해 하나님의 메시지를 준엄하게 선포했던 자들은 대개 개인 예언자들이었다.

그러면 예언자들의 등장 배경은 무엇일까? 정치적으로 신본주의에서 인본주의로 넘어가려는 시기, 부정과 불의가 난무하고 사회적 약자인 고아와 과부에 관한 관심과 배려가 없을 때, 그리고 종교적으로 유일신 사상이 무너지고 다신교적인 신앙으로 변질될 때 예언자들은 예외 없이 등장하였다.

이렇게 볼 때 구약성서의 예언자들은 일반적으로 진보적이며, 비판 성향이 강하며, 사상과 삶의 방식이 신본주의적인 특징을 가지고 있었던 자들이다. 따라서 현실의 급격한 변화를 원하지 않고 종교와 권력의 기득권을 계속 누리려고 했던 제사장이나 권력자들과는 항상 마찰을 빚었다.

개인 예언자들인 아모스, 호세아, 미가 등이 그러하였다. 하나님의 말씀을 담대하게 소신 있게 전한다는 것은 큰 축복이다.

071
———

이사야서 이해

전통적으로 이사야 서의 저자는 "유다 왕 웃시야와 요담과 아하스와 히스기야 시대"(사 1:1)에 예루살렘에서 활동했던 아모스의 아들 이사야라고 생각해 왔다. 그러면 예루살렘의 이사야는 어떤 사람이었을까?

구약 신학자인 뉴섬(Newsome)은, 이사야가 제사장만이 들어갈 수 있는 성전에서 소명 받은 것은 제사장 가문 출신을 의미한다고 했다. 또한, 왕궁을 자유롭게 출입하며 40여 년에 걸쳐 왕들의 자문역을 수행한 것으로 보아 그의 가문이 사회적, 정치적, 종교적으로 신분이 상당했을 것이라고 한다.

한편 오늘에 와서는 이사야서를 예루살렘 이사야의 단독 작품으로 보지 않는다. 구약 신학자 둠(Duhm)은 1892년 「이사야 주석」에서 1~39장을 제1 이사야, 40~55장을 제2 이사야, 56~66장을 제3 이사야로 구분하였다. 둠의 구분은 대부분의 구약 학자들이 동의

하고 있다.

이렇게 구분한 이유가 무엇일까? 위의 세 부분은 시대와 선포된 메시지가 확연히 구분된다. 즉 제1 이사야는 기원전 8세기 후반의 예루살렘 이사야 시대를 다루고 있고, 제2 이사야는 바벨론 포로 시대를 배경으로 하고 있으며, 제3 이사야는 포로귀환 후의 유대인 공동체의 문제를 다루고 있다. 이름을 붙이지 않는 것은 제1 이사야의 저자인 예루살렘 이사야 외에는 누군지 알 수 없기 때문이다.

제1 이사야는 웃시야 왕이 죽던 해인 기원전 742년부터 앗시리아가 예루살렘을 침공한 701년까지 약 40년간 활동하였다. 그의 활동 기간에는 국내외적으로 큰 풍파는 없었다고 할 수 있다.

웃시야 시대는 정치적 안정과 경제적인 풍요를 누렸고, 그의 아들 요담은 건축 사업에 공을 들였고 전쟁에서도 승리를 거두었다. 그런데 요담의 아들 아하스는 자기 아들을 인신 제사의 제물로 바치는 악을 행함으로 내우외환에 시달렸다.

제1 이사야 활동기의 마지막 왕인 아하스의 아들 히스기야는 성전의 가증한 물건을 제거하고 솔로몬 이후에 가장 성대한 유월절 행사를 치렀다. 종합하면 제1 이사야 시대는 큰 풍파가 있는 격변의 시대는 아니었다고 할 수 있다.

제2 이사야의 활동 시대는 바벨론 포로 시대다. 포로지에서 선포된 관계로, "위로와 회복"이 주요 메시지이다. "너희의 하나님이 이르시되 너희는 위로하라"(40:1)는 선포에서 알 수 있다.

또한, 제2 이사야는 바벨론의 "마르둑 창조신화"를 경계하면서 하나님만이 창조주이심을 선포하였으며, 포로민들로 하여금 우상 종교로의 동화를 막고 현재의 고통을 위로하면서 회복에 대한 꿈을 심어 주었다.

제3 이사야는 바벨론 포로 후기 팔레스타인 귀환 공동체의 상황을 반영하고 있다. 포로 후기에는 외세의 영향으로 혼합종교를 수용한 본토의 남은 자들과 바벨론에서 귀환한 순수한 야웨 종교의 전통을 주장하는 이들과의 갈등이 표출된 시대였다.

또한, 포로귀환 공동체 안에서는 부푼 꿈을 안고 귀환하였지만, 그 꿈이 실현되지 않는 현실의 참담한 상황을 보면서 큰 회의와 실망을 하게 되었다. 이런 회의와 실망은 성전과 제의를 멀리하는 것으로 나타났다.

포로 후기의 상황을 반영하고 있는 느헤미야 서도 제사장들과 레위인들이 생계를 위해 성전을 버리고 떠났다고 한다. 이것은 백성들이 안식일을 지키지 않고 제물을 드리지 않았기 때문에 나타나는 현상이다. 이런 상황에서 제3 이사야는 귀환 공동체의 회복을 위해서 "안식일의 준수"(58장)와 "제의"(60장)를 강조하였다.

사람들은 경제적으로 힘들면 생계를 위해서 교회와 예배를 멀리하는 경우가 많다. 이것이 포로 후기의 모습이다. 여기에 대해서 느헤미야와 제3 이사야는 성전으로 돌아와서 예배를 회복하는 것만이 꿈을 실현하는 방법임을 선포하였다.

072

소명을 사양하는 예언자들

성서를 보면 하나님의 일꾼으로 부름 받은 소명자들이 처음에는 대체로 사양하는 태도를 보이고 있다. 사양의 이유는 다양하지만, 하나님의 사역자로서 자신의 부족함을 고백하는 것은 공통점이다. 구약성서의 예언자들도 하나님의 소명을 받았을 때 사양의 자세를 취하였다. 누가 어떤 이유로 소명을 사양하고 있을까?

우선 기원전 8세기 예루살렘의 예언자였던 제1 이사야(이사야 1~39장)를 보자. 그는 성전에서 기도하다가 하나님으로부터 소명을 받았을 때, 자신은 부정한 입술을 가졌기에 소명자가 될 수 없다며 사양했다. 그러자 천사가 숯불을 그의 입에 대니 모든 부정한 것이 제거되었다고 한다. 그때 하나님은 "내가 누구를 보내며 누가 우리를 위하여 갈꼬?"라고 하셨다. 이때 제1 이사야가 "내가 여기 있습니다. 나를 보내 주십시오"라고 응답하였다.

다음으로는 제2 이사야를 들 수 있다. 제2 이사야(40~55장)는 바벨론 포로민이었던 익명의 예언자의 메시지이다. 제2 이사야의 서막을 알리는 이사야 40장은 그의 소명 사양의 이유가 밝혀져 있다.

구약 신학자 와이브레이(Whybray)는 이사야 40장을 가리켜 욥기 1장처럼 하늘의 궁중 회의를 보여주는 것이라고 한다. 궁중 회의에서 하나님은 그의 백성들을 향한 새로운 정책을 선포하고(40:1-2), 그 정책을 실현할 구체적인 방법을 명령한 뒤(40:3-5), 야웨의 계획을 선포할 소명자를 임명하는 절차를 밟고 있다(40:6-8).

야웨의 이런 계획이 바벨론 포로민 중의 한 사람에게 임했다. "말하는 자의 소리여 외치라"(40:6)고 하자, 제2 이사야는 "내가 무엇을 외치리이까?"라고 묻는다. 제2 이사야는 자신이 처한 상황이 "마른 풀과 시든 꽃"과 같이 다 끝나버린 운명인데 무슨 말을 외치느냐는 것이다. 희망 없는 일은 사양하겠다는 것이다.

한편 하나님은 비록 포로지의 백성들이 희망이 없는 마른 풀과 같고 시든 꽃과 같지만, 하나님의 기운이 그 위에 불면 새롭게 생기가 돋고 아름답게 소생한다고 말씀하신다. 하나님의 말을 들은 제2 이사야는 용기를 얻어 포로지의 예언자로 활동하였다. 그래서 제2 이사야를 "혜성같이 나타난 예언자"라고 칭송하고 있다.

예레미야도 소명을 받았을 때 사양의 과정을 밟고 있다. 예레미야 1장에 의하면, 야웨 하나님은 "복중에 생기기도 전에 예레미야를 구별하여 열방의 선지자로 세웠다"(렘 1:5)라고 한다. 그러자 예레미야가 "나는 아이입니다. 말도 제대로 할 줄 모르는 아이와 같습니다"라며 역시 사양하고 있다.

역설적이지만 사양했던 예언자들은 모두 훌륭하게 사명을 완수하였다. 제1 이사야는 기원전 8세기 중엽, 유다 왕 웃시야 때부터 북왕국의 멸망을 지켜보면서 예루살렘에서 예언을 하였다. 특히 북왕국의 타락한 윤리와 도덕, 우상숭배의 물결이 남왕국으로 유입되는 것을 차단하기 위해서 온몸을 던지면서 예언하였다.

예레미야도 남왕국의 멸망 시기에 거짓 예언자들과 목숨을 건 투쟁을 하면서 하나님의 메시지를 선포하였다. 제2 이사야 역시 바벨론 포로민들이 하나님께 실망하고 바벨론의 마르둑을 섬기려고 할 때, 하나님만이 참 신이라며 맞섰다.

자신의 부족함을 내세우며 사양했던 이들을 하나님이 더 크게 사용하신 것이다. 그들의 사양 속에 겸손함을 보신 것이다. 중요한 것은 그들의 사양이 끝이 아니라, 하나님의 설득과 명령에 자기 뜻을 접고 순종했다는 것이다. 겸손과 순종이 위대한 인물을 탄생시킨 것이다. 첫 번째 사양은 자신의 겸손함의 또 다른 표현이라 볼 수 있다. 그러나 두 번째 사양은 불순종이 될 수 있음을 상기할 필요가 있다.

073

예언자들의 상징적 행동

구약성서에 등장하는 예언자들은 보통 사람들과는 다른 이상한 모습과 행동을 할 때가 많이 있다. 즉 덥수룩한 수염과 무질서하게 헝클어진 머리카락 사이에서 빛나는 예리한 눈, 그 눈동자에 비친 이스라엘의 죄악을 비수같이 날카로운 혀로 고발하는 모습이 기인을 연상케 한다. 이러한 예언자들의 기이한 행동은 때때로 사람들에게 "미친 자"라는 오해를 받기도 하였다.

갈멜산에서 엘리야와 대결했던 바알 선지자들이 황홀경에 몰입되어 바알을 부르짖던 모습이 구약성서의 예언자들에게서도 나타나고 있는데, 이것을 우리는 예언자들의 상징적 행동이라고 한다.

그러면 예언자들의 상징적인 행동은 구체적으로 어떠했을까? 우선, 그나야의 아들인 예언자 시드기야는 철로 뿔을 만들어 왕 앞에 나아가 "야웨께서 이 뿔로 아람 사람들을 찔러 진멸하라"(왕상 22:11)고 했다 한다. 이사야는 이집트와 에디오피아의 패망을 상징하기 위해 3년 동안 벗은 몸과 벗은 발로 걸어 다녔다(사 20:3).

유다의 패망을 목도했던 예레미야도 두 가지 상징적인 행동을 하였다. 하나는, 허리에 동이는 베 띠를 사서 유프라테스강의 바위틈에 숨겼는데, 나중에 가보니 베 띠가 썩어서 쓰지 못하게 되었다. 이것은 유다가 하나님으로부터 버림을 받게 된다는 메시지다(렘 19장). 다른 하나는, 오지병을 깨뜨린 사건이다. 이것은 극에 달한 범죄로 이스라엘도 깨어진 오지병처럼 산산조각이 난다는 상징적인 행동이다.

에스겔은 이스라엘 백성들이 바벨론의 포로로 잡혀가게 될 것을 상징적으로 보이기 위해 예루살렘 성벽을 뚫고 짐을 챙겨나가는 행동을 하였다(겔 12:12). 또한, 갑자기 예리한 칼로 자신의 머리카락과 수염을 잘라내고, 그것을 저울에 달아 셋으로 나누고 각 부분을 불로 태우고 칼로 쳐서 바람에 날렸다(겔 5장). 이것은 머리카락이 바람에 날려 흔적도 없이 사라지는 것처럼, 멸망한 유다는 완전히 사라질 것임을 상징하는 행동이었다.

또한, 에스겔은 390일 동안은 왼편으로만 누워 자고, 40일 동안은 오른편으로만 누워 자는 괴팍스러운 행동도 하였다(겔 4장). 이것은 해석상의 난제가 있으나, 중요한 것은 오랫동안 포로 생활할 것을 보여주고 있다. 호세아는 음란한 여인 고멜과 비정상적인 결혼을 함으로써, 우상숭배에 젖어 있는 이스라엘의 영적 상태를 고발하였다.

지금까지 살펴본 대로 예언자들은 이해하기 어려운 기이한 행동을 서슴없이 하고 있다. 그래서 어떤 학자들은 이런 비이성적인 행동에 대해서, "심리적으로 비정상적인 사람"이기 때문이라고 한다.

그들의 심리적인 해석에 따르면, 호세아와 같은 윤리적 인물이 고멜과 같은 부정한 여인과 결혼했다는 것은 자기 학대증상이라고 했고, 에스겔의 상징적 행동은 정신 분열 증상의 일종이라고 진단한다.

그러나 이런 심리학적인 설명은 예언자들의 행동에 나타난 메시지를 발견하지 못한 결과이다. 흔히 고대 근동 세계에서 나타나는 황홀경에 빠진 예언자들의 시각으로 본 오해일 뿐이다.

예언자들의 "비이성적인 행동"은, 그들의 비정상적인 심리상태의 표현이 아니라, 예언자들의 메시지를 가장 극적이고 실감 나게 전하기 위한 방법상의 문제이다. 그래서 예언자들은 하나님의 메시지를 말로만 전하는 것이 아니라, 때때로 이상한 행동으로 전달하기도 하였던 것이다.

우리는 이런 충격적인 행위를 예언자들이 하나님의 말씀을 전할 때 사용하는 "상징적 행동"(Prophetic Symbolic Act)이라고 한다.

074

국가의 패망을 초래한
"임마누엘"

　기원전 734년 앗시리아의 강압 정책에 신음하던 북왕국의 베가와 시리아의 르신은 군사동맹을 맺고 앗시리아의 디글랏빌레셀에 대항하여 전쟁을 일으켰다. 이것이 그 유명한 시리아-에브라임(북왕국) 전쟁이다. 시리아-에브라임 동맹군은 남왕국의 아하스에게도 동참을 요구하였으나 일언지하에 거절당했다.

　동맹군은 앗시리와의 개전을 앞두고, 남왕국을 먼저 제거하기 위해서 아하스의 남왕국을 침략하였다. 다급한 아하스가 디글랏빌레셀에게 엄청난 선물을 바치고 원병을 요청하였고(왕하 16:7), 앗시리아가 개입하면서 무사할 수 있었다.

　한편 이사야는 앗시리아에 원병을 요청하는 아하스에게, 앗시리아를 의지하지 말고 하나님을 의지할 것을 촉구하면서, "임마누엘"에 대한 약속을 하였다.

"그러므로 주님께서 친히 다윗 왕실에 한 징조를 주실 것입니다. 보십시오. 처녀가 잉태하여 아들을 낳을 것이며, 그가 그의 이름을 임마누엘이라고 할 것입니다"(사 7:14).

이사야는 "임마누엘", 즉 하나님이 우리와 함께 계시기 때문에 예루살렘은 안전하다고 선포하였다. 이사야의 선포는 "하나님이 함께 계시는 예루살렘은 어떤 강대국에 의해서도 정복당하지 않는다"는 것으로 요약할 수 있다. 이것이 "임마누엘"이다.

그런데 "임마누엘"로 인해 남왕국은 기원전 587년 바벨론의 느브갓네살에게 패망하고 만다. 이런 불행한 사태를 예견한 선지자가 미가다. 이사야와 동시대 인물인 미가는 거짓 안보관으로 전락한 임마누엘 사상을 비판하고 있다.

"그러므로 너희 때문에 시온이 밭 갈 듯 뒤엎어질 것이며, 예루살렘이 폐허더미가 되고 성전이 서 있는 이 산은 수풀만이 무성한 언덕이 되고 말 것이다"(미 3:12).

미가는 예루살렘과 성전은 폐허가 되고, 무성한 잡초만 우거질 것이라고 경고하였다. 예레미야도 백성들의 죄악으로 인해 국가의 멸망을 예고하였지만 듣지 않았다. 왜냐하면 "임마누엘"이라는 안보관을 굳게 믿고 있었기 때문이다.

답답한 미가가 이사야에게 왜 오해를 부를 수 있는 임마누엘을 선포했느냐는 불만도 여기서 나온다. 아무리 좋은 말씀과 약속이라도 잘못 받아들인다면 두고두고 후회한다는 것이 임마누엘이 주는 메시지이다. 학자들은 동시대 예언자인 이사야와 미가 사이에는 많은 갈등이 있었을 것으로 추정하고 있다.

신구약성서는 하나님의 약속으로 이루어져 있고, 그 약속은 반드시 지켜진다고 믿는다. 그러나 여기에는 하나님의 말씀에 순종할 때만이 지켜진다는 조건이 있다. 이사야 시대나 남왕국 패망 당시의 백성들처럼, 우상을 숭배하고 부도덕한 삶을 살아도 무조건 국가의 안보를 보장받는다고 믿어서는 안 된다. 그런 믿음을 가졌던 사람들 때문에, 남왕국은 바벨론에게 패망하고 말았던 것이다.

"임마누엘", 하나님이 우리와 함께 계신다. 참으로 감격스러운 약속이다. 그러나 하나님 말씀에 순종하는 자만이 누리는 축복임을 기억하자.

075

바알 종교의 예배 의식

구약성서는 고대 근동의 여러 종교를 현상학적으로 언급하고 있다. 그런데 야웨 종교를 제외하고 가장 많이 등장하는 동시에 이스라엘에게 가장 많은 영향을 끼쳤던 종교가 바알 종교다. 우가릿 문헌에 의하면, 가나안 만신전의 최고의 신은 엘이며, 바알은 그의 아들이라고 한다. 그러나 실권은 아들 바알이 가졌다고 한다.

우리는 구약성서에서 바알과 하나님의 숨 막히는 대결을 볼 수 있다. 엘리야의 갈멜산 대결(열상 18:16-40)이나, 예후의 혁명(왕하 10:18-24)으로 바알 숭배자들이 처단당하는 것이 그렇고, 호세아서에서 "야웨만이 농사의 풍년을 줄 수 있다"(호 2:8-9)라는 사상적인 대결에서도 알 수 있다. 이 양자 대결에서 하나님은 언제나 승리하였지만, 그럼에도 불구하고 이스라엘은 끊임없이 바알을 숭배하였다. 호세아의 비판처럼 "바알화 된 야웨 종교"를 가지고 있었던 것이다.

그러면 바알 종교의 예배 의식은 어떨까? 농경문화가 바알 종교의 예배 의식을 결정했다고 볼 수 있다. 바알의 마음을 감동하게 해서 풍성한 수확을 얻을 수 있는 방법이 바알의 예배 의식에 나타나 있다. 그들은 바알과 예배자 사이의 성적 합일을 통해서 풍성한 수확을 얻는다고 믿었다. 따라서 신전 옆에는 바알의 대리자인 남창과 여창들이 예배자들과 더불어 성행위를 한다. 이것이 바알 종교의 예배 의식이었다.

그러나 아무리 저급하고 비도덕적인 종교라도 정상적인 정신 상태에서, 그것도 많은 사람이 지켜보는 현장에서 성행위를 한다는 것은 거북하다. 아마 현대인들 같았으면 환각제를 사용했을 장면이다. 그런데 당시 바알 종교에서도 환각작용의 방법을 사용하였다. 즉 윤리적 자각을 망각의 경지로 몰아가는 소위 반윤리적 흥분상태인 엑스터시의 세계로 유도함으로써 수치스러움을 감추었다.

엑스터시의 상태가 되면 입에서 거품을 토하며, 온종일 벌거벗은 몸으로 누워서 주문을 외우며, 자신의 몸을 칼로 그며 상해하는 행동을 한다. 바알 숭배자들은 이런 몽롱한 상태가 되어야만 바알과 가장 잘 교통한다고 믿었다.

엘리야와 대결했던 갈멜산의 바알 선지자들도 자신의 몸에 칼로 그어서 피를 많이 흘렸다. 몽롱한 상태로 들어가기 위한 방법이었다. 이러한 예배 의식을 통해서 농경의 신인 바알로부터 큰 수확을 얻는다고 믿었다. 그런데 안타까운 것은 이스라엘 백성들도 이런 비윤리적인 바알 종교의 예배 의식에 동화되어 갔다는 데 있다.

> "너희 남자들도 창녀들과 함께 음행을 하고 창녀들과 함께 희생 제사를 드리는데 너희 딸들이 음행을 한다고 벌하겠느냐? 너희 며느리들이 간음을 한다고 벌하겠느냐? 깨닫지 못하는 백성은 망한다"(호 4:14).

선지자 호세아는 이스라엘 백성들의 예배 의식이 바알 종교의 예배 의식을 답습하고 있음을 고발하면서 "하나님을 바알 섬기듯이 한다"라고 비판하고 있다.

이스라엘의 하나님은 당신에 대한 신앙과 함께 철저하고도 완전한 도덕과 윤리적인 행위를 요구하신다. 바알 종교에서처럼 정신이 혼미한 상태를 원하시는 것도 아니고, 더구나 성전에서의 성행위를 통해서 복을 내리시는 분은 더욱 아니다. 윤리성과 역사의식, 그리고 신 앞에 선 인간이 가질 수 있는 최고의 경건을 함축한 예배를 원하신다. 이스라엘은 이 예배를 버림으로 국가적인 불행을 당하였다.

오늘날에도 바알 종교의 예배 의식과 같은 비윤리적이며, 역사의식을 망각한 사이비 종교집단들이 난무하고 있다. 바알 종교는 오늘의 사이비 이단 종교를 판단하는데 중요한 단서를 제공한다고 하겠다. 이런 저급한 종교를 판단하지 못하고 동화되었던 북이스라엘 백성들의 영적 무지를 답습하지 말아야 한다. 그러므로 "깨어 있으라"는 성경의 가르침은 인류 역사와 더불어 언제나 진리이다.

076

풍요 속의 빈곤

구약성서의 예언자들은 전기 예언자와 문서 예언자로 구분할 수 있다. 전기 예언자란 자신의 이름으로 된 성서가 없는 자를 가리키며, 문서 예언자란 자신의 이름으로 된 성서를 가진 자들이다. 문서 예언자의 시대는 기원전 8세기 중엽부터 시작한다. 북이스라엘의 아모스와 호세아, 그리고 남유다의 이사야와 미가가 그 대표자들이다. 이들 중에서 최초 문서 예언자는 드고아의 목자였던 아모스다.

아모스 7장에는, 유다 출신으로 북이스라엘에서 예언했던 아모스와 북이스라엘의 아마샤가 벧엘에서 논쟁하는 장면을 보도하고 있다. 아마샤는 아모스에게 "너는 너희 나라인 남유다에 가서 예언하고 밥이나 먹어라"고 비난한다. 그러자 아모스는 "나는 밥을 벌어먹기 위해 예언자 노릇은 하지 않는다"라고 반박했다.

이 논쟁을 보면, 아모스는 경제적으로 최소한 중산층 이상이라고 추정할 수 있다. 구약 신학자 아이스펠트(Eissfeldt)는 "아모스는 드고아에 자신의 농장과 양 떼를 소유하고 있는 재산가였다"라고 한다. 그뿐만 아니라 아모스는 고대 근동의 역사와 지리를 두루 섭렵하고 있다. 아모스는 단순한 농부가 아니라 경제적으로는 중산층이요, 또한 지식층이었음을 짐작게 한다.

안정된 삶을 살던 아모스가 왜 험악한 북이스라엘에 가서 예언을 했을까? 북이스라엘에는 참 예언자가 없었기 때문에 하나님께서 보내신 것이다. 물론 당시 북이스라엘에도 아마샤를 비롯한 여러 명의 예언자가 있었지만, 그들은 권력자들과 타협하면서 자신의 이익을 도모하는 전형적인 거짓 예언자들이었기 때문이다.

아모스 당시 북이스라엘의 왕은 유능한 군대 장관 출신의 여로보암 2세였다. 그의 40년 통치 기간은 북이스라엘 역사에서 가장 경제적인 번영을 누리며 대외적으로도 국력을 과시했던 시기였다. 구약 신학자 마르틴 노트(M, Noth)는 여로보암 2세가 다윗-솔로몬 시대의 국토를 회복했다고 주장할 정도였다.

그러나 역설적이게도 화려한 외형과는 달리 빈부격차가 커서 가난한 백성들의 분노와 한이 끝없이 쌓여가던 시기였다. "풍요 속에 빈곤"이었다. 이 상황에서 하나님은 아모스를 북이스라엘로 파송하신 것이다.

아모스는 북이스라엘의 지배계급들이 가난한 민중들의 고통을 외면하고, "여름별장과 겨울별장을 두고 상아 침대에 누워 자고, 송아지 고기로 배를 채우고, 비싼 포도주로 향락을 즐긴다"라며 비판하였다. 신발 한 켤레 값에 노예로 팔려 가는 가난한 자들의 삶을 제시하면서 경제정의, 사회정의를 소리 높여 외쳤다.

더욱 아모스가 분노한 것은 부자들의 제사 의식이었다. 약자들에 배려가 없이 화려한 제물로 제사를 지냈다. 이 제사에 대한 하나님의 반응을 보자.

> "나는 너희가 벌이는 절기 행사들이 싫다. 역겹다. 너희가 성회로 모여도 도무지 기쁘지 않다. 너희가 나에게 번제물이나 곡식 제물을 바친다 해도 내가 그 제물을 받지 않겠다. 너희가 화목제로 바치는 살진 짐승도 거들떠보지 않겠다. 시끄러운 너의 노랫소리를 나의 앞에서 집어치워라. 너의 거문고 소리도 나는 듣지 않겠다.
> 너희는 다만 공의가 물처럼 흐르게 하고 정의가 마르지 않는 강처럼 흐르게 하여라"(암 5:21-24).

아모스는 정의와 공의가 무너진 사회, 정의와 공의가 무너진 예배는 떠드는 소음에 불과하다고 비판한다. 자본주의의 무한경쟁 사회에서는 낙오자들의 양산을 막을 수 없다. 낙오자들이 바로 사회적 약자들이다. 아모스는 오늘 교회와 성도들을 향해 사회적 약자들에 대한 관심과 배려심을 가지라고 선포한다. "풍요 속에 빈곤자"를 살피는 관심과 사랑을 필요로 하는 시대이다.

0 7 7

예레미야와 하나냐,
그 숙명의 대결

　유다 말기에 활동했던 예레미야와 하나냐의 숙명적인 대결 이야기가 예레미야 27~28장에 소개되어 있다. 두 사람은 바벨론에 항복하는 것이 하나님의 뜻이냐 아니냐의 문제를 놓고 서로 반대의 입장을 취하였다. 예레미야는 바벨론에게 항복하는 것이 하나님의 뜻이라고 주장한 반면, 하나냐는 항복하지 않는 것이 하나님의 뜻이라고 맞섰다. 한 사람은 참 예언자이고 다른 한 사람은 거짓 예언자임을 보여준다. 그렇다면 누가 참 예언자이고, 누가 거짓 예언자인가?

　예레미야는 하나님의 말씀을 받아 바벨론에게 항복하고 그 왕을 섬기는 것이 안전하게 사는 길이라고 선포하였다(27:11). 유다의 마지막 왕인 시드기야에게도 하나님의 말씀을 전하면서 바벨론에게 항복할 것을 설득하였다. 그러나 하나냐는 "야웨 하나님께서 바벨론 왕을 치실 것이기 때문에 2년 안에 포로민들이 다 돌아올 것이다. 그러므로 항복할 필요가 없다"라며 예레미야를 공격하였다(렘

28:11).

그러자 예레미야는 "야웨의 말씀에 네가 나무 멍에를 꺾었으나 그 대신 쇠 멍에를 만들었느니라 만군의 야웨 이스라엘의 하나님이 이같이 말하노라. 내가 쇠 멍에로 이 모든 나라의 목에 메워 바벨론 왕 느브갓네살을 섬기게 하였으니 그들이 그를 섬기리라"(렘 28:13-14)고 반박한다. 동시에 "하나냐는 금년 안에 죽을 것이라"(렘 28:17)고 예언했고 그대로 되었다.

동시대 예언자인 예레미야와 하나냐의 사상과 신학적인 관점이 어떻게 극과 극일까? 구약 신학자 윌슨(Wilson)은 하나냐는 예루살렘 중심부의 예언자로서 다윗 왕조 신학을 토대로 체제 옹호적인 발언을 한 것이고, 예레미야는 변두리 예언자로서 체제 비판적인 발언을 했다고 한다.

결과적으로 두 사람의 갈등과 대립은 이념논쟁이기보다는 사회계층 간의 대립양상을 보여준다고 할 수 있다. 따라서 하나냐는 예루살렘 중심의 지배계층을 대표하기 때문에 그들의 입장에서 예레미야를 사회체제의 붕괴와 전통적인 야웨 신앙의 기강을 뒤흔드는 위험분자로 간주했다고 할 수 있다.

예레미야 역시 하나냐를 향해 하나님의 부르심을 받지 못한 거짓 예언자라며 그의 예언에 대한 정통성을 부정하였다. "선지자 예레미야가 선지자 하나냐에게 이르되 하나냐여 들으라 야웨께서 너를 보내지 아니하셨거늘 네가 이 백성으로 거짓을 알게 하는도다"(렘 28:15).

"참 신의 존재"를 놓고 엘리야와 바알 선지자들이 대결했던 갈멜산을 연상시킨다. 그렇다면 이 대결에서 승자와 패자는 누구일까? 물론 승자는 참 선지자요, 패자는 당연히 거짓 선지자로 귀결되는 상황이다. 그런데 이 해답은 예레미야 서가 분명히 밝혀주고 있다. 즉 이스라엘 역사는 예레미야의 선포대로 진행되었다.

예레미야의 예언대로, 이스라엘은 바벨론의 느브갓네살에게 패망한 후 포로로 끌려갔고, 하나냐도 예레미야의 예언대로 그해에 죽었다. 물론 사람은 언제나 죽을 수 있지만, 성서 기자는 금년 안에 죽는다는 예언대로 하나냐가 죽었기 때문에 예레미야가 참 예언자임을 선언하고 있는 것이다.

권력의 편에 서서 부와 명예를 좇아가게 되면 하나님보다는 권력의 눈치를 보게 되므로 참 예언자가 될 수 없다. 그러나 세속적인 것들과 거리를 두면 하나님을 바라보는 참 예언자가 될 수 있다. 예레미야와 하나냐는 오늘 우리에게 세상을 바라보면 세상이 좋아하는 말을 하게 되고, 하나님을 바라보면 하나님이 좋아하시는 말을 하게 된다는 평범한 진리를 깨우쳐 주고 있다. 하나님을 바라보자.

078

참 예언자와 거짓 예언자

구약성서에는 거짓 예언자들이 많이 등장하고 있다. 그 대표적인 사람들을 든다면, 유다에서 벧엘로 예언하러 온 익명의 선지자를 거짓으로 속여서 죽게 만든 벧엘의 늙은 예언자(왕상 13:11-32)와, 아모스에게 "네 나라에 가서 예언으로 밥이나 벌어 먹고살아라"고 비난했던 아마샤(암 7:10-17)와, 예레미야와 대결하면서 국민의 안보의식을 해이하게 만들었던 하나냐(렘 28:1-17)가 그 주인공들이다.

그런데 구약성서는 참 예언자와 거짓 예언자를 구별하는 몇 가지 기준을 제시한다. 먼저 예언자들의 삶의 자리를 기준으로 해서 궁중에서 예언하는 궁중 예언자와 성전에서 예언하는 성전 예언자, 그리고 개인의 삶의 자리에 있다가 어느 날 하나님의 부르심을 받고 예언하는 개인 예언자들이다.

대체로 궁중에서 왕의 참모 역할을 하는 궁중 예언자와 성전에서 제사장의 협력자였던 성전 예언자 그룹에서 거짓 예언자들이 많았던 반면에, 무소속이었던 개인 예언자들은 소신껏 예언한 참 예언자들이 대부분이다.

그러나 성전 예언자였던 하박국이나 학개는 참 예언자들이었으며, 궁중 예언자였던 이사야도 참 예언자였기 때문에 이 구분은 정확하지 않다. 둘째 기준은 신명기 18장 22절이다.

"예언자가 주님의 이름으로 말한 것이 그대로 이루어지지 않으면 그 말은 주님께서 하신 말씀이 아닙니다. 그러니 당신들은 제멋대로 말하는 그런 예언자를 두려워하지 마십시오."

예언자의 메시지가 역사의 현장에서 이루어지면 참 예언자요, 이루어지지 않으면 거짓 예언자라는 말이다. 결과적으로 아모스나 예레미야의 예언은 성취되었다는 것이고, 아마샤나 하나냐의 예언은 성취되지 않았음을 보여주고 있다.

그러나 여기에도 문제는 있다. 참 예언자인 이사야는 기원전 8세기 시리아-에브라임 전쟁이 발발하자 유다의 아하스 왕에게 앗시리아를 의지하지 말 것을 경고했지만, 전쟁은 이사야의 경고대로 되지 않았다(사 7~8장). 이 예언의 실패로 이사야는 한동안 예언자 직을 수행하지 못하고 물러나 있었다(사 8:16-18). 이것도 참과 거짓을 구분 짓는 명확한 기준은 될 수 없음을 암시하고 있다.

세 번째 기준은 이스라엘 역사 현장에서 찾는다. 참 예언자와 거짓 예언자는 공통적으로 이스라엘의 출애굽과 광야 40년과 가나안 입성을 야웨 하나님의 인도로 굳게 믿었다. 그런데 차이점은 거짓 예언자들은 가나안에서 이스라엘 백성들이 어떤 삶을 살고, 어떤 범죄를 저질러도 개인의 삶과 국가의 체제는 보존된다고 선포하였다.

그러나 참 예언자들은 이스라엘이 범죄하고 하나님과의 계약을 파기한다면, 하나님은 준엄한 심판을 통해서 새로운 이스라엘을 만드신다고 선포하였다. 하나님은 심판이라는 도구로 무조건 파괴하는 분이 아니라, 새 이스라엘로 변화시키신다는 메시지이다. 이 메시지의 차이가 참과 거짓을 구별하는 성서의 기준이다.

이 구별은 오늘의 그리스도인들에게도 중요한 메시지를 준다. 하나님은 죄악 된 모습으로 변한 그리스도인들을 깨뜨리고 파괴해서 새로운 인간, 즉 변화된 그리스도인으로 만드신다. 깨지는 순간에는 고통이 따르지만, 이것은 새 그리스도인으로 변화되는 창조의 고통이다. 성숙한 그리스도인이라면 깨지고 파괴되는 창조적인 고통 속에서 진정 하나님의 사랑을 발견하고 감사해야 할 것이다.

079

혜성 같이 등장한 제2 이사야

전통적으로 이사야 서는 기원전 8세기 후반 남유다 예루살렘에서 예언했던 이사야의 작품으로 알려져 왔다. 그러나 구약성서 학자들은 이의를 제기하고 있다. 왜냐하면, 이사야서는 기원전 8세기 중엽 유다 제10대 왕인 웃시야 왕으로부터 시작한다. 그리고 이사야서 후반으로 넘어가면 기원전 5세기의 페르시아 시대를 언급하고 있기 때문이다.

이사야 서의 후반부는 헬라의 알렉산더 대왕이 등장하기 직전인 기원전 5세기 말엽의 사건을 기록하고 있다. 그렇다면 이사야 1장과 66장은 최소 300년 이상의 시대적인 간격이 있다. 이것은 이사야 한 사람의 작품으로 보기 어렵게 만든다.

또 하나의 요인은 이사야 서의 배경이 시대적으로 확연히 구분된다는 것이다. 즉 1~39장까지는 바벨론에 패망하기 직전의 유다의 상황이고, 40~55장까지는 바벨론 포로지를 배경으로 기술하고 있다. 또한, 56~66장은 바벨론 포로귀환 후의 팔레스틴의 상황이다. 그래서 구약 신학자들은 이사야서를 세 부분으로 나누며 저자도 제 1, 2, 3 이사야로 나누고 있다. 이름을 붙이지 못하는 것은 저자가 명확하지 않기 때문이다.

지금 우리가 주목하고자 하는 주인공은 바벨론 포로지에서 혜성같이 등장했던 제2 이사야다. 제2 이사야라고 부르는 것은 그에 관한 신상 정보가 성경에 전혀 없기 때문이다. 그렇다면 제2 이사야는 왜 자신의 정체를 드러내지 않았을까? 그것은 정치적인 이유로 볼 수 있다.

바벨론 포로지에서 활동했던 제2 이사야는, 장차 페르시아가 바벨론을 무너뜨리고 근동 세계의 새로운 강자로 부상할 것을 예고하였기 때문이다. 무엇보다 그는 바벨론의 국가 신을 조롱했기 때문에 이름을 밝힐 수 없었던 것이다.

한편 제2 이사야에는 바벨론의 포로민들이 들어야 하는 주옥같은 하나님의 메시지를 담고 있다. 첫째는, 포로민들에 대한 위로의 메시지다. "복역의 때가 끝났고, 죄악의 사함을 받았으니 이제 곧 해방될 것이라. 그러므로 너는 내 백성을 위로하라"(40:1,2)는 말씀이다. 둘째로, 페르시아의 고레스를 통해서 이스라엘을 해방한다는 약속이다(45장). 하나님이 고레스를 당신의 도구로 사용한다는 것이다.

셋째로, 우상 제조의 어리석음을 질타하고 있다(44장). 불의 도구인 나무로 우상을 만들어 놓고 "너는 나의 신이니 나를 구원하라"고 하는 어리석음이다. 넷째로, 하나님이 창조주이심을 밝히고 있다(45:18).

바벨론의 "에누마 엘리쉬" 창조 신화에 의하면, 바벨론의 국가 신인 마르둑이 티아맛과 킹구를 죽이고 그들의 피와 진흙을 섞어서 인간을 만들었다. 그리고 몸은 두 개로 쪼개서 한쪽으로는 하늘을 만들고 또 한쪽으로는 땅을 만들었다고 한다.

당시 근동지역에서는 바벨론의 창조 신화를 믿고 있었다. 그런데 이스라엘의 포로민들조차도 마르둑의 창조 신화를 믿었다는 것이다. 이런 상황에서 제2 이사야는 바벨론의 창조 신화를 부정하고, 오직 하나님만이 창조주임을 선포하였다.

다섯째로, 하나님이 역사의 주관자임을 밝히고 있다(54:5). 야웨는 이스라엘을 넘어 세계 모든 민족을 다스리시는 역사의 주관자임을 선언하면서, 이스라엘의 해방도 하나님께 달려 있다는 것을 깨우친 것이다.

제2 이사야는 이름을 밝히지 않은 채, 혜성처럼 나타나서 풀처럼 시들어 가는 포로민들을 향해 희망을 선포하였다. 또한, 구약시대에 유일신관으로 무장하고, 절망에 빠져 허우적거리는 포로민들의 신앙유지를 위해서 온 몸을 던졌던 예언자였다. 제2 이사야의 정신을 오늘 우리 그리스도인들이 본받아야 할 것이다.

080

북이스라엘의 난민들

　바알 숭배로 위기를 자초한 북이스라엘은 기원전 722년 앗시리아의 살만에셀 5세(Shalmaneser V)에 의해 패망하였다. 그런데 살만에셀 5세가 죽고 사르곤 2세(Sargon II)가 왕좌에 올랐다. 흥미로운 것은 사르곤 2세가 자신이 북이스라엘을 점령했다고 비문에 적었지만, 구약성서는 살만에셀 5세가 점령했다고 한다.
　사르곤의 말에 의하면, 북이스라엘의 포로는 27,290명이며, 남아 있는 백성들도 앗시리아의 강압 통치를 받아야 했다. 여기서 견디지 못한 백성들이 남유다로 피난하였는데, 이들이 북이스라엘 난민들이다.
　그런데 난민들이 예루살렘으로 유입되면서 큰 혼란이 일어났다. 난민들은 예루살렘 거리를 활보하면서 빈터 하나 남기지 않고 부동산을 닥치는 대로 사들이며 광분을 일삼았다(사 5:8). 평온하던 예루살렘에 바알 제단과 앗세라 목상 숭배가 성행하면서 타락의 시대로 접어들었다(왕하 21:3). 이런 역사적 상황을 목도한 이사야가 당시 예루살렘의 타락상을 이렇게 고발하고 있다.

"주님께서 말씀하신다. 시온의 딸들이 교만하여 목을 길게 빼고 다니며 호리는 눈짓을 하고 다니며 꼬리를 치고 걸으며 발목에서 잘랑잘랑 소리를 내는구나. 그러므로 주님께서 시온의 딸들 정수리에 딱지가 생기게 하시며 주님께서 그들의 하체를 드러내실 것이다. 그날이 오면 주님께서는 여인들에게서 발목장식, 머리망사, 반달장식, 귀고리, 팔찌, 머리 쓰개, 머리 장식, 발찌, 허리띠, 향수병, 부적, 가락지, 코걸이, 고운 옷, 겉옷, 외투, 손지갑, 손거울, 모시옷, 머릿수건, 너울 들을 다 벗기실 것이다"(사 3:16-23).

이사야는 남유다 백성들이 북이스라엘의 난민들이 가지고 온 우상숭배에 빠지고 동화되었다고 고발한다. 이렇게 해서 그들의 순수한 야웨 신앙은 오염되고 형식적인 제의로 전락하고 말았다.

"다시는 헛된 제물을 가져오지 말아라. 다 쓸모없는 것들이다. 분향하는 것도 나에게는 역겹고 초하루와 안식일과 대회로 모이는 것도 참을 수 없으며 거룩한 집회를 열어 놓고 못된 짓도 함께 하는 것을 내가 더 이상 견딜 수 없다"(사 1:13).

북이스라엘의 난민들은 남으로 피난하면서 국가패망의 요소들을 가지고 왔다. 우리나라도 북한이 공산화되고 6. 25전쟁이 발발하면서 많은 피난민이 남으로 내려왔다. 참 다행스러운 것은 우리 피난민들은 예수 그리스도의 복음을 가지고 남으로 왔다는 것이다. 그들이 남한에서 교회를 세우고 복음을 전함으로 민족 복음화와 국가 번영의 기틀을 마련하였다.

우리는 민족의 소원인 통일을 위해 기도하며 준비해야 한다. 이스라엘에 바알 신앙과 야웨 신앙이 함께 할 수 없었던 것처럼, 우리도 남한의 그리스도의 복음과 북한의 공산주의 사상이 공존할 수 없다.

그러므로 남한의 모든 그리스도인이 구원의 복음을 가지고 북으로 올라가야 한다. 이것이 북쪽의 적그리스도인 공산주의의 남한 유입을 막는 길이다. 남한에서는 영적인 방어벽을 든든히 쌓고 북한에는 복음을 가지고 영적으로 점령할 때, 통일의 축복을 누릴 수 있을 것이다.

081

왜 옷을 찢고 통곡했을까?

열왕기하 22장에는, 8세에 왕위에 올라 31년을 통치하다가 므깃도에서 이집트의 바로 느고의 군대에 의해 애석하게 죽은 요시야 왕에 관한 이야기를 전하고 있다. 요시야는 즉위 18년에 백성들의 신앙개혁을 위해서 성전 수리를 명하였는데, 수리 중에 율법 책을 발견하였다.

서기관 사반이 요시야 앞에서 발견한 율법 책을 낭독하자 묵묵히 듣고 있던 요시야 왕이 옷을 찢으며 통곡하였다. 도대체 율법 책에 무슨 말씀이 기록되었기에 신실한 신앙의 소유자였던 요시야 왕이 옷을 찢으며 통곡했을까? 이것은 성서 독자들뿐만 아니라 구약 신학자들도 궁금해 하는 부분이다.

이런 궁금증을 풀어준 사람이 독일의 구약 신학자인 드 베테(De Wette)이다. 베테는 발견한 율법 책은 지금의 "신명기"라고 주장하였는데, 많은 학자가 그의 견해에 공감하고 있다. 이런 해석에는 몇 가지 이유가 있다.

우선 요시야는 이스라엘의 모든 제의를 예루살렘 성전으로의 단일화를 추진하였는데, 이것이 신명기에도 드러나고 있다. 다음으로 지방의 제사장들을 예루살렘의 제사장들과 통합을 시도하였는데, 이것 역시 신명기에 언급이 되어 있다.

그런데 지방의 제사장들은 전통적으로 누려왔던 특권을 포기하고 통합하는 것에 소극적이었다. 예루살렘의 제사장들 역시 지방의 제사장들을 자기들 보다 하급의 지위를 부여하는 조건이 아니라면 받아들일 수 없다고 맞서기도 하였다. 그러나 후대로 내려오면서 문제가 해소되었다고 볼 수 있다.

그렇다면 요시야 왕은 왜 낭독하는 신명기의 말씀을 듣고 옷을 찢고 통곡했을까? 신명기의 내용과 요시야의 통곡은 도대체 무슨 관계가 있을까? 그 이유 중의 하나는, 다윗계약이다. 하나님은 다윗에게 "네 나라와 네 위를 영원히 보존해 주겠다"(삼하 7:16)라고 약속하셨다. 이것이 그 유명한 다윗계약이다. 요시야는 다윗계약을 근거로 국가의 패망은 꿈에도 생각하지 않았다.

다른 하나는, 이사야가 오래전에 예언한 "임마누엘"에 대한 약속이다. 많은 예언자, 특히 거짓 예언자들이 "하나님이 우리와 함께 하시기 때문에 우리나라는 절대로 망하지 않는다"라고 선포하였다. 후에 예레미야가 패망을 경고했지만, 거짓 선지자들의 말을 추종하는 관리와 백성들은 "임마누엘 신앙"에 입각해서 믿지 않았다.

이러한 안보관은 이사야 시대에 기원해서 유다 역사에 뿌리 깊게 자리하고 있었다. 물론 요시야도 그러한 전통적인 안보관에 국가와 백성들의 안녕을 맡기고 있었다. 그런데 신명기의 내용은 어떤가? 한마디로 "율법에 순종하면 들어가도, 나가도 복을 받지만, 율법에 불순종하면 들어가도, 나가도 저주를 받는다"는 것이다.

이 하나님의 원칙을 발견한 요시야는 자신의 믿음이 잘못되었고, 하나님을 잘못 이해했다는 자괴감에 깊이 빠져들었다. 그래서 옷을 찢고 통곡할 수밖에 없었던 것이다. 이스라엘이라도 율법에 불순종하면 언제든 저주를 받고 망할 수 있다는 것을 성전 수리 중에 발견한 신명기를 통해 깨닫게 된 것이다. 그래서 하나님 앞에서 회개하는 자세가 옷을 찢고 통곡하는 모습이었다.

우리는 요시야의 행동을 통해서 성경에 대한 바른 이해가 얼마나 중요한 것인가를 깨달아야 한다. 성경을 올바로 이해하고 순종하면 복을 받지만, 잘못 이해하고 행동한다면 그 결과는 무척 고통스럽다는 것이다. 그래서 성경을 읽을 때마다 기도하고 성령의 도우심을 받아야 한다. 요시야는 이 진리를 우리에게 가르쳐 주었다.

082

구약시대의 종교 개혁자들

 개혁은 국가의 기초를 튼튼히 하고 국가의 미래를 결정한다. 이것은 이스라엘의 남북 왕국의 역사가 입증한다. 북왕국은 남왕국에 비해 모든 면에서 우세했음에도 불구하고, 남왕국에 비해 약 150여 년이나 일찍 패망하였다. 이유가 무엇일까?

 이스라엘은 정치적인 공동체가 아니라 신앙공동체라고 할 수 있다. 그러므로 종교개혁은 국가의 운명을 결정하는 중요한 요인이다. 이를테면 북왕국은 우세한 조건을 갖추고 있었지만, 종교개혁이 없었기 때문에 일찍 망하고 말았다. 그러나 열세였던 남왕국은 신앙이 왜곡되고 변질될 때마다 개혁자들이 등장하여 바로 잡았다. 이것이 외형적인 열세를 극복하고 남왕국을 오래 지속시켰던 요인이었다.

 그러면 남왕국의 종교개혁이 누구에 의해 어떤 모습으로 일어났을까? 이 개혁 운동에는 중요한 네 명의 개혁자들이 있었다.

 첫 번째 개혁자는 남왕국의 제3대 임금이었던 아사다. 아사는 즉

위하면서 남창을 쫓아내고, 조상들이 섬기던 우상을 파괴하였으며, 심지어 자신의 어머니 마아가도 아세라를 섬겼다는 이유로 태후의 위를 폐하였다(왕상 15:11-13; 대하 15:8-16). 신명기 사가나 역대기 사가는 모두 아사의 개혁을 높게 평가하였다. 아사의 개혁으로 집권 전반기 10년 동안은 태평성대를 누릴 수 있었다.

두 번째 개혁자는 제4대 임금인 여호사밧이다. 신명기 사가는 여호사밧을 가리켜 "그 부친 아사의 길에서 돌이켜 떠나지 않고 야웨께서 보시기에 정직히 행하였다"(왕상 22:43)라고 한다. 여호사밧은 부친인 아사가 말년에 개혁하지 못했던 부분들을 지속적으로 추진하였다(대하 17:3-6). 특히 종교 교육의 일환으로 율법 교사들을 전국에 파송하여 하나님의 말씀을 가르치게 하였다(대하 17:7-9). 그도 역시 개혁의 대가로 평화와 번영을 누렸다(대하 17:5).

세 번째 개혁자는 제13대 임금이었던 히스기야(기원전 715-687)다. 히스기야는 아버지 아하스가 예루살렘 성전에 세워 놓았던 앗시리아 신의 제단을 헐어버렸으며, 앗시리아 종교를 상징하는 기물들을 성전에서 제거하였다. 또한, 야웨 종교와 가나안 종교의 혼합주의 산물인 산당, 주상, 아세라 목상을 제거하였으며(왕하 18:4), 모세가 광야에서 만들었던 가나안 풍요종교의 상징인 구리 뱀도 파괴했다.

히스기야는 성전을 수리하고 성가대를 조직하여 하나님을 찬양토록 하였으며, 백성들에게 십일조를 드리게 하여 제사장과 레위인들의 생활 대책도 수립해 주었다. 이것은 제사장들과 레위인들이 제의 업무에만 전념할 수 있게 한 정책이었다.

네 번째 개혁자는 제16대 임금인 요시야다. 그는 종교개혁을 시작하면서 성전 내부를 수리하였는데, 수리 중에 율법 책을 발견하였다. 율법 책을 발견한 요시야는 더욱 힘을 얻어 개혁에 박차를 가하였다. 그는 예루살렘 성전 제의만이 유일하고도 합법적이라며, 지방의 모든 성소와 산당들을 폐쇄했다.

이것은 지방의 성소와 산당에서 발생하는 바알 종교와의 혼합을 막기 위한 시도였다. 그는 앗시리아 제의 행사를 중지시켰고, 몰렉 제의도 몰아내었다. 요시야의 종교 개혁의 절정은 북쪽의 이스라엘 백성까지 다 초청해서 치렀던, 사무엘 이후로 가장 성대한 유월절이었다(대하 35:1-19). 그의 통치 기간도 안정과 번영의 시대였다.

위에 소개된 네 명이 구약시대의 종교 개혁자들로, 남왕국을 수렁에서 건진 자들이다. 남왕국은 북왕국에 비해 열세였지만, 개혁자들로 인해 태평성대를 누릴 수 있었다. 개혁만이 살길이라는 것을 우리에게 가르쳐 준 지도자들이다.

083
―――

고레스(Cyrus)의 리더십

　페르시아 제국은 기원전 550년 고레스가 메대 왕국을 정복함으로써 역사의 무대에 등장하였다. 정복 전쟁으로 힘을 키운 고레스는 당시 근동의 강자였던 바벨론과 겨룰 수 있는 위치에까지 올랐다. 이때 바벨론의 왕은 나보니두스(Nabonidus)였는데, 그는 종교적인 문제로 마르둑 제사장들과 백성들로부터 신뢰를 잃고 있었다.
　나보니두스는 페르시아를 방어하기 위한 일환으로 지방 도시들에 산재하고 있던 신상들을 반강제적으로 빼앗아 수도에 세웠다. 신들의 힘으로 페르시아를 방어하겠다는 발상이었지만, 오히려 역효과를 불러왔다. 신상을 빼앗긴 제사장들과 백성들의 원성은 하늘을 찌를 듯하였는데, 이것은 군사들의 사기 저하로 이어지고 말았다.
　이런 상황에서 고레스 군대와 나보니두스 군대가 오피스(Opis)에서 격돌하였는데, 결과는 고레스의 완승으로 끝났다. 기원전 539년 고레스는 승리의 여세를 몰아 바벨론에 입성하였는데, 시민들이 연도에 나와 고레스를 열렬히 환영하였다. 고레스는 어떤 저항도 받지 않고 무혈 입성하였다. 자기 나라의 군대를 무너뜨린 고레스를 환영한다는 것은 나보니두스의 통치에 반감이 컸다는 것을 의미한다.

고레스는 바벨론의 기대를 저버리지 않았다. "고레스 실린다"(Cyrus Cylindar)에 의하면, "고레스가 마르둑 신의 택함을 받고 마르둑 신의 예배를 회복하기 위해 바벨론의 새로운 주인이 되었다"라고 기록하고 있다. 고레스는 마르둑 신전을 복구시키고, 마르둑에게 예배를 드리도록 하였으며, 나보니두스가 전국에서 빼앗아 온 신상들을 원래의 위치로 돌려보냈다. 자신도 마르둑 신을 숭배하였다.

"신들의 전쟁"으로 이해하는 고대세계에서 정복국 페르시아가 피정복 국의 신인 마르둑을 섬긴다는 것은 놀라운 일이다. 바벨론 백성들의 마음을 얻기에, 충분한 조치들이었다.

한편, 고레스의 등장이 당시 바벨론의 포로민이었던 유대인에게는 어떤 영향을 미쳤을까? 바벨론 포로지에서 활동했던 제2 이사야는 고레스를 가리켜 "야웨께 기름 부음을 받은 자"(사 45:1), 또는 "야웨의 목자"(사 44:28)라고 한다. 제2 이사야는 하나님은 고레스를 당신의 뜻을 이루는 도구로 사용하신다고 한다. "그가 나의 성읍을 건축할 것이며 나의 사로잡힌 자들을 값이나 갚음 없이 놓으리라. 만군의 야웨의 말이니라"(사 45:13).

고레스는 바벨론뿐만 아니라, 포로민이었던 이스라엘 백성과 그의 등장을 설레는 마음으로 맞이했던 제2 이사야의 기대도 저버리지 않았다. 기원전 539년에 바벨론을 정복하고 페르시아 제국을 건설한 고레스는 1년 뒤인 538년에 유대인들에 대한 포고령을 발포하였다.

첫째, 유대인 포로들이 원하면 본국으로 돌아가도 좋다는 것이고, 둘째 무너진 성전을 재건할 것과 성전 재건에 필요한 경비는 왕실 금고에서 지급한다는 것이며, 셋째 느브갓네살 왕이 빼앗아 온 예루살렘 성전의 기물을 돌려주라는 것이다.

역대기 사가에 의하면, "고레스가 명령한 대로 모든 성전 기물을 유다 총독 세스바살에게 넘겨주었는데, 세스바살은 그것을 다 가지고 예루살렘으로 돌아왔다"(에 1:17-11)라고 기록하고 있다.

고레스는 고대세계에서 보기 드문 개화된 통치자요, 개혁자였다. 정복지 백성들의 아픔을 이해하고 소수민족의 설움도 감싸주고 소원을 들어주는 따뜻한 개혁자였다. 그래서 정복지에서도 환영을 받았던 것이다.

고레스는 제2 이사야에 의해서도 환영과 존중을 받았다. 그는 강력한 힘을 가진 통치자였지만, 군림하지 않고 안아주고 희망을 주는 따뜻한 리더십으로 모두에게 환영을 받았다. 옛날이나 지금이나 지도자들은 따뜻함과 희망을 주는 리더십을 가질 때, 환영과 존중을 받는다. 고레스의 리더십을 가진 지도자들이 필요한 시대다.

084

다니엘서는 언제 기록되었을까?

다니엘서는 누가 언제 기록하였을까? 다니엘서는 바벨론과 페르시아를 배경으로 하고 있기에, 전통적으로 기원전 6세기 다니엘의 저작으로 알려져 있다. 그러나 다니엘서를 연구한 학자들에 의하면, 다니엘서는 중간시대인 기원전 165년경에 어떤 하시딤에 의해 기록되었다고 한다. 더 구체적으로 보면, 시리아의 셀류코스 왕조의 안티오커스 4세 에피파네스(175-163) 통치하에서 기록되었다고 본다.

그러면 다니엘서의 형성과 안티오커스 4세는 어떤 관계가 있을까? 이집트를 호시탐탐 노리던 안티오커스 4세는 기원전 168년에 이집트를 침공하여 수도인 멤피스(Memphis)를 점령하고 무척 기뻐하였다. 그는 여세를 몰아 알렉산드리아로 진격하던 도중, 로마 원로원으로부터 이집트를 떠나라는 최후통첩을 받았다.

로마와의 대결은 필패라는 것을 잘 알고 있는 안티오커스 4세는 눈물을 머금고 철수할 수밖에 없었다. 우리 속담에 "종로에서 뺨 맞고 한강에 가서 눈 흘긴다"라는 말처럼, 안티오커스 4세는 로마에 당한 서러움을 이스라엘에게 풀기로 결심하였다. 그래서 용병대장인 아폴로니우스(Apollonius)로 하여금 예루살렘을 치도록 하였다. 결국, 학살과 약탈과 방화로 로마에 당한 한을 이스라엘에서 풀었다.

외경인 마카베오일서와 이서는 이때 안티오커스 4세의 군대가 자행했던 만행을 그대로 기술하고 있다. 그들은 유대인들의 종교적인 관습을 금지하는 칙령을 공포하였다. 칙령의 내용을 보면, 안식일 금지와 절기를 중지시켰으며, 율법서의 사본을 파기하였고, 남자아이들의 할례도 금지했다. 그뿐만 아니라 우상의 제단들이 이스라엘 곳곳에 세워졌고, 부정한 동물들을 제물로 바쳤다. 유대인들은 돼지고기를 먹도록 강요받았고, 거부하면 사형에 처했다.

유대인 박해의 절정은 기원전 167년 12월 예루살렘 성전 안에 제우스신의 제단을 만들고 그 위에 돼지를 제물로 바친 사건이다. 다니엘서는 이렇게 말한다. "군대는 그의 편에 서서 성서 곧 견고한 곳을 더럽히며 매일 드리는 제사를 폐하며 멸망하게 하는 가증한 것을 세운 것이며"(단 11:31).

한편 안티오커스 4세의 무자비한 박해는 경건한 유대인들의 분노와 저항을 유발하였고, 그 저항 운동의 주동자는 하시딤(Hasidim: 경건한 자들, 율법에 충실한 자들)이었다.

그러면 하시딤은 왜 다니엘서를 기록하였을까? 다니엘서를 보면, 다니엘과 그의 세 친구는 왕의 진수성찬도 사양하고, 죽음을 각오하고 우상숭배도 거부하였다. 극렬히 타는 풀무 불과 사자 굴에 던져지면서도 신앙을 지켰다. 우상에게 절하면 목숨은 살려준다는 느브갓네살에게 당당하게 대답한다.

"사드락과 메삭과 아벳느고가 왕에게 대답하여 이르되 느브갓네살이여 우리가 이 일에 대하여 왕에게 대답할 필요가 없나이다. 왕이여 우리가 섬기는 하나님이 계시다면 우리를 맹렬히 타는 풀무 불 가운데에서 능히 건져내시겠고 왕의 손에서도 건져내시리이다. 그렇게 하지 아니하실지라도 왕이여 우리가 왕의 신들을 섬기지 아니하고 왕이 세우신 금 신상에게 절하지도 아니할 줄을 아옵소서"(단 3:16-18).

하나님은 죽음을 각오하고 믿음을 지킨 다니엘을 사자 굴에서, 세 친구는 풀무 불에서 건지셨다. 다니엘서에 나타난 하시딤의 메시지는 분명하다. 다니엘과 세 친구를 하나님께서 구원하신 것처럼, 안티오커스의 박해에도 믿음을 굳건히 지킨다면 하나님께서 반드시 구원하신다는 메시지를 주고 있는 것이다.

다니엘서는 오늘의 그리스도인들에게 주는 메시지도 동일하다. 어떤 환란과 유혹에서도 다니엘처럼 믿음을 지킨다면, 하나님은 우리로 하여금 이기게 하신다는 메시지이다.

085

요나서 이해

하나님은 요나에게 앗시리아의 수도인 니느웨에 가서 회개의 메시지를 선포하라고 명령하셨다. 그런데 요나는 원수인 니느웨가 구원받는 것이 싫어서 다시스로 도망할 계획을 세우고 실행에 옮겼다. 요나를 태우고 다시스로 향하던 배가 큰 풍랑을 만나 파선의 위기에 몰리게 되었다. 그러자 배 안에서는 폭풍의 원인이 누구인지를 규명하기 위해 제비뽑기를 하였고, 요나가 뽑혔다.

결국, 요나는 풍랑의 원인 제공자로 밝혀져서 바다에 던져졌다. 요나는 자신을 삼킨 물고기 배 속에서 회개의 기도를 드렸고, 하나님은 물고기가 요나를 육지에 토하게 하셨다. 기적적으로 살아난 요나는 니느웨에 가서 "40일이 지나면 니느웨가 무너지리라"(3:4)고 선포하였다.

예언서인 요나서는 아주 특이하게도 요나의 신탁은 이 말 한마디뿐이다. 그런데 요나의 한 마디 선포를 듣고 니느웨는 왕과 백성들,

심지어는 짐승까지 굵은 베옷을 입고 회개하였다. 물론 이것은 요나가 원하는 상황이 아니다. 요나는 니느웨의 멸망을 보고 싶었을 뿐이다. 그의 분노에서 알 수 있다.

요나서는 역사라기보다는 소설이나 신화적인 성격을 가진 책이라고 주장하는 학자들도 있다. 옛날 장로회신학대학교의 구약학 교수였던 김기수(Keith Crim)교수는 "요나서는 역사적인 기록물이기보다는 시대정신을 반영한 비유이다"라고 하였다. 그는 이 해석으로 한국의 선교사직과 교수직을 사임하고 본국으로 돌아가야 했다.

그렇다면 요나서는 언제 누가 왜 어떤 목적을 가지고 기록하였을까? 가장 널리 알려진 사실은 "아밋대의 아들 요나가 기록하였다"(왕하 14:25)고 믿는 것이다. 아밋대의 아들 요나는 북왕국 갈릴리 근처 가드헤벨 출신으로 여로보암 2세 시대의 인물이다.

요나를 저자로 본다면, 요나서는 여로보암 2세 시대인 기원전 8세기 작품이 된다. 그런데 이런 전통적인 학설에 대한 반론이 많이 제기되고 있다. 즉 요나서는 기원전 8세기 작품이 아니라, 바벨론 포로 후의 작품이라는 것이다.

구약 신학자인 크흐(Koch)는 "요나서는 포로기 이후 유대 공동체에 만연되어 있던 유대인의 이방인에 대한 배타적이고 불 관용적인 자세를 질책하기 위한 교훈서"라고 하였다. 핸슨(Hanson)도 "요나서는 에스라-느헤미야의 배타적이고 고립적인 종교개혁정책에 항거하기 위한 반항 문학이라"고 했고, 챠일즈(Childs)도 "요나서는 포로기 이후의 작품이다"라고 하였다.

종합하면, 요나서는 포로기 이후인 기원전 400-200년경의 작품이라고 볼 수 있다. 이때는 에스라-느헤미야의 종교개혁 정책이 활기를 띠고 있을 무렵이었다. 에스라-느헤미야의 종교개혁의 핵심은, 이방인은 구원의 대상에서 제외하고 오직 유대인만이 구원의 대상이라는 것이다. 그래서 이방인들을 성전에서 추방하였고, 안식일에 성문을 걸어 잠그고 이방인의 출입을 원천적으로 봉쇄하였다.

그런데 에스라-느헤미야의 개혁정책에 반기를 든 어떤 사람이 요나 이야기를 통해서 이스라엘의 원수인 앗시리아도 하나님의 구원의 대상임을 선포하였다. 그래서 하나님은 선지자 요나를 니느웨로 파송했다는 것이다. 결국, 요나서는 에스라-느헤미야의 배타적인 종교개혁에 반기를 든 반항문학이라는 것이다.

요나 이야기를 끌어온 사람은 에스라-느헤미야의 개혁정책에 반대한 사람이라는 것은 분명하다. 그런 의미에서 요나서는 기원전 8세기 작품이 아니라, 에스라-느헤미야가 종교개혁 정책을 펼쳤던 기원전 4세기로 보는 것이 타당할 것이다. 우리는 요나서를 통해서 세상 모든 민족이 다 하나님의 사랑과 구원의 대상임을 다시 한번 기억하고 선교에 관심을 가져야 할 것이다.

086

이스라엘과 에돔

구약성서에 등장하는 많은 민족 가운데, 에돔 족이 있다. 에돔 족은 야곱의 쌍둥이 형이었던 에서의 자손들이다. 구약성서에서 이스라엘과 에돔이 대면하는 장면은 크게 두 번 나온다.

첫 번째는 출애굽한 이스라엘 백성이 가나안을 향해 가는 도중에 "왕의 대로"(King's highway)의 통행 문제로 에돔과 마주하게 된다. 에돔에는 고대의 고속도로라 불리는 "왕의 대로"가 통과하고 있었다. 왕의 대로는 아카바 만의 에시온게벨에서 시리아의 수도인 다마스커스까지 연결된 고속도로다.

왕의 대로는 군사의 이동을 용이하게 했고, 특히 무역로의 역할을 많이 했다. 따라서 왕의 대로를 차지하는 왕국은 통행세로 인해 크게 번성하기도 하였다. 솔로몬 시대의 번성도 왕의 대로에서 나오는 수입이 크게 작용했다고 할 수 있다.

이때 모세는 사신을 에돔 왕에게 보내 "노약자와 부녀자와 아이들이 힘들어하니까 왕의 대로로 통행하게 해 달라"고 정중히 요청하였다. 그러면서 만일 "과일이든 농작물이든 또는 물을 마시더라도 반드시 비용을 지불하겠으며, 조그마한 피해에 대해서도 충분히 보상하겠다"라고 약속하였다.

그러나 에돔 왕은 군대를 동원해서 이스라엘의 통행을 막았다. 이스라엘은 어쩔 수 없이 우회로를 택하여 갈 수밖에 없었다. 사실 이스라엘은 출애굽 과정에서 방해를 받으면 전쟁으로 해결하였지만, 에돔은 하나님께서 이스라엘과 형제라며 전쟁을 금하셨기 때문에 순순히 물러났던 것이다.

또 하나의 사건은, 유다가 바벨론에게 패망할 때의 일이다. 이 상황은 오바댜서가 자세히 기록하고 있다. 오바댜서는 유다가 바벨론에게 패망하던 날, 에돔이 이스라엘에게 어떻게 행하였는지를 구체적으로 밝혀주고 있다. 바벨론이 예루살렘을 정복하고 파괴하고 성전의 기물을 탈취하던 날, 에돔도 그들과 함께 탈취에 동참하였고, 유다의 패망을 기뻐했다고도 한다. 또한, 유다의 포로들이 도망하면 끝까지 추격하여 바벨론에게 인계하기도 하였다.

오늘날 성지 순례자들에게 인기가 높은 요르단의 페트라가 에돔족의 수도였다고 한다. 페트라는 기원전 100년경 나바테아인의 수도로 알려졌지만, 그들보다 앞서서 페트라에 살았던 사람들이 바로 에돔 족이다. 에돔 족은 높은 바위 꼭대기에서 이스라엘 포로민들에게 흙과 돌을 던지며 조롱하였을 뿐만 아니라 천연의 요새를 이유로 교만은 하늘을 찌를 듯하였다.

하나님은 교만한 에돔 족에 대하여 "네가 독수리처럼 높이 오르며 별 사이에 깃들일지라도 내가 거기에서 너를 끌어내리리라"(옵 1:4)고 하셨다. 에돔은 높은 바위틈에 거주함으로 아무도 자신을 멸망시킬 수 없다며 교만했지만, 하나님은 높은 바위가 아니라 별 사이에 거주할지라도 끌어내린다고 하셨다.

에돔의 멸망에 대한 경고는 바벨론 포로기의 에스겔 선지자를 통해서도 선포되었다. "내가 세일 산이 황무지와 폐허가 되게 하며 그 위에 왕래하는 자를 다 끊을지라"(겔 35:7).

페트라에 거주하던 에돔은 나바테아인들에게 점령당하고 남은 자들이 유다의 남부로 옮겨와서 살았다. 이들이 후에 헤롯 왕을 배출한 이두매 사람들이다. 그러나 이두메로 존속하던 에돔의 후예들도 주후 70년 예루살렘이 로마에 멸망할 때, 그들도 역사에서 사라졌다. 에돔에 대한 하나님의 경고가 현실화되는 순간이다.

에돔의 멸망은 선민 이스라엘을 괴롭히는 데 대한 하나님의 심판이었고, 또한 교만한 자에 대한 하나님의 심판이기도 하였다. "교만은 패망의 선봉이요 거만한 마음은 넘어짐의 앞잡이니라"(잠 16:18)는 말씀을 항상 기억하고 살아야 한다.

087

바벨론 포로기의
유대인 공동체

 기원전 587년 남왕국 유다는 바벨론에 패배함으로써 유대 공동체는 세 개로 분열되었다. 본토에 남은 유대 공동체와 바벨론의 포로민 공동체, 그리고 이집트로 이주한 이집트 공동체이다. 이 세 개의 공동체의 특징은 무엇일까?
 첫 번째 공동체는, 본토에 남았던 팔레스타인 공동체다. 학자들에 따르면, 이들은 바벨론 포로민에 비해 지위와 지적인 수준이 떨어지는 하층민들이다. 바벨론이 정복지의 반란 방지를 위해 지도자급 인사들을 끌고 갔기 때문이다. 이들의 종교적인 상황은 어떠했을까?

> "수염을 깎고 몸에 상처를 낸 사람들, 여든 명이 세겜과 실로와 사마리아로부터 곡식 제물과 향료를 들고 와서 주님의 성전에 바치려고 하였다"(렘41:5).

북쪽의 세겜과 실로와 사마리아에서 예루살렘 성전을 찾아왔다는 것은 성전제의가 계속되었다는 것을 보여준다. 그러나 제사장 그룹이 대부분 포로로 끌려간 상황에서 성전제의는 제한적이고 변질되었을 것으로 추정할 수 있다.

두 번째 공동체는, 이집트의 유대인 공동체다. 이들은 강제로 끌려간 바벨론의 공동체와는 달리 자발적으로 이주한 공동체다. 즉 총독 그달리야가 암살당한 뒤, 느브갓네살의 보복에 대한 두려움 때문에 망명한 사람들이다. 엘레판틴 섬에서 발견된 파피루스에 의하면, 이들은 성소를 만들어 절기를 지켰고 예루살렘과 교류도 하였지만, 혼합종교의 성격은 떨쳐버리지 못하였다고 한다.

세 번째 공동체는, 바벨론의 포로민 공동체다. 이들은 지도층 인사들로 바벨론의 유프라테스강과 티그리스강 하류의 그발강(겔 1:1) 등지에 정착하였다. 종교적 구심점인 성전이 없고, 제의가 행해지지 않음으로 신앙의 위기가 닥쳤다.

그러나 제사장 그룹을 중심으로 일어난 신앙 운동이 영적인 빛의 시대로 만들었다. 이때 오경이 나왔고, 제2 이사야와 예레미야가 등장하였고, 제의를 잊지 않기 위해 레위기가 등장하였다. 그러면 성서는 세 공동체를 어떻게 평가하고 있을까?

하나님은 "무화과를 담은 두 광주리"(렘 24장)를 통해서 평가하신다. 한 광주리의 무화과는 좋은 열매로 먹을 수 있는데, 다른 한 광주리의 무화과는 먹을 수 없는 극히 나쁜 무화과였다. 그런데 먹을 수 있는 무화과 광주리는 바벨론의 포로민 공동체이고, 먹을 수 없는 나쁜 무화과 광주리는 팔레스타인 공동체와 이집트 공동체라고 한다.

포로민 공동체는 하나님의 축복을 받지만, 팔레스타인 공동체와 이집트 공동체는 버림받는다고 말씀하셨다. 이유는 신앙의 순수성의 문제다. 팔레스타인 공동체는 이방인들과 동거하면서 신앙의 혼합과 변질을 가져왔다. 이것은 느헤미야 서에도 잘 나타나 있다. 이집트 공동체도 다신교의 영향권에 놓임으로써 신앙의 순수성을 잃어버렸다. 따라서 하나님은 팔레스타인 공동체와 이집트 공동체를 향해 "나의 이름을 부르지 못하게 하겠다"(렘 44:26)라고 하신다.

그러나 포로민 공동체는 대부분의 제사장 그룹이 함께 하였기 때문에 신앙의 순수성을 지킬 수 있었다. 물론 바벨론의 마르둑 종교에 동화되는 모습도 보였지만, 제사장 그룹이 오경과 레위기의 제사 제도를 문서화함으로써 신앙의 혼합과 변질을 막았다.

단절된 위기에 처한 야웨 종교가 포로민 공동체로 말미암아 연속되었던 것이다. 실제로 예레미야와 에스겔서도 바벨론 포로민 공동체에서 희망을 찾고 있는 데서 알 수 있다(렘 24:1-7; 겔 11:14-25).

혼합되지 않은 순수한 신앙의 중요성은 어느 시대를 불문하고 중요하다. 성경대로 믿고 성경대로 사는 것이 순수한 신앙을 유지하는 길이다. 그래서 종교 개혁자들이 "성경으로 돌아가자"라고 소리 높여 외쳤던 것이다.

088

예언자들의 역사관

예언자들은 이스라엘 역사를 어떻게 해석하고 있을까? 이것은 예언자들이 선포한 메시지를 보면 알 수 있다. 대표적인 세 사람을 보면 다음과 같다.

첫째로, 이사야의 역사관이다(사 5장). 이사야는 이스라엘의 역사를 "야웨 하나님이 정성을 다해 가꾼 포도원"에 비유하고 있다. 하나님은 심히 기름진 산에 정성을 다해 땅을 파고 돌을 제거하고 극상품 포도나무를 심으시고 극상품의 포도 열매를 기대하셨다. 그런데 먹을 수도 없는 들포도를 맺었다고 한다.

"내가 나의 포도원을 가꾸면서 빠뜨린 것이 무엇이냐? 내가 하지 않은 일이라도 있느냐? 나는 좋은 포도가 맺기를 기다렸는데 어찌하여 들포도가 열렸느냐? 이제 내가 내 포도원에 무슨 일을 하려는 지를 너희에게 말하겠다. 울타리를 걷어치워서 그 밭을 못 쓰게 만들고, 담을 허물어서 아무나 그 밭을 짓밟게 하겠다"(사 5:4-5).

포도원 주인이신 하나님은 정성을 다해 포도원을 가꾸시고 극상품 포도를 심으시고 극상품의 포도 열매를 기대하셨지만, 먹을 수도 없는 들포도가 열려 버렸다. 크게 실망하신 하나님은 "포도원을 헐어버리고 짓밟히게 하겠다"라고 하신다.

하나님은 이스라엘을 선택하시고 지극정성으로 돌보셨다. 그들을 통해서 이방 세계에 하나님의 영광을 드러내기 위함이다. 그런데 이스라엘은 하나님의 기대를 저버리고 배은망덕하게 행함으로 하나님의 영광을 드러내지 못하였다. 그래서 하나님은 이방인으로 하여금 이스라엘을 짓밟게 하셨던 것이다. 이스라엘 역사는 좋은 열매를 맺지 못해서 버림받은 포도원과 같다는 것이 이사야의 해석이다.

두 번째는, 에스겔의 역사관이다(겔 16장). 에스겔은 이스라엘 역사를 "곁길로 돌아선 자녀"로 보았다. 원래 이스라엘이 태어날 때는 "배꼽 줄을 자르지 아니하였고, 물로 씻지도 아니하였고, 소금을 뿌리지도 아니하였고, 강보로 싸지도 아니하였고, 불쌍히 여기는 자도 없었고, 들에 버려졌다"(16:4-5)라고 한다.

그런데 하나님께서 데려다가 "물로 피 묻은 몸을 깨끗이 씻기시고 몸에 기름을 바르고 수놓은 옷을 입히고 패물을 채우고 목걸이를 목에 걸고 왕관을 머리에 씌우고 금은으로 장식하고 또 고운 밀가루와 꿀을 기름으로 먹이고 극히 곱고 형통하여 왕후의 지위에 올랐다"(16:9-13)라고 한다. 그럼에도 불구하고 이스라엘은 우상숭배와 행음으로 타락하였다. 곁길로 돌아선 자녀의 모습인 것이다.

"너는 핏덩이로 버둥거리던 때와 벌거벗은 몸으로 지내던 네 어린 시절을 기억하지 않고 온갖 역겨운 일과 음행을 저질렀다"(16:22). 에스겔의 역사관도, 정성을 다해 키운 이스라엘이 배은망덕하게도 하나님을 떠나 곁길로 갔다고 한다.

세 번째는, 호세아의 역사관이다(호 11장). 호세아도 이스라엘의 역사를 하나님께서 정성을 다해 키운 자식으로 보았다. 하나님은 "이스라엘이 어렸을 때, 이집트에서 불러내셨고 걸음을 가르치고 팔로 안았고 사랑의 줄로 이끌었으나 이스라엘은 그 은혜를 알지 못하였다"(11:1-4)라고 한다. 오히려 바알에게 분향함으로 하나님의 노를 격발시켰다. 이처럼 배은망덕한 행위가 멸망을 초래하였다는 것이다.

세 사람의 역사관은 공통적으로 "하나님의 수고와 정성이 수포로 돌아갔다"는 것이다. 결국, 이스라엘 역사는 "실패의 역사"라고 선언한다. 특히 에스겔은 이스라엘의 역사를 "죄의 역사"로 규정하였다.

지금도 하나님은 당신의 백성들을 사랑과 정성으로 양육하고 계신다. 그 은혜와 사랑을 모르고 배은망덕하게 행한다면, 우리에 대한 하나님의 사랑도 헛것이 되고 수포로 돌아가는 것이다. 하나님의 사랑을 수포로 돌리는 죄를 범하지 말자.

089

예언자들의 처방

 동서고금을 막론하고 어느 시대이든 위기가 닥치면 다양한 타개책, 즉 처방을 제시하기 마련이다. 바벨론 포로에서 귀환한 유대인 공동체도 위기에 직면하자 처방책이 제시되었다. 이때는 70년간의 포로 생활로 성전이 파괴되었고, 예루살렘도 사람들이 거주하기 어려울 정도로 파괴되어 있었다. 귀환 공동체에도 예언자들에 의해 난국을 타개할 처방책들이 제시되었다. 누가 어떤 처방책을 제시하였을까?
 먼저, 제3 이사야의 처방책을 들 수 있다. 앞에서 말한 대로 포로 후기의 귀환 공동체는 생계의 문제를 해결하기 위해 안식일을 지키지 않았고, 제물도 드리지 않았다. 그래서 제사장들과 레위인들이 성전을 버리고 먹고살기 위해서 뿔뿔이 흩어지는 비극적인 상황이 벌어지게 되었다.
 그래서 제3 이사야는 궁핍하고 파괴된 삶을 회복하려면 안식일을 철저하게 준수해야 함을 강조하였다. 안식일을 거룩하게 지키지 않으면 하나님의 축복도 회복도 없다는 것이다. 제3 이사야의 처방책은 안식일 준수로 요약할 수 있다.

두 번째는, 학개와 스가랴의 처방책이다. 두 사람은 무너진 성전을 재건하고 온전한 제사를 드릴 때, 귀환의 꿈이 이루어진다고 선포하였다. 특히 학개는 "성전이 파괴되었음에도 자기들의 집부터 짓는다"라고 비판하였다. 성전부터 재건하고 올바른 제사를 드리는 것이 축복과 회복의 길임을 강조하고 있다.

세 번째는, 에스라의 처방책이다. 에스라는 포로 후의 삶이 회복되지 않는 이유는 백성들이 율법을 떠났기 때문이라고 하였다. 회복하려면 율법에 대한 순종의 삶으로 돌아와야 한다는 것이다.

율법은 하나님의 말씀이다. 하나님의 말씀으로 돌아오지 않는다면 회복도 없다고 하였다. 그래서 에스라는 온 백성을 광장에 모으고 아침부터 저녁까지 율법을 전하고 지킬 것을 요구하였다.

네 번째는, 느헤미야의 처방책이다. 페르시아의 고관이었던 느헤미야는 자원하여 이스라엘의 총독으로 부임하였다. 느헤미야가 관찰한 후 내린 처방책은 이방인들과의 이혼이었다. 포로 후의 삶이 도탄에 빠진 것은 이방인들과의 결혼으로 우상을 숭배하고 이방의 문화를 닮아가기 때문이라고 진단하였다. 그래서 이방인과 결혼한 사람은 강제로 이혼을 요구하였으며, 안식일에 성문을 걸어 잠그고 이방인의 출입도 막았다.

마지막으로, 말라기의 처방책이다. 말라기는 온전한 십일조를 드리는 것이 회복과 축복의 길이라고 선포하였다. 포로 후의 백성들은 궁핍한 삶을 이유로 십일조를 드리지 않았다. 말라기는 십일조를 드리지 않는 것은 하나님의 것을 도둑질하는 것이라고 비판하였다. 하나님의 것을 도둑질하면서 축복을 기대한다는 것은 어리석은 일이라는 것이다.

이상으로 이스라엘의 포로 후의 처방책을 살펴보았다. 방법에는 약간의 차이가 있지만, 모두 신앙에 근거한 처방책이었다. 어느 방법이든 신앙생활에서 지켜진다면 모두 유익한 방법이요, 처방책이 될 것이다.

포로 후기의 백성들처럼 내가 꿈꾸고 기도하는 일들이 현실에서 이루어지지 않는 것이 있나? 그렇다면 예언자들의 처방책에 귀를 기울이고 신앙생활에서 실천해 보자. 하나님께서 반드시 꿈을 이루어 주실 것이다.

090

이스라엘의 남북 왕국

이스라엘의 통일왕국은 솔로몬의 아들 르호보암 때에 이르러 남북으로 분열되면서, 한 민족이 두 개의 나라로 역사의 무대에 새롭게 선을 보였다. 남왕국은 유다 지파 다윗의 가문에서 통치했다고 하여 "유다", 그리고 남쪽에 있다고 해서 "남왕국"으로 불리었다. 북왕국은 북쪽에 자리하고 있다고 해서 "북이스라엘", 혹은 에브라임 지파, 여로보암이 나라를 세웠다고 하여 "에브라임"이라고 불린다. 이 두 왕국의 역사를 보면 하나님의 백성들이 살아가야 할 삶의 방향을 알 수 있다.

1. 국가의 형성: 남왕국은 유다 지파 르호보암이 초대 임금이며, 유다 지파 중심으로 형성되었다. 북왕국은 에브라임 지파의 여로보암에 의해 건국되었으며, 열 지파로 구성되었다.

2. 정치적 상황: 남왕국은 다윗의 후손에 의해 정권이 세습되었으며, 하나님의 약속대로 무력 쿠데타가 없었다(삼하 7:15-16). 물론 세바와 압살롬의 반란이 있었으나 왕조를 무너뜨릴 힘은 없었다. 그러나 북왕국은 에브라임 지파 여로보암의 후손이 세습하지 못하고 수많은 쿠데타로 새로운 왕조들이 계속 등장하였다. 따라서 정치적으로 남왕국은 안정되었지만, 북왕국은 항상 혼란의 연속이었다.

3. 경제적 상황: 남왕국은 국토 대부분이 산악과 사막지대여서 경제적으로는 북왕국에 비해 열세였다. 북왕국은 비옥한 평야지대가 많았는데, 그중에서도 가장 넓고 비옥한 이스르엘 평야를 차지함으로 경제적인 풍요를 누릴 수 있었다.

4. 사회적 상황: 남왕국은 "임마누엘 사상", 즉 하나님이 함께 계시기 때문에 망하지 않는다는 거짓 예언자들의 안보관에 도취되어 도덕적으로 타락하였다. 북왕국은 경제적인 풍요로움으로 사치와 향락이 극에 달하여 예언자들의 지탄을 받았다. 특히 아모스 서는 당시 북왕국의 풍요와 타락을 잘 전해주고 있다.

5. 종교적 상황: 남왕국에도 우상숭배와 가나안 종교와의 혼합주의적인 요소가 있었으나 그때마다 여호사밧, 히스기야, 요시야와 같은 훌륭한 종교 개혁자들이 등장하여 백성들의 신앙을 바로 잡아 주었다. 그러나 북왕국은 우상숭배와 혼합적인 요소가 극에 달하였으

나, 왜곡되고 변질된 종교를 바로 잡을 수 있는 개혁자들이 없었다. 개혁자들이 없었던 북왕국은 일찍 패망하고 말았다.

6. 국가의 멸망: 북왕국은 기원전 721년에 앗시리아에 망했고, 남왕국은 기원전 587년 바벨론에 의해서 국가의 문을 닫았다. 이렇게 무너진 이스라엘은 중간시대인 기원전 146년에 마카비 혁명의 성공으로 하스몬 왕조가 들어섰다. 그러나 100년도 못 되어 로마에 의해 다시 멸망하고 말았다(기원전 63년). 이때부터 1948년 팔레스타인에 이스라엘이 건국되기까지 세계를 유랑하며 방황하였다.

두 왕국을 비교하면서 우리의 관심 분야인 종교와 경제적인 면을 살펴볼 필요가 있다. 어느 것이 더 우선되어야 할까? 남왕국은 경제적으로는 열세였으나 종교적으로는 훨씬 안정되고 순수하였다. 반면 북왕국은 종교적으로는 우상숭배와 혼합으로 점철되었지만, 경제적으로는 훨씬 풍요로웠다.

경제적으로는 부강하였으나 종교가 타락했던 북왕국이 일찍 망하고, 경제적인 면에서는 열세였으나 종교적으로 순수했던 남왕국이 더 오랫동안 지속하였다는 것은, 경제보다는 종교적으로 바로 서 있어야 하나님의 보호를 받는다는 것을 웅변하고 있다.

남북왕국의 역사는 경제보다는 신앙이 우선되어야 하나님의 보호를 받는다는 메시지를 주고 있다. 그렇다. 신앙을 더 성장시키고 부흥시키는 것이 하나님의 보호와 축복을 받는 것임을 남북왕국의 역사가 우리에게 증언하고 있다.

목회자가 쉽게 풀어주는
구약성서 이야기

Chapter. 04

지혜문학 이야기

지혜문학 이야기

팔레스타인 정경의 분류 방법에 따르면 구약성서는, 오경-예언서-성문서로 구성되어 있다. 성문서 중에 지혜문학으로 분류되는 것이 욥기, 시편, 잠언, 전도서, 아가 서다. 이렇듯 지혜문학이 정경으로 공인되었지만, 전통적으로 구약학에서 소외되어 왔다.

소외의 주된 이유는, 종교 개혁자인 마르틴 루터(Martin Luther)의 영향이 크다고 할 수 있다. 루터는 "정경 안에 핵심이 되는 정경이 있다"(the canon within the canon)라고 하였다. 루터는 모든 성경이 하나님의 말씀으로 동일한 가치를 지닌다는 것을 부인하고, 지푸라기와 같은 하찮은 것도 성서 안에 있다고 주장하였다.

그 결과 개신교 성서관은 구약의 핵심은 오경이며, 그다음은 예언서를 비롯한 비지혜문학으로 보았다. 즉 지혜문학은 비지혜문학에 비해 그 중요성이 떨어진다고 본 것이다. 이러한 성서관이 지혜문학의 소외로 이어졌다고 할 수 있다.

지혜문학이 소외된 배경을 구체적으로 살펴보면, 우선, 비지혜문서에 등장하는 족장 시대나 출애굽 시대, 가나안 정착과 다윗 왕조에 대한 이야기가 지혜문학에는 없다. 즉 고대 이스라엘의 역사에 관해서 침묵하고 있을 뿐만 아니라, 이스라엘 역사에 나타난 하나님의 구원 행동에 관해서도 언급이 없다. 대신 인간과 그의 행동에 관심을 가지고 기록하고 있을 뿐이다.

이렇게 볼 때, 지혜문학은 하나님 중심의 기록이 아니라 인간중심의 기록이라고 할 수 있다. 예나 지금이나 그리스도인들의 관심은 이스라엘 역사의 현장에서 보여주신 하나님의 구원 행동이다. 그리스도인들이 중요성을 두고 있는 이런 주제들에 대해서 지혜문학이 침묵하고 있다는 것이 소외의 이유가 된 것이다.

다음으로, 지혜문학은 우주의 질서와 원리를 찾고 있다는 것이 또 하나의 이유이다. 지혜문학은 하나님께서 창조하신 우주 세계의 탐구를 통해서 지혜를 찾고자 하였다. 비지혜문학이 "위로부터 밑으로의 신학", 즉 인간을 찾으시는 하나님을 묘사하고 있다면, 지혜문학은 "밑으로부터 위로의 신학", 즉 하나님을 찾는 인간의 모습을 그리고 있다.

이로 인해 지혜문학이 "인본주의적"이라는 비판과 함께 소외되어 왔던 것이다. 그러나 20세기 중반을 지나면서 지혜문학은 구약 신학자들에 의해 연구의 중심으로 들어오게 되었고, 지금은 연구 활동이 활발히 이루어지고 있다.

지혜문학은 이스라엘이 전통적으로 가지고 있던 격언이나 속담을 일상생활에서 얻어진 지식과 비교해서 신앙의 토착화를 이루었다. 그뿐만 아니라 고대 근동의 문학까지도 수용해서 이스라엘의 입장에서 신앙적으로 재해석하였다.

•

    그런 의미에서 본다면, 구약의 지혜문학은 이스라엘의 독자적인 작품이 아니라, 고대 근동 특히 이집트와 메소포타미아의 영향을 받아 형성되었다고 할 수 있다. 이스라엘은 주로 받는 편이었다. 이런 과정을 거친 지혜문학이기에 인간 중심적이고 세속적이고 외국의 이질적인 요소가 포함된 것을 부인할 수 없다.

    그러나 이스라엘의 지혜자들은 이러한 이질적인 요소들을 토착화라는 과정을 통해서 야웨 신앙과 자연스럽게 결합시켰다. 토착화라는 신학화 작업을 통해서 걸러진 지혜문학이기에 정경으로 공인된 것이다.

    "모든 성경은 하나님의 감동으로 된 것이라"(딤후 3:16)는 말씀을 상기하면서 지혜문학에 대한 중요성과 그 가치를 다시 한번 새롭게 인식해야겠다.

091
———

지혜자와 예언자

　구약학에서는 전통적으로 지혜문학이 바벨론 포로기 이후의 작품이라고 보고 있다. 포로기 이후 시대는 예언자 이후 시대이기도 하다. 즉 지혜자와 예언자는 영향력 면에서 별로 관계가 없다고 할 수 있다.
　그러나 구약 신학자인 폰 라트는, 다윗-솔로몬 시대에 이미 궁중에는 왕의 정책을 자문하고 조언하는 지혜자들이 활동하고 있었다고 한다. 많은 구약 학자들이 폰 라트의 주장에 동의하는 것을 보면, 충분히 신뢰할 수 있는 결론이다. 따라서 지혜자와 예언자는 서로 다른 시대를 살았던 사람이 아니라 동시대를 살았고, 별개의 집단이 아니라 서로 영향을 주고받았던 사람들이라고 할 수 있다.
　그러면 지혜자와 예언자의 관계는 어떠했을까? 두 집단의 관계는 그들의 활동 영역을 보면 짐작할 수 있다. 우선 지혜자는 주로 왕궁에 거주하면서 왕에게 정책을 조언하는 참모 역할을 하였다. 그런

관계로 왕의 말에 순응하며 안주하는 성격이 강했던 현실주의자들이라고 할 수 있다.

거기에 비해서 예언자는 왕궁 밖의 세상과 백성들의 입장에서 왕과 그의 참모들을 비판하던 사람들이다. 물론 예언자 중에서도 왕궁에서 예언 활동을 했던 사람도 있다. 대표적으로 예루살렘의 이사야를 들 수 있다. 이사야는 예언자 중에서도 신분이 좀 특별한 사람이다.

뉴섬(Newsome)에 의하면, 이사야가 소명을 받은 장소인 성전 안은 제사장만이 들어갈 수 있는 곳이므로 그가 제사장 가문에 속했다고 한다. 또한, 이사야는 예루살렘 왕궁을 자유롭게 출입하며 40여 년에 걸쳐 역대 왕들의 자문역을 맡은 것으로 보아 사회적, 정치적 신분이 상당했다고 짐작할 수 있다.

그러나 예언자 대부분은 개인 예언자들, 즉 변두리 예언자들이다. 궁중이나 성전에 소속되지 않고 하나님께서 메시지를 주실 때마다 등장해서 선포하였다. 이들은 외부에서 왕과 그의 참모들을 주시하면서 부정과 비리를 고발하고 비판한 사람들이다. 개인 예언자들은 소속되지 않았기 때문에 메시지도 자유로웠다고 할 수 있다. 대표적으로 남왕국 출신으로 북왕국에 가서 예언했던 아모스를 들 수 있다.

예언자들이 비판적일 수밖에 없는 이유는 그들의 등장 시기와 연관성이 있다. 예언자들은 아무 때에나 불쑥불쑥 나타나서 예언하는 사람들이 아니라 하나님께서 보내실 때, 가서 예언하는 사람들이다. 하나님께서 예언자들을 보내실 때는 크게 세 가지의 상황을 들 수 있다.

하나는, 유일신 신앙이 무너지고 다신적인 상황으로 넘어가려고 할 때, 또 하나는 신정체제에서 왕정체제로 넘어갈 때, 그리고 사회적 약자인 고아와 과부에 대한 배려가 없어질 경우다. 이것이 예언자가 등장하는 시기이다.

그러므로 예언자가 등장했다는 것은 왕을 비롯한 통치자들의 통치행위가 정의롭지 못하다는 것을 의미한다. 이런 상황에서 예언자들의 메시지도 당연히 비리를 고발하고, 부정을 비판하는 것일 수밖에 없다.

왕을 보좌하고 국정을 조언하고 조율하는 책임적인 위치에 있는 지혜자들에게는 결코 유쾌하지 않은 사람들이 예언자들이다. 그러므로 지혜자와 예언자의 관계는 전반적으로 대립적이고 갈등의 관계라고 할 수 있다.

092

지혜문학과 요셉 이야기

구약성서의 지혜적인 요소는 지혜문학에서만 나타나는 현상은 아니다. 구약 학자들에 의하면, 비지혜문학에 속하는 오경이나 예언서에도 지혜문학적인 요소들은 얼마든지 찾을 수 있다고 한다. 그중에 대표적인 것이 오경인 창세기 37~50장에 등장하는 "요셉 이야기"이다.

폰 라트는 요셉 이야기가 비지혜문학에서 가장 대표적으로 지혜문학적인 요소를 포함하고 있다고 하였다. 시대적으로 보면, 요셉 이야기는 솔로몬 시대에 나온 계몽주의의 산물이다. 솔로몬 시대는 이스라엘 역사를 통틀어 외국과의 교류가 다방면에서 가장 활발하게 전개되었던 시대라고 할 수 있다.

솔로몬의 통치시대는 국내적으로 새로운 형태의 국가가 형성되면서 그 시스템에 적합한 관료들이 필요하게 되었다. 국외적으로는 솔로몬의 국제적인 안목과 개방 성향이 당시로써는 이스라엘에 한

발 앞서 있던 고대 근동 세계의 문화와 정치, 그리고 경제적인 측면에서 교류하도록 만들었다.

솔로몬은 기브온 산당에서 일천번제를 드린 후, 하나님으로부터 "전무후무한 지혜"의 약속을 받았다. 지혜에 관심이 많았던 솔로몬은 국내외적인 상황과 맞물리면서 고대 근동의 지혜를 무리 없이 수용해서 이스라엘에 적용할 수 있었다. 이런 이유로 이스라엘의 지혜문학의 기원을 솔로몬 시대로 보며, 동시에 지혜문학의 발전에 크게 기여한 사람도 솔로몬으로 보게 된 것이다.

솔로몬은 국내적으로는 국가의 부흥과 백성의 안전을 위하고, 국외적으로는 발달한 국제 질서에 보조를 같이하면서 국가의 발전을 위해 유능한 인재들을 양육할 계획을 세웠다. 이것은 장차 국가의 흥망성쇠를 결정할 중대사였기 때문이다. 이때 피교육자들에게 가장 이상적이고 성공적인 모델이 요셉이었다.

그런 의미에서 요셉 이야기는 솔로몬 시대의 공무원 교육을 위한 교과서였다고 할 수 있다. 특히 이집트에서 보여준 요셉의 신앙과 삶은 유능하고 훌륭한 국가의 관리가 될 수 있는 방법을 잘 설명해 주고 있다.

신앙적으로 보면, 어떤 환경에서도 "하나님이 보고 계신다"는 믿음으로 처신한다면 신앙과 삶에 승리자가 된다는 것이다. 또한, 요셉의 삶의 특징은 항상 성실하게 최선을 다한다는 것이다. 이런 성실함이 사람들에게 인정을 받았고, 결국 이집트의 총리 자리에까지 오르게 된 것을 주목하고 있다.

솔로몬 시대는 국가와 국민을 이끌고 갈 지혜자가 많이 필요한 시대였다. 그런 지혜자는 요셉처럼 하나님을 두려워하고 성실하게 자기의 일을 감당하는 사람이다. 요셉이 곧 지혜라는 등식이 성립된 시대였던 것이다.

그래서 요셉 이야기의 결론은, 국가 관리로서 인정받고 성공하려면 요셉을 보고 배우라는 메시지다. 그런 의미에서 요셉 이야기는 지혜문학적인 요소가 가미된 대표적인 이야기로 보게 된 것이다. 오늘도 성공하기를 원한다면 요셉을 보고 배우고 닮아야 할 것이다.

093

성서의 욥과 바벨론의 욥

메소포타미아의 지혜문학에는 "무죄한 자의 고통"을 주제로 한 이야기가 세 개 있다. 내용 면에서 구약성서의 욥과 유사성이 많은 흥미로운 작품들이다. 그래서 세 개의 작품의 주인공을 "바벨론의 욥"이라고도 한다. 세 개의 작품을 보자.

첫 번째가 「인간과 그의 신」(Man and his God)이라는 작품이다. 이 책의 저작 연대는 우르 제3 왕조(기원전 2060-1950)의 초기로 볼 수 있으며, 내용은 구약성서의 욥기처럼 신정론의 문제를 다루고 있다. 이 작품은 인간의 고통 문제를 무죄한 수난자인 익명의 한 젊은이를 통해서 설명하고 있다.

죄 없이 수난을 당하는 젊은이는 욥처럼 지혜롭고 의로움에도 불구하고 정신적, 육체적으로 심한 고통을 당했다. 친구와 부모, 심지어 부인에게서조차 버림을 받는 비통한 신세였다. 수난자는 자신의 무죄를 주장하지만, 사람들은 "어머니로부터 죄 없이 태어난 아이가 절대로 없으며 옛적부터 무죄한 아이는 결코 없었다"라고 반박한다. 이 작품은 "무죄한 수난자는 결코 존재할 수 없으며, 인간이 당하는 고통의 문제의 책임도 인간 자신에게 있고 신에게 있지 않다"라는 것을 보여준다.

두 번째는 「나는 지혜의 주를 찬양하리라」(I will praise the Lord of wisdom)는 작품이다. 4개의 토판으로 된 이 책은 메소포타미아의 암흑기인 "캇시트"(Kassite) 시대인 기원전 1500년경의 작품으로 본다. 수난자는 자신이 섬기던 마르둑이 자신을 버렸기 때문에 불행을 당한다고 생각한다. 그러면서도 침묵으로 일관하고 있는 지혜의 주를 끝까지 찬양하고 있다.

수난자는 고통 가운데서도 마르둑을 믿고 기다린 결과, 고통의 삶에서 회복되었다며, 신에게 감사를 드리고 있다. 그래서 수난자는 질병과 고통이 심하더라도 지혜의 주인 마르둑 신만을 찬양할 것이라고 다짐한다.

이 작품도 욥기와 마찬가지로 고통을 당하는 수난자가 취해야 할 바람직한 자세를 종교적인 입장에서 가르쳐 주고 있다. 어떤 경우에도 신을 떠나서는 인간의 문제가 해결되지 않는다는 것이다.

세 번째는 「바벨론 신정론」(Babylonian Theodicy)이다. 이 작품은 바벨론 시대인 기원전 약 800년경으로 볼 수 있다. 주인공인 수난자는 경건성을 소유하고 있음에도 불구하고 그의 신에게 버림을 받아 비참한 신세가 되었다. 자신의 무죄를 주장하는 의로운 수난자이지만, 친구들은 전통적인 인과응보의 사상에서 그를 비난하고 있다. 즉 친구들은 신의 징계라고 비난하지만, 수난자는 자신의 무죄를 주장하고 있다.

  욥기와 메소포타미아의 무죄한 수난자의 이야기에서 공통점을 살펴보면 다음과 같다. 첫째, 양쪽의 문학 양식이 주인공과 친구 사이의 대화 형식으로 서술되고 있다. 둘째, 내용 면에서도 욥과 무죄한 수난자는 다 같이 극심한 고통 중에서도 그의 신을 찬양하고 있다. 셋째, 욥기와 메소포타미아의 세 작품은 모두 "소외와 탄식"을 주제로 하고 있다. 수난자는 이웃과 가족으로부터 멸시와 소외를 당했고, 욥도 친구는 물론 부인에게서조차 소외와 버림을 받았다.

  그러나 욥기의 특수성도 있다. 메소포타미아 수난자의 작품은 주로 사람과 사람 사이에 수평적인 대화만 있지 신과의 대화가 없다. 거기에 비해 욥기에는 하나님과 대화와 만남도 있고, 하나님의 계시와 응답도 있다. 이것이 비슷하면서도 다른 구약성서의 욥기와 메소포타미아 지혜서들의 차이점이다.

094

꿈의 땅, 이집트

경제적으로 어렵던 시대에 우리나라에는 "아메리칸 드림"이라는 말이 있었다. 미국을 "꿈의 땅"이라고 보았다. 먹고 살기 힘들던 우리에게는 미국에만 가면 잘 먹고 잘살 수 있다는 생각에서 나온 말이다.

언제부터인가 동남아 국가들에서는 "코리안 드림"이라는 말이 생겼다고 한다. 그들에게 한국은 꿈의 땅이라는 의미다. 한국에 가서 일하면 고소득을 올리고 그와 더불어 자신의 경제적인 신분도 상승할 수 있다는 기대감을 담은 말이다. 그래서 그들은 수단과 방법을 가리지 않고, 불법을 동원해서라도 한국에 오려고 한다.

그런데 성서를 보면, 아메리칸 드림이나 코리안 드림 못지않게 이스라엘 백성에게는 "이집션 드림(Egyptian dream)"이 있었다. 이스라엘 백성들에게 이집트는 꿈의 땅이라는 의미이다. 이스라엘에게 있어서 이집트는 두 가지 면에서 꿈의 땅이라고 할 수 있다.

하나는, 경제적인 측면이다. 이집트는 세계 최장 나일강을 중심으로 이집트 문명을 꽃피웠고, 나일강의 풍부한 물로 농업이 발달함으로 경제적인 풍요를 누렸다. 그래서 이스라엘의 족장들인 아브라함과 이삭과 야곱은 가나안에 흉년이 들 때마다 이집트로 내려가서 생계를 유지하였다.

출애굽한 백성들도 광야에서 먹을 것이 부족할 때마다 이집트의 풍요를 그리워하였다. 그만큼 이집트는 이스라엘에게 부족함 없이 넉넉하게 채워 주는 땅이라는 것을 알 수 있다.

그리고 다른 하나는, 이스라엘에게 있어서 이집트는 정치적인 피난처였다. 솔로몬의 정적이자 북왕국의 창건자였던 여로보암이 솔로몬의 위협을 피해서 이집트로 망명하였다가 솔로몬의 죽음 소식을 듣고 귀국하여 북왕국을 세웠다(왕상 11장). 또한, 유다가 바벨론에 패망한 뒤, 유대인들은 바벨론의 총독인 그달리야를 암살하고 이집트로 피신하였다(왕하 25장).

마태복음 2장을 보면, 헤롯이 베들레헴과 그 근처에서 태어난 두 살 이하의 모든 남자아이를 죽이라고 명령하였다. 그러자 예수의 아버지 요셉은 아기 예수를 데리고 이집트로 피난하였다. 후에 헤롯이 죽었다는 소식을 듣고 나사렛에 와서 정착하였다.

요세푸스에 의하면, 알렉산더 대왕은 이집트를 정복할 때 군사적 도움을 주었던 보답으로 유대인들에게 이집트의 알렉산드리아에 살 수 있는 권한을 부여했다고 한다. 동시에 그리스인들과 동등한 특권을 누리는 혜택도 주었다고 한다.

이 도시에 유대인 18만 명이 살았다고 추정하고 있다. 18만 명은 당시 예루살렘 인구보다 더 많다고 한다. 당시로는 엄청난 인구다. 그만큼 이집트는 살기 좋은 땅이고, 또 가서 살고 싶어 하는 사람이 많았다는 것을 보여준다.

종합해 보면, 이집트는 유대인들에게 경제적, 정치적으로 안전한 피난처와 도피처인 꿈의 땅이었다고 할 수 있다. 그런 이집트였지만, 지금은 도피처도 되지 못하고 풍요로운 삶을 제공하지도 못한다. 불안해서 관광도, 성지순례도 가지 못하는 땅이 되고 말았다.

그렇다면 우리의 안전한 피난처와 영원한 안식처는 어디일까? 우리가 진정 영원히 만족할 수 있는 "꿈의 땅"은 어디일까? 그것은 미국도 한국도, 고대의 이집트도 아니다. 그런 꿈의 땅은 세상에 존재하지 않는다.

성서는 예수 그리스도가 우리의 피난처이고, 예수를 믿음으로 가는 하나님의 나라가 영원한 안식처요, 우리가 소원하는 꿈의 땅이라고 말한다. 예수로 말미암아 들어가서 영원한 생명을 누리며 살게 될 하나님 나라를 꿈의 땅으로 믿고 소망하며 살아가는 것이 그리스도인의 진정한 삶일 것이다.

095

정경성을 의심받았던
세 권의 책들

유대인들은 구약성서를 "타낙"(Tanak)이라고 한다. 이것은 세 단어의 머리글자를 합성한 약칭이다. 본래 히브리어로 된 구약성서는 오경-예언서-성문서의 세 부분으로 구성되어 있다. 그런데 오경은 히브리어로 "토라"(Torah)이고, 예언서는 네비임"(Nebim)이고, 성문서는 "케투빔"(Kethubim)이라고 한다. 이 세 단어의 머리글자를 따면 TNK가 되고, 중간에 모음 "아"(a)를 붙이면 "타낙"(Tanak)이 된다. 이렇게 해서 유대인들은 구약성서를 "타낙"이라고 부르는 것이다.

"타낙"에서 제일 먼저 정경(Canon)으로 공인된 것은 율법서인 오경이다. 바벨론 포로에서 귀환한 이스라엘 백성들은 기원전 4세기에 오경을 정경으로 수용하였다. 그리고 예언서는 기원전 2세기에 두 번째로 정경으로 공인되었으며, 마지막으로 성문서가 주후 1세기에 정경으로 공인 되었다.

이 세 부류의 책들을 하나님의 말씀인 정경으로 최종 공인한 것이 주후 90년 얌니아에서 열렸던 유대인 랍비 회의였다. 여기 모인 유대인 랍비들에 의해 구약성서가 최종 39권으로 확정되었다.

한편 구약성서의 정경화 과정에서 논란이 되었던 책들이 세 권 있었다. 세 권의 책들은 정경으로 공인할 수 없다는 것인데, "아가서와 전도서와 에스더서"가 여기에 속한다. 왜 이 책들이 공인과정에서 논란이 되었을까?

우선 아가서는 남녀 간의 사랑을 진한 어조로 노래하고 있다는 것에 문제가 되었다. 너무 야한 표현을 담고 있다는 것이다. 그러나 최종 숙의 과정에서 아가서의 사랑은 남녀 간의 단순한 사랑놀음이 아니라, 이스라엘에 대한 하나님의 사랑을 비유적으로 묘사했다고 결론을 내리고 정경으로 채택하였다.

그리고 전도서는 모든 인생을 "헛된 것"으로 규정함으로서 인생을 비관적으로 보고 있다는 것에 논란이 되었다. 그러나 저자가 솔로몬이라는 것 때문에 정경으로 채택되었다. 솔로몬의 위치를 실감할 수 있는 부분이다.

마지막으로, 에스더서는 유대 국수주의와 타국민에 대한 배타성으로 인해 논란이 되었다. 특히 에스더서는 역사적 진실성에서도 몇 가지 이유로 의심을 받았다. 첫째 구약 외경인 벤 시라의 집회서 44~49장에 등장하는 이스라엘 선조들의 유명인사 명단에 에스더와 모르드개의 이름이 없다는 것이다.

둘째 에스더 2장 6절에 의하면, 모르드개는 바벨론의 느브갓네살에 의해 1차 포로로 잡혀갔다. 그런데 모르드개의 실제적인 활동은 페르시아의 아하수에로 왕의 통치시대로 기록되어 있다. 이것은 연대기적으로 100년이 넘는 기간이다. 모르드개가 장수하지 않는 이상, 의문이 남는다.

셋째 에스더의 남편인 아하수에로의 왕족 명단에 에스더라는 이름이 없다는 것이고, 넷째로 에스더서에는 "하나님"이라는 명칭이 전무하다. 그렇지만 에스더서는 이방 땅에 살았던 유대인의 성공담이라는 점에서 정경으로 채택되었다고 한다.

물론 이 세 권의 책들은 성서 비평적인 관점에서 본다면, 정경성에 의문을 제기할 수도 있을 것이다. 그러나 주후 90년 얌니아에 모였던 랍비들의 정신을 우리는 되새겨 보아야 한다.

이스라엘에 대한 하나님의 진한 사랑을 노래한 아가서, 이스라엘 역사에 큰 족적을 남겼던 솔로몬의 인생 고백이 담긴 전도서, 그리고 이방 땅에 포로로 끌려가서 수많은 시기와 모함을 극복하고 크게 성공했다는 이야기를 담고 있는 에스더서, 이런 관점에서 읽는다면 신앙공동체에 의해 하나님의 말씀으로 충분히 고백 되어질 수 있는 책이라고 확신할 수 있다.

096

사랑하는 자는 빨리 데리고 가신다

신명기 사가는 요시야의 종교개혁에 대하여 "요시야와 같이 마음을 다하며 성품을 다하며 힘을 다하여 여호와를 향하여 모세의 모든 율법을 온전히 준행한 임금은 요시야 전에도 없었고, 요시야 후에도 그와 같은 자가 없었더라"(왕하 23:25)고 평가하였다.

외경 집회서도 "다윗과 히스기야와 요시야를 제외하고는 모두가 악행만을 자행하였다"(49:4)라고 한다. 정경과 외경 모두 요시야에게 후한 점수를 주고 있다. 그러나 그의 죽음은 너무나 허무했다.

기원전 609년에 앗시리아는 국력이 쇠하면서 신바벨론 제국에 의해 멸망하고, 하란에 망명 정부를 세우고 있었다. 이 상황에서 가장 긴장한 것이 남쪽의 이집트 제국이었다. 앗시리아가 완전히 망한다면, 근동지역의 패권은 신바벨론에게 돌아갈 수밖에 없었다. 그러면 지금까지 근동의 세력 균형이 무너지면서 이집트의 안보도 불안한 상태가 된다.

이 상황을 간파한 이집트의 바로 느고(Neco)가 앗시리아의 영토를 탈환하고, 하란의 앗시리아 망명 정부를 지원하기 위하여 대군을 이끌고 출병하였다. 느고의 대군은 유프라테스 강변의 갈그미스(Carchemish)로 진격하기 위해서 이스라엘의 군사적 요충지인 므깃도를 통과하고 있었다.

한편 요시야 왕은 만일 이집트가 갈그미스 전투에서 바벨론에게 승리한다면, 유다는 이집트의 간섭과 지배를 받아야 하는 상황이 올 것으로 예상하였다. 이런 상황을 원치 않았던 요시야는 갈그미스로 진격하는 이집트 군대를 므깃도에서 저지하였다. 예상치 못한 복병을 만난 느고는 요시야를 설득하였지만 실패하였다.

결국, 요시야는 므깃도 전투에서 적군의 화살에 맞아 죽었고, 느고의 군대도 갈그미스 전투에서 바벨론에게 패하고 말았다. 아마 므깃도에서 유다와의 전쟁으로 전력 손실을 입은 것이 패배의 큰 원인이었을 것으로 볼 수 있다.

요시야는 위대한 왕이었지만 39세라는 젊은 나이에 남의 나라 전쟁에 끼어들었다가 허무하게 죽고 말았다. 예레미야는 애가를 지어 그의 죽음을 슬퍼했고, 백성들도 통곡하였다(대하 35:25). 이 일로 이스라엘은 신학적인 회의감에 빠졌다. 왜 위대한 왕을 하나님은 그렇게 허무하게 죽게 하셨고, 또한 일찍 데리고 가셨느냐는 것이다. 이 신학적인 질문에 대한 대답은 외경「지혜서」에서 찾을 수 있다.

"젊은 세월 동안 완성에 도달한 것은 오래 산 것과 다름이 없다.

그의 역할이 주님의 뜻에 맞았기 때문에 주님은 그를 악의 소굴에서 미리 빼신 것이다"(4:13).

"일찍 죽은 의인이 살아남은 악인들을 단죄하며 젊은 나이에 죽은 의인이 오래 산 악인을 부끄럽게 만든다. 사람들은 현명한 사람이 죽는 것을 보고도 그에 대한 주님의 계획을 깨닫지 못하고 주님이 그를 안전한 곳으로 데리고 간 이유를 모른다"(4:16-17).

물론 개신교는 지혜서를 정경으로 인정하지 않지만, 히브리어 성서를 헬라어로 번역했던「70인역 성서」(Septuagint)와 카톨릭 교회에서는 정경으로 읽고 있다. 그러므로 외경이라고 무시할 수도 없는 일이다.

지혜서에 의하면, 요시야는 짧은 세월을 살았지만, 완성에 도달할 만큼 빛나는 업적을 쌓았다. 따라서 하나님도 그를 사랑하셨기에 악의 소굴인 세상에서 고통을 겪기 전에 일찍 데려가신 것이다. 더 있어 보아야 앞으로 소용돌이칠 근동의 역사 현장에서 괴로움과 고통만 더할 뿐이기에 일찍 데리고 가신 것이다.

요시야의 죽음에 대한 지혜서의 대답을 오늘에도 적용시켜 본다면, 많은 위로와 소망이 될 것이다.

097

안식일의 변천사

"안식일"이라는 말은 히브리어 "샵바트"에서 독어나 영어의 "Sabbath"의 음역을 거쳐서 유래된 말이다. 히브리어 샵바트는 종교적인 영역에서만 사용되며, 일주일의 제칠 일을 의미한다.

한편 구약성서의 안식일 개념과 유사한 것을 고대세계에서도 찾을 수 있다. 특히 바벨론에서는 한 달 중에서 7일, 14일, 21일, 28일을 "흉일"이라고 한다. 이날에는 어떤 일도 하지 않는다. 심지어 신에게 제물도 바치지 않고 제사장이 신탁도 주지 않고 소원을 말하지도 않는다. 바벨론의 흉일은 주기적으로는 안식일과 유사하나, 성격은 축복의 의미를 담고 있는 안식일과는 정반대이다.

아카드에도 좋은 날을 표시하는 "샷팟투"라는 날이 있다. 이날은 한 달의 가운데 날인 음력 보름을 가리킨다. 이날은 "신들의 심장이 만족해진 날"이다. 길일이든 흉일이든 근동 세계에서도 나름대로 종교적으로 의미 있는 날을 가지고 있다.

이스라엘에도 "안식일"이라는 날이 있다. 그런데 안식일 규례는 이스라엘의 역사와 더불어 변화를 거듭해왔다. 안식일의 변천사를 간단히 살펴보자.

우선 포로기 이전의 예언자 시대에는 안식일은 즐거운 날이고 축제와 환희의 날이다. 사람들은 안식일에 성소를 찾아갔고, 일상의 일을 중단하였으며, 장사도 쉬었다. 그러나 유다가 바벨론에게 패망한 이후에는 안식일의 의미가 더욱 커졌다. 포로기에는 안식일 준수가 이방 백성들과의 구별의 징표가 되었다.

포로기 이후에는 기쁨과 존귀의 날로 인식되었다(사 58:13). 그래서 특별한 예물을 드린 동시에 엄격한 규례들이 선포되었다. 장사와 여행이 금지되고(사 58:13), 짐을 옮기지도 못했으며, 예루살렘으로의 물건의 반입도 금지되었다(렘 17:21). 그런데 느헤미야서를 보면, 이런 금지 규정이 잘 지켜지지 않았다는 것을 알 수 있다.

안식일 규례는 중간시대인 마카비 시대에 와서 더욱 엄격하게 준수되었다. 시리아 군대가 안식일을 이용해서 공격하자 유대인들은 가만히 앉아서 죽는 길을 택하였다(마카비일서 2:32-38). 이런 일이 있고 난 뒤 지도자 맛타디아스는 안식일에 공격을 받을 경우, 방어는 할 수 있다는 새로운 규정을 선포하였다(마카비이서 2:39).

외경 희년서(50:8-12)에서도 안식일에는 결혼식과 불을 지피는 일과 요리를 금했다. 요세푸스(Josephus)에 의하면, 에세네파는 안식일에 불을 피우지 않기 위해 전날 저녁에 음식을 다 준비해 놓았으며, 심지어 대변도 보지 않았다고 한다.

신약시대의 바리새인들은 안식일에 침구를 운반하지 않았고(요 5:10), 환자들을 돌보지도 않았으며(막 3:2; 눅 13:14), 곡식 이삭을 자르지도 않았다(마 12:2). 안식일 거리 규정에 따라 2,000보나 1,000미터 이상을 걷지도 않았다(행 1:12).

그러나 예수님은 안식일 준수에 대한 유대인들의 생각을 비판적으로 보셨다. 안식일의 의무보다는 이웃사랑이 더 크다고 강조하셨다(막 3:4; 눅 13:15). 또한 "안식일이 사람을 위해 생긴 것이지 사람이 안식일을 위해 창조되지 않았다"(막 2:27)라고 하셨다. 예수님은 유대인들의 그릇된 안식일 규례를 비판하셨다.

예수님은 "인자가 안식일의 주인이다"(막 2:28)라고 선언함으로써 옛 계약과 그 계약에 의한 안식일을 폐지하셨다. 따라서 유대인들의 안식일과 기독교의 주일은 연속성이 사라졌다. 안식일은 한 주간을 끝맺는 날이지만 주일은 새로운 한 주간을 여는 날이다. 예수의 부활을 회상하며, 약속대로 다시 오실 예수를 사모하며 기다리는 가운데 한 주간을 시작하는 새로운 날인 것이다.

098

구약 외경에도 관심을

개신교회가 가진 성서만 보면, 말라기 이후 예수님의 탄생까지 약 400여 년의 기간은 공백이다. 그 시대의 상황을 기록한 성서가 없기 때문에 개신교인들은 이 400년 동안 근동 세계에서 무슨 일이 일어났는지 알 수가 없다. 그래서 400년의 시대를 "암흑시대" 혹은 "중간시대"라고 부른다.

그런데 이 시대 근동의 상황을 알려주는 것이 구약 외경이다. 외경을 보면, 중간시대는 암흑시대가 아니라 밝히 알 수 있는 시대다.

개신교회의 구약 정경은 주후 90년 유대인 랍비들이 얌니아(Jamnia)에서 공인한 39권이다. 그런데 구약 외경은 39권에는 포함되어 있지 않지만, 라틴어 성경인 불가타(Valgate)에는 포함된 15권을 말한다. 15권은 "토비트, 유딧, 에스더첨가서, 솔로몬의 지혜서, 집회서, 바룩, 예레미야의 편지, 세 청년의 노래, 수산나, 벨과 뱀, 마카비일서, 마카비이서, 에스드라스일서, 에스드라서이서, 므낫세의 기도"이다.

한편 로마 카톨릭 교회는 1546년 트랜트 공의회에서 개신교회가 외경으로 분류한 15권 중 3권을 제외하고 12권을 첨가하여 총 51권을 구약 정경으로 공인하였다. 제외된 3권은 "에스드라스일이서와 므낫세의 기도"이다.

그런데 실제로 로마 카톨릭 교회의 구약 정경은 46권으로, 개신교의 정경 39권에 7권만 추가되었다. 추가된 7권은 "토비트, 유딧, 솔로몬의 지혜서, 집회서, 바룩, 마카비일서, 마카비이서"이다. 나머지 5권 중에서 에스더 첨가서는 에스더서에, 세 청년의 노래와 수산나와 벨과 뱀은 다니엘서에, 예레미야 편지는 바룩에 각각 편집되어 첨가되었다.

카톨릭 교회는 90년에 공인된 39권을 "제일 정경"(the protocanonical books), 후에 외경 12권이 포함된 것을 "제이 정경"(the deuterocanonical books)이라고 부른다.

기독교에는 크게 세 부류의 신앙공동체가 있다. 개신교회와 로마 카톨릭 교회와 동방정교회다. 이 공동체들은 신약성서의 범위는 동일하지만, 구약성서는 모두 다르다. 개신교회의 정경은 39권이다. 이것은 종교 개혁자 마르틴 루터가 팔레스타인 정경의 전통에 따라 39권만 구약 정경으로 인정하고, 나머지 책들은 외경으로 분류하였기 때문이다. 그런데 로마 카톨릭 교회와 동방정교회는 39권에 외경의 일부를 포함하고 있다.

그렇다면 외경에 대한 종교 개혁자들의 생각은 어떠했을까? 루터는 "외경은 성서와 동등시 될 수는 없지만 읽으면 유익하고 좋은 책들이다"라고 하였다. 깔뱅도 "외경이라 불리는 이 책들은 성서라 불리는 문서들과 어려움 없이 항상 구별되어져 왔다. 외경이 좋고 유익한 가르침을 포함하고 있는 한, 무시되지 말아야 한다. 모든 기독교인은 외경을 읽고 교훈이 되는 가르침을 얻는다"라고 하였다.

그렇다. 외경은 구약 정경인 39권과 동일한 가치를 부여할 수는 없지만, 읽으면 신앙생활에 유익이 되는 것은 분명하다. 더구나 외경은 39권의 구약 정경이 침묵하고 있는 중간시대 400년의 기간 동안, 이스라엘을 둘러싼 근동의 상황을 심도 있게 보도하고 있다.

그러므로 외경을 모르면 그 시대는 암흑의 시대이고, 외경을 알면 그 시대도 여전히 하나님의 말씀이 선포된 광명의 시대가 된다. 그런 의미에서 외경에 관심을 가지고 읽어 본다면 신앙생활에 큰 유익이 될 것이다.

099

유대교의 종파들

구약성서에는 유대교의 종파에 관한 이야기는 없다. 단지 신약성서를 통해서 종파의 존재를 알 수 있을 뿐이다. 이들 종파 가운데는 성서에 소개된 것도 있고, 소개되지 않은 종파도 있다.

유대교 종파의 태동은 마카비 혁명과 관계가 있다. 셀류코스 왕조의 안티오커스 4세는 로마 원로원의 압박으로 거의 정복했던 애굽을 포기하고 철수하였다. 안티오커스는 철수하면서 로마에 당한 굴욕의 분풀이를 이스라엘에 쏟아부었다.

그래서 안식일과 절기를 금지하고 돼지고기를 강제로 먹이고, 성전 번제단에 돼지를 올리고 제우스신에게 제사를 지냈다. 여기에 항거해서 일어난 유대인의 저항 운동이 "마카비 혁명"이다. 마카비 혁명은 유대교의 종파 형성에도 영향을 주었는데, 그 영향으로 유대교의 종파가 태동하게 된 것이다.

첫째는, 시몬(기원전 143-134)과 요한 힐카누스(기원전 134-104)

때에 사두개파에 일방적으로 경도된 정치를 비판하면서 등장한 바리새파다. "바리새(Phaisee)"는 "나누다" 혹은 "분리하다"라는 의미의 히브리어 파라슈(Parash)에서 파생되었다.

이들은 율법에 대한 열심이 특별하였으며, 헬레니즘과는 어떤 타협도 거부한 배타적인 입장을 취하였다. 부활을 믿었고, 율법도 문자주의적으로 지켰다. 그래서 마카비 시대 하시딤의 전통을 계승한 사람들이라는 평가와 함께 백성들에게 가장 존경을 받았다.

둘째는, 다윗 시대 대제사장이었던 사독의 후손이라는 사두개파다. 이들은 세속의 귀족계급으로 셀류코스 왕조 시대에 헬레니즘에 상당히 물든 계층이다. 또한, 현실 세계의 급격한 변화를 싫어하는 보수주의자들이다. 이러한 정치적인 성향으로 말미암아 사두개파는 힐카누스의 통치말(기원전 110년경)에는 모든 권력을 잡을 만큼 세력이 팽창하였다.

세속의 권력을 장악하면 급격한 혁명이나 개혁을 두려워하게 된다. 그래서 사두개인들은 예수의 등장을 위험으로 간주하고 박해했던 것이다. 이들은 기록으로 된 문서를 남기지 않았기 때문에, 이해하는 데는 한계가 있다.

셋째는, 에세네파다. 에세네는 "의인"을 뜻하는 아람어에서 유래하였으며, 임박한 종말을 기다리며 성서를 연구하는 사람들이다. 사해 두루마리를 생산했던 쿰란 공동체가 바로 에세네파였다고 한다. 이들은 하스몬 왕가의 변질과 타락을 보면서 현실 세계의 희망을 버리고, 장차 도래하게 될 새로운 세상에 희망을 걸었다. 그래서 공동생활을 하며 성서 연구에 매진하였다.

넷째는, 열심당(Zealots)이다. 이들은 유대교의 활로를 호전적인 민족주의 노선에서 찾았다. 그 결과 마카비 혁명의 중심 세력이 되었고, 종교성보다는 민족의 독립에 더 큰 관심을 가졌다. 그런데 하스몬 왕조시대가 사라지고 로마 시대가 도래하자 잠재되어 있던 민족주의적인 감정이 불타올랐던 사람들이 신약시대에 등장한 열심당원들이다.

열심당원들은 무모하리만큼 투쟁하였고, 독립을 위해서라면 수단과 방법을 가리지 않는 무서운 사람들이었다. 이들은 주후 66~70년과 132~135년의 항쟁에 참여하였고, 이 항쟁으로 종말을 맞이하였다.

열심당은 율법에 대한 생각은 바리새파와 동일하다고 할 수 있지만, 민족의 장래가 단지 율법을 지키면서 기다리는 것에 대해서는 반대하였다. 오히려 투쟁을 통해서 민족의 활로를 찾으려고 했다. 결과적으로 그들의 과격하고 무모한 시도가 종파의 종말을 초래했다고 할 수 있다.

100

세 개의 성전

구약시대로부터 중간시대에 이르기까지 이스라엘 백성들이 하나님께 제사를 드리던 성전은 세 개가 있었다. 물론 우리 성경은 예루살렘 성전만 언급하기 때문에, 다른 두 개의 성전은 잘 모른다. 그렇다면 세 개의 성전은 어떤 것일까?

첫 번째 성전은 예루살렘 성전이다. 예루살렘 성전은 제1, 2, 3 성전으로 구분할 수 있다. 제1 예루살렘 성전은 솔로몬이 건축했다고 해서 "솔로몬 성전"이라고도 한다. 구약성서는 솔로몬 성전 자리에 대하여 신학적인 의미를 크게 부여하고 있다. 즉 아브라함이 이삭을 제물로 바치려고 했던 모리아 산이고, 다윗이 여부스 사람 오르난의 타작마당을 사서 하나님께 제사 드림으로 온역 재앙을 멈추게 했던 자리라고 한다. 이 역사적인 자리에 솔로몬이 성전을 세웠던 것이다.

그런데 솔로몬 성전은 바벨론의 침략으로 파괴되었고, 성전의 모든 기물도 탈취당하였다. 물론 이때 빼앗긴 성전의 기물들은 후에 페르시아의 고레스에 의해 대부분 반환되었고, 성전도 역시 고레스의 칙령으로 스룹바벨에 의해 재건되었다.

그래서 이 성전을 제2 예루살렘 성전이라고 하며 또한, 스룹바벨이 재건하였다고 해서 "스룹바벨 성전"이라고도 한다. 제2 예루살렘 성전은 기원전 515년 페르시아의 다리오 왕 6년 3월 3일에 재건되었다(스 6:15-22).

그러나 제2 예루살렘 성전도 포로 귀환 후기에 이르러 방치되고 파괴되었다. 그뿐만 아니라 헬라 제국의 등장으로 성전의 제의 기능도 상실하였다. 이런 와중에 기원전 16년경에 헤롯이 유대인의 환심을 사기 위하여 보수 공사를 대대적으로 실시하였는데, 이것을 제3 예루살렘 성전, 혹은 "헤롯 성전"이라고도 한다. 그러나 제3 성전도 예수님의 예고대로 주후 70년 로마의 티토 장군에 의해서 돌 위에 돌 하나도 남지 않고 다 무너지고 말았다.

두 번째 성전은 그리심산에 세워졌던 "그리심산 성전"이다. 요세푸스의 「유대고대사」에 의하면, 사마리아의 총독이 알렉산더에게 항복하고, 사마리아인들만의 독자적인 성전을 세우게 해 달라고 요청하였다. 이에 알렉산더의 허락으로 사마리아인들이 그리심산에 성전을 세웠는데, 이것이 "그리심산 성전"이다.

한편 역대기 사가는 예루살렘 성전 제의만이 하나님께서 인정하시는 유일한 성전제의라는 것을 밝히면서, 그리심산 성전제의를 불법으로 간주하였다. 요한복음 4장에서 예수님과 대화했던 사마리아 여인이 언급한 "이 산"이 그리심산 성전이다. 그러나 이 성전은 기원전 128년 요한 힐카누스 1세가 사마리아를 정복하고 그리심산 성전을 파괴함으로써, 그 성전의 역사는 종말을 고하였다.

세 번째 성전은, 이집트에 세워졌던 "레온토 폴리스 성전"이다. 이 성전은 사독 가문의 대제사장인 36대 오니아스 3세(기원전 185-175)가 살해당하자, 그의 아들 오니아스 4세가 사독 가문을 이끌고 이집트로 망명하여 세운 것이다.

오니아스 4세는 망명지인 이집트에서 성전을 건축하기로 결단하고, 기원전 150년경 프톨레마이오스 6세에게 성전건축의 허락을 받아 레온토 폴리스에 성전을 건축하였다. 그러나 이 성전도 주후 70년 예루살렘 성전과 함께 230년간의 역사를 끝으로 사라지고 말았다.

성전은 이스라엘의 종교적, 정치적 구심점이었다. 그래서 다윗 시대 이후로 성전은 정치적인 이데올로기 싸움에 이용되기도 하였다. 서로 자신들이 세운 성전의 정통성을 주장하며, 우위에 서려고 했던 것이다. 그 성전들이 다 무너지고 말았다.

이유가 무엇일까? 성전이 제의적인 기능을 상실하고 정치적인 욕구 충족의 도구로 전락했기 때문이다. 성전은 본래의 기능인 하나님께 대한 제의가 온전히 이루어져야 든든히 세워진다는 것을 성전의 역사가 가르쳐주고 있다. 교회의 본래 기능이 예배임을 명심하자.

참고문헌

강사문. 「하나님이 택한 자들의 가정 이야기」 서울: 한국성서학연구소, 1998.

강성열. 「지혜 예언 묵시」 서울: 한들출판사, 2004.

구덕관. 「지혜와 율법」 서울: 대한기독교출판사, 1993.

김이곤. 「신의 약속은 파기될 수 없다」 서울: 한국신학연구소, 1983.

「구약성서의 신앙과 신학」 오산: 한신대학교 출판부, 1999.

김창선. 「쿰란문서와 유대교」 서울: 한국성서학연구소, 2002.

문희석. 「구약성서배경사」 서울: 대한기독교서회, 1998.

오택현. 「성서시대의 역사와 신학」 양평: 크리스천 헤럴드, 2000.

「구약신학의 주제」 서울: 대한기독교서회, 1996.

왕대일. 「구약성서이해」 서울: 성서연구사, 1993.

임태수. 「이스라엘 왕들의 이야기」 서울: 대한기독교서회, 1999.

장일선. 「역대기사가의 신학」 서울: 한국신학연구소, 1981.

「알기 쉬운 구약학」 서울: 종로서적, 1993.

「구약전승의 맥락」 서울: 대한기독교출판사, 1993.

「구약세계의 문학」 서울: 대한기독교출판사, 1994.

「구약성서와 현대생활」 서울: 대한기독교서회, 1995.

「구약신학의 주제」 서울: 대한기독교서회, 1996.

「이스라엘의 포로기 신학」 서울: 대한기독교서회, 1994.

「히브리 예언서 연구」 서울: 대한기독교서회, 1998.

조철수. 「메소포타미아와 히브리 신화」 강릉: 길, 2000.

차준희. 「창세기 다시보기」 서울: 대한기독교서회, 1998.

천사무엘. 「구약 외경의 이해」 천안: 한국신학연구소, 1996.

「창세기」 서울: 대한기독교서회, 2001.

「사해사본과 쿰란 공동체」 서울: 대한기독교서회, 2004.

「지혜전승과 지혜문학」 서울: 동연, 2009.

Anderson, Bernhard W. 강성열, 노항규 옮김. 「구약성서 이해(상)」

서울: 크리스챤다이제스트, 1994.

Bright, John. 박문재 옮김. 「이스라엘 역사」 서울: 크리스챤 다이제스트, 1996.

Castel, Francois. 허성군 옮김. 「이스라엘과 유다의 역사」 서울: 한국 장로교출판사, 1994.

Cazelles, Par H. 서인석 옮김. 「모세의 율법」 서울: 성바오로출판사, 1994

DeVaux, Roland. 이양구 옮김. 「구약시대의 종교풍습」 서울: 나단, 1993.

이양구 옮김. 「구약시대의 사회풍습」 서울: 솔로몬, 1994.

Howard Jr, David M. 류근상 옮김.「구약 역사서 개론」 고양: 크리스챤출판사, 2002.

Livingston, G. Herbert. 김의원 옮김. 「모세오경의 문화적 배경」

서울: 기독교문서선교회, 1995.

Miller, J. Maxwell, Hayes, John. H. 박문재 옮김.「고대 이스라엘 역사」

서울: 크리스챤다이제스트, 1996.

Newsome, James D. 김성규 역.「구약예언서연구」 서울: 기독정문사, 1993

Noth, Martin. 박문재 옮김. 「이스라엘 역사」 서울: 크리스챤다이제스트, 1997.

Rad, Gehard von. 허 혁 옮김. 「구약성서이해 제1권」 왜관: 분도출판사, 1996.

Sellin, E. & Fohrer, G. 김이곤, 문희석, 민영진 옮김. 「구약성서 개론」

서울: 대한기독교출판사, 1995.

Walton, John H. 안영복 옮김. 「구약의 연대기도표」 서울:성광문화사, 1996.

Wolf, Herbert M. 엄성옥 옮김. 「오경개론」 은성, 2002.

Wood, L. 김의원 옮김. 「이스라엘의 역사」 서울: 기독교문서선교회, 1993

Westermann, Claus. 강성열 옮김. 「창세기 주석」 서울:한들, 1998.

Driver, G. R. **Canaanite Myths and Legends from Ugarit**. Edinburgh: T&T Clark. 1956.

Hamilton, Victor P. **Handbook on the pentateuch**. Grand Rapids:

    Baker Book House, 1982.

Hindson, E. E. **The Philistiners and the Old Testament**. Grand Rapids:

    Baker Book House, 1971.

Kitchen, K. A. **The Ancient Orient and the Old Testament**. Chicago:

    Inter-Varsity Press, 1966.

Mendenhall, G. E. **Law and Covenant in the Ancient Near East**. Pittsburgh:

    Biblical Colloquium, 1955.

Oppenheim, L. **Ancient Mesopotamia**. Chicago: University of Chicago Press, 1964.

Perdue, Loe G. **The Collapre of History**: Reconstructing Old Testament Theology.

    Minneapolis: Fortress Press, 1994.

Pritchard, J. B. **Ancient Near Eastern Texts**. Princeton: Princeton University Press, 1969.

Sanders, James A. **Torah and Canon**. Philadelphia: Fortress, 1972.

Speiser, E. A. **Oriental and Biblical Studies**. Philadelphia:

    University of Pennsylvania Press, 1967.

Wenham, Gordon, Genesis 1-15: **Word Biblical Commentary**. Princeton:

    Princeton University Press, 1983.

초판 1쇄   2020년 3월 30일
지 은 이 _ 권오선
펴 낸 이 _ 김현태
디 자 인 _ 디자인 창(디자이너 장창호)
펴 낸 곳 _ 따스한 이야기
등   록 _ No. 305-2011-000035
전   화 _ 070-8699-8765
팩   스 _ 02- 6020-8765
이 메 일 _ jhyuntae512@hanmail.net

따스한 이야기 페이스북
https://www.facebook.com/touchingstorypublisher

따스한 이야기는 출판을 원하는 분들의 좋은 원고를
기다리고 있습니다.

가격 14,000원